冰島

全新
第三版

作者 冰島島民
Lau Yuet Tan

深度之旅

當地最大旅行網站專欄作家的
超詳盡景點攻略

U0010705

太雅

❄ 寫在開始之前

❄ 前進冰島

❄ 雷克雅維克

5 **Must** Know about Iceland

作為移民定居冰島第八個年頭的島民，
我覺得第一次來冰島的你應該知道的 5 件事。

 「絕對」是不存在的，尤其是天氣

在冰島那麼多年，就我個人的觀察，冰島還從沒有過完全一模一樣的季節、天氣和景色。所以我很希望你在來冰島之前，對於遇到任何天氣情況、所見景色和想象的不一樣 (可能更好也可能更壞)，一定要有心理準備。例如，6 ～ 8 月按理來說是一年之中天氣最好、日照最多、最暖和的月分，近幾年，我卻遇過整個 6 月陰雨不斷、烏雲密布，也見過突然飛霜的 7 月；而通常降雪量最高、天氣最不穩定的 12 ～ 2 月深冬期間，卻經歷到一片暖和、恬靜柔美的情況。

正因為冰島如此多變、難以捉摸，所以你親身看到的風景將和別人不一樣，無論哪一種都有其獨特的魅力等待你去發掘。在動身前往冰島之前，用這本書為你的旅程做好充分準備，也要做好最壞的心理準備，其餘的，就隨遇而安吧！我相信，你看到的，就是最美的冰島。

 **物資雖不豐富，但沒有你想象中那麼匱乏，真的不用太擔心**

冰島雖然是一個貌似與世隔絕的孤島，但由於本地經濟和社會的發展，以及和歐洲鄰國更加密切的聯繫和貿易往來，資源上已經豐富了許多，過去這幾年，冰島超市裡的商品種類可說是肉眼可見地變多。所有基本的生活物資在這裡都買得到，甚至泡麵、冷凍速食品或是個人護理用品 (隱形眼鏡液、常用藥等) 也都有，完全不用擔心。但是如果你本身有特定的需求，例如個人常備藥，那麼還是需要提早準備好。

3 **不要被冰島人的高冷外表「欺騙」，如果路途中遇到問題或危險，放膽開口求助吧！**

冰島人因為是維京人的後代，身材高大，輪廓又很深，不說話的時候，給人的第一印象會比較兇且有距離感，這也是我剛接觸他們時的第一直覺感受。但在和那麼多形形色色的冰島人相處過後，我可以很肯定地告訴你，他們真的沒有表面上看起來那麼冷漠，相反地，大部分都非常親切、友善和溫暖。雖然不會對陌生人猶如親人一般熱情（這不是北歐人的性格），但是如果看到對方有困難，或是遇到有人求助，我可以肯定 99% 的冰島人都不會拒絕幫忙的。

當然，冰島並不是絕對沒有壞人（指的是小偷或犯罪者），也不是絕對沒有帶著歧視眼光或討厭外來人的本地人，但至少以我個人的經驗和觀察來看，比例很少，所以萬一真的需要協助，不用害羞，大膽地向本地人求助吧。

4 **「靠自己」是一個在冰島自助很重要的能力**

雖然前面提到，遇到問題或危險時可以放心求助，但也不得不提，一般情況你還是需要靠自己的能力和常識去解決，例如何時預先加油、提早去哪裡採購食材物資、是否提早預訂晚餐餐廳等。

這個全國人口不到 40 萬人的小國，人力資源非常有限，如果說到勞動人口，或細分至「旅遊業工作者」，數量就更少了，除非你準備花高價請私人導遊全程陪同，照顧你的一切。不過也不用過於擔心，這是一個幾乎全民上網的國家，你需要的資料在網路上幾乎都能找到。只要能讀英文網頁，應該不會有解決不了的日常生活問題。

5 **只要你會英文，自助冰島就一點都不難**

冰島的官方語言是冰島語，但他們從小就會學英語和丹麥語，因此本地人的英文能力都很好，甚至會有地道的美式或英式發音。你只要能用英文進行一般性的口語溝通，基本不會有太大的溝通障礙。而冰島的文字也和英文的字母可以相互轉換（詳見 P.49)，所以就連找路或是看路牌也不會有什麼問題。如果你完全不會講英文或是對英文字母完全沒有概念，建議找一位英語溝通能力尚可的旅伴，避免溝通不良。

　　我是移民冰島的香港女生——劉月丹，Yuet Tan Lau，是冰島本地的旅遊部落客，在本地最大的旅遊平台上寫了一堆有關冰島的文章和攻略，除了寫文就是拍照、逗貓、生活著。

　　很多人知道我住在冰島後，第一句都會問：「為什麼你會去冰島？」那也容我問一句：「為什麼不呢？」或許是運氣、或許是緣分，無論如何，既然我有機會可以留在這裡生活，我也實在想不出什麼拒絕的理由。隨遇而安，多看一些不同的風景，體驗不同的生活狀態，有何不好呢？

　　冰島的節奏很慢，生活很自由，沒有什麼壓力，日子過得很直接、很單純。天氣好的時候開車出門看看日落，冬天去看看雪；拿著相機紀錄下美好的瞬間；心情因為抬頭看到日落的淡粉紅色而變好；一杯咖啡、一部電影，一天又過去了。之前讀書的時候，總覺得花紅酒綠、五光十色才是最好的生活，但是來到冰島之後才漸漸看到了「生活」的原貌。誰知道以後會去哪裡、會留在哪裡，但既然擁有了當下，就盡情的享受吧。

　　許多人會覺得冰島是一個美輪美奐、猶如仙境的地方，冰島人都不食人間煙火，是一個絕對的世外桃源。但其實冰島的人也和所有人一樣，有需要擔心的孩子、有生活帶來的苦惱，也有需要為之奮鬥的事業等等。冰島和其他地方唯一比較不同的，說穿了就是在冰島生活的人都比較「簡單」——生活簡單、人際關係簡單、表達情感的方法簡單、可以獲得滿足感的方法也比較簡單。開心就大笑、傷心就約朋友去喝一杯訴訴苦，睡醒又是新的一天，又有新煩惱就當晚再喝一杯。

　　也許，冰島這種生活的純粹與直接，比冰島的山光水色，是更值得你細細品嘗的「冰島味」。

　　希望我的文字可以帶你完成一次難忘的旅程，也希望能把我居住的地方——冰島，盡我所能地完整呈現給你。讓我們一起用初心，開始一場在冰島的「白日夢」吧。

　　我會在冰島，期盼著你們的到來。
　　朋友們，冰島見。

冰島島民 Lau Yuet Tan

　　Lau Yuet Tan(劉月丹)，在英國完成大學及傳媒碩士學位後，機緣巧合下以人才簽證移民冰島定居的香港女生，就此愛上冰島的慢節奏、單純的生活。目前是冰島雷克雅維克市政府官方指定資訊提供、冰島最大旅行平台的認證專欄旅遊部落客。目前在個人的網站持續寫冰島的旅行攻略和分享見聞，也在個人的 Facebook 粉絲專頁「冰島島民」和自己的個人 IG 分享在冰島生活的點滴，看到的風景。

　　看過冰島數個寒暑、體驗過絕大部分的特色活動，單純地希望和有緣人分享最真實、最迷人的冰島。

Blog lauyuettan.com
Facebook 冰島島民：www.facebook.com/icelandislander
Instagram @lauyuettan

特別鳴謝

感謝太雅出版社張芳玲總編給予極大的信任讓我寫這本書，才讓這本書有面世的機會；同樣也要感謝本書主編湘仔促成了這次旅遊書的完成——從溝通、編稿、校對，許多部分都不遺餘力地為這本書盡心盡力，沒有她的用心，這本書最後出來的效果也不會那麼好；也感謝參與過書籍製作的所有編輯、美編在排版設計等各方面花費的心力，最終一起完成了這本旅遊書。

這本書受到了冰島本地各方好友的支持才得以完整，如果沒有他們的支持，以我個人的綿薄之力，肯定無法為大家呈現冰島各式各樣的美。在此感謝為這本書提供過照片的攝影師們。

願有緣買到這本書的你，拿著這本集合了大家心血才完成的書，完成一次愉快、難忘的冰島旅程。

PengBin Ma（馬彭彬）

冰島本地設計師，碩士畢業於冰島藝術學院，Studio N/A 創辦人，在冰島認真生活、做設計、拍照、繪畫的男生。

個人網頁 www.studio-na.is
Instagram @ma_pengbin

Iurie Belegurschi

Guide to Iceland 首席攝影師，獲獎無數，攝影作品也經常刊載於各大媒體、報章雜誌，冰島本地著名攝影工作室創辦人兼 Iceland Photo Tours 主負責人。

個人網頁 www.iuriebelegurschi.com
Instagram @Iurie Belegurschi

Kaki Wong（黃嘉祺）

和冰島淵源頗深的香港新晉導演，我的多年好友。

個人網頁 www.wongkaki.com
Instagram @kikiwong1102

Xiaochen Tian（田曉晨）

冰島本地旅遊部落客，多年前移居冰島，是一位熱愛冰島的女子，也是我非常佩服、喜愛，對我來說亦師亦友的好友。

微博 迷失冰島
Instagram @xxiaochenn

Anny Mooyung Lee

冰島本地人，自小在冰島長大的華人，我可愛的好友。

Instagram @annee1206

Tony Wang

冰島本地人，和我同屬一個星座、風一樣的男子，也是我可愛的好友。

Instagram @tonywang

臺灣太雅出版編輯室提醒

提供電子地圖 QR code，出發前先下載成離線地圖手機讓旅行更便利，本書採用電子地圖，書中所介紹的景點、店家、餐廳、飯店，作者全標示於 Google Map 中，並提供地圖 QR code 供讀者快速掃描，找尋地圖上位置，並可結合手機上路線規劃、導航功能，幫助讀者安心前往目的地。

提醒您，出發前請先將本書提供的電子地圖下載成離線地圖，避免旅遊途中若網路不穩定或無網路狀態。若前往的旅行地，網路不發達，建議您還是將電子地圖印出以備不時之需。

出發前，請記得利用書上提供的通訊方式再一次確認每一個城市都是有生命的，會隨著時間不斷成長，「改變」於是成為不可避免的常態，雖然本書的作者與編輯已經盡力，讓書中呈現最新的資訊，但是，仍請讀者利用作者提供的通訊方式，再次確認相關訊息。因應流行性傳染病疫情，商家可能歇業或調整營業時間，出發前請先行確認。

資訊不代表對服務品質的背書

本書作者所提供的飯店、餐廳、商店等等資訊，是作者個人經歷或採訪獲得的資訊，本書作者盡力介紹有特色與價值的旅遊資訊，但是過去有讀者因為店家或機構服務態度不佳，而產生對作者的誤解。敝社申明，「服務」是一種「人為」，作者無法為所有服務生或任何機構的職員背書他們的品行，甚或是費用與服務內容也會隨時間調動，所以，因時因地因人，可能會與作者的體會不同，這也是旅行的特質。

新版與舊版

太雅旅遊書中銷售穩定的書籍，會不斷修訂再版，修訂時，還區隔紙本與網路資訊的特性，在知識性、消費性、實用性、體驗性做不同比例的調整，太雅編輯部會不斷更新我們的策略，並在此園地說明。您也可以追蹤太雅 IG 跟上我們改變的腳步。

taiya.travel.club

票價震盪現象

越受歡迎的觀光城市，參觀門票和交通票券的價格，越容易調漲，特別 Covid-19 疫情後全球通膨影響，若出現跟書中的價格有落差，請以平常心接受。

謝謝眾多讀者的來信

過去太雅旅遊書，透過非常多讀者的來信，得知更多的資訊，甚至幫忙修訂，非常感謝你們幫忙的熱心與愛好旅遊的熱情。歡迎讀者將你所知道的變動後訊息，善用我們提供的「線上回函」或是直接寫信來 taiya@morningstar.com.tw，讓華文旅遊者在世界成為彼此的幫助。

太雅旅遊編輯部

　　本書透過 8 個篇章介紹冰島的各種風貌。〈寫在開始之前〉介紹冰島的自然奇觀、動物生態、道地美食，讓讀者對冰島有初步認識；〈前進冰島〉接著詳細說明各項旅行資訊，如換匯、住宿、自駕、行程規畫等；後六個篇章〈雷克雅維克〉、〈南部地區〉、〈東部地區〉、〈北部地區〉、〈西部地區〉、〈中央內陸高地〉則詳細介紹冰島各區各城的旅遊情報。每個區域皆附詳細路線地圖，跟著本書安排，來一趟安全又充實的冰島深度之旅吧！

精采特輯

作者居住當地，對冰島的自然、文化、飲食生活瞭若指掌。冰川、火山、峽灣等壯麗景觀，是大自然送給冰島的禮物，也是許多電影的取景地；冰島馬、羊、鳥等動物除了與冰島的歷史息息相關，也影響著居民的生活；冰島人愛吃的「黑暗料理」，魚乾、羊頭、甘草、血布丁、臭鯊魚，更是讓人大開眼界！

前進冰島面面俱到

前進冰島該做什麼準備？從最簡單的入門知識「四季特色」、「穿戴祕訣」，到旅行途中須知的「貨幣與消費」、「電話卡及上網」、「住宿類型」、「機場介紹」、「旅行團與自駕資訊」等統統收錄，甚至還有「行程規畫」、「追極光小技巧」等專業建議。

本書資訊符號

✉ 地址	💲 價錢	➡ 交通指引	🕐 時間	MAP 地圖	📍 重要地標	🍴 美食	✈ 機場	📷 景點	⛺ 住宿
☎ 電話	http 網址	⁉ 注意事項	⏳ 停留時間		🚌 巴士站	⛽ 加油站	🏥 醫院	🛍 購物	

深入雷克雅維克

除了人氣景點，作者還帶你深入「雷克雅維克」的博物館、泳池、咖啡廳、酒吧、超市等，讓你體驗最「冰島味」的旅程！

五大分區景點攻略

五大區域的人氣景點、私房景點皆有詳細資訊，提供GPS座標供參考，不必擔心會迷路！

島民的私房推薦

不同於市面上冰島旅遊書千篇一律的景點介紹，「島民」認證的「在地熱門」，獨家推薦給你！

冰島文化發現

冰島的人源自哪裡？

在冰島「移民定居時代」後期，冰島總人數大約有3～3.5萬人，絕大部分來自挪威或者愛爾蘭。根據冰島最新的基因調查顯示，約80%的男性源自挪威，20%源自愛爾蘭；40%的女性源自挪威，60%源自愛爾蘭。換句話說，冰島國家的總人口有60%源自挪威，40%源自愛爾蘭。

雷克雅維克也是「貓的城市」

如果你走在雷克雅維克的大街上，不難發現會有很多閒逛的貓。牠們全部都是有主人的家貓，只是可以自己沒事就出門逛逛。冰島人尊重「自由」並不單單體現於人，就連貓咪們都可以享受牠們探索、求知的自由願望，跑出家看世界。根據非正式統計，大雷克雅維克地區的住戶中，大約每10戶就有1個家裡有養貓。

當然，只要是有主人的貓，身上都會裝有晶片，證明牠們都是已經接種過疫苗、做過身體檢查的貓咪，晶片也可以在貓咪走丟的時候用來聯繫牠們的主人。

島民小提示

哪裡可寄明信片？

明信片在很多景點、紀念品商店均有販售，但郵票則需要到郵局購買，冰島郵局(Pósturinn)的工作時間只有週一～五09:00～18:00，週六、日不營業。

冰島郵局

冰島語小教室

醫療相關用字

如果需要用Google搜尋醫院地址，可以輸入：Sjúkrahús(醫院)、Spítali(大型醫院)、Laeknavaktin(急診)等單字；普通藥局則是Apótek，直接搜尋這個單字，就可以找到距離你最近的藥局。

實用資訊小專欄

「島民小提示」是旅途中大小事的重要提示，作者居住當地，苦口婆心的小叮嚀，千萬要熟讀；「冰島文化發現」介紹歷史文化小故事、時事政策，讓你從更多面向了解冰島；「冰島語小教室」教你認識彷彿親切、卻又陌生的冰島文，把握幾個旅途中常用的重要單字，就能順利暢遊全冰島！

島　　　民
的
生活日常

冰島的簡單、與大
自然的緊密聯繫，
正是我喜歡冰島的
原因。

冰島人擁有「Þetta reddast」
(It will all work out okay.)——
再大的事都會好起來的生活態
度，因此即使在苦澀的日常
中，也能找到甜美與希望。

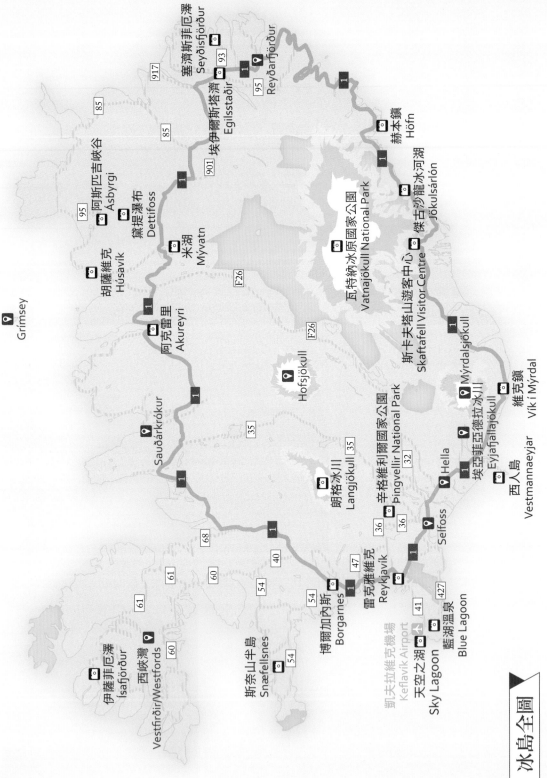

Grímsey

伊薩菲厄澤
Ísafjörður
西峽灣
Vestfirðir/Westfords

胡薩維克
Húsavík

塞濟斯菲厄澤
Seyðisfjörður

埃伊爾斯塔濟
Egilsstaðir

Reyðarfjörður

917

85

85

阿斯匹吉峽谷
Ásbyrgi

黛提瀑布
Dettifoss

米湖
Mývatn

901

赫本鎮
Höfn

95

95

93

1

1

阿克雷里
Akureyri

瓦特納冰原國家公園
Vatnajökull National Park

傑古沙龍冰河湖
Jökulsárlón

斯卡夫塔山遊客中心
Skaftafell Visitor Centre

1

F26

F26

Sauðárkrókur

Hofsjökull

1

1

35

朗格冰川
Langjökull

Mýrdalsjökull

維克鎮
Vík í Mýrdal

68

辛格維利爾國家公園
Þingvellir National Park

埃亞菲亞德拉冰川
Eyjafjallajökull

61

60

61

54

40

36

32

Hella

西人島
Vestmannaeyjar

斯奈山半島
Snæfellsnes

54

36

Selfoss

60

54

博爾加內斯
Borgarnes

47

1

1

雷克雅維克
Reykjavík

1

427

凱夫拉維克機場
Keflavik Airport

天空之湖
Sky Lagoon

藍湖溫泉
Blue Lagoon

41

▶

冰島全圖

16

寫在開始之前

冰島，一個「世界盡頭」的島國。
不少人認為這裡的原始、自然，是一生中必看的景色。
不過，一次旅途中絕對無法看完冰島的每一寸土地、每一個風景；
倒不如嘗試在冰島時，改變一下日常的節奏，
忘掉工作要求的快、狠、準、
忘掉生活中那些「必須」達成的目標。
放慢腳步、細細品味，
透過旅程，聆聽自然的聲音、親近土地上的動物、品嘗道地美食，
享受夏季午夜陽光帶來的仲夏之夢；
感受冬季北極光獻上的動人舞步；
也許會獲得更多的感動。

驚豔冰島

✦ 冰川 ✦

冰島，如同它的名字一樣，是一個冰雪覆蓋的島嶼。冰島一共有 9 大冰川，所有冰川總共占據了冰島約 10～11% 的面積，其中以瓦特納冰川 (Vatnajökull) 面積最大，它覆蓋了冰島約 8% 的面積，也是歐洲最大、世界第三大冰川。

冰川除了有美景，同時也為遊客提供了很多特色活動：冰川健行、攀冰、雪地摩托車、藍冰洞、冰河湖遊船等。除了藍冰洞需要在冬季 (11～3 月) 才可以進入之外，其他全年都可以參加，而參加所有的冰川活動都必須有專業的導遊帶領才安全。

冰舌、冰河湖和藍冰洞

冰舌是冰川邊緣順著山谷流出的部份，由於它們的型態很像伸出來的舌頭而得名。每一個冰川都有很多冰舌，例如著名的冰川健行地點——位於斯卡夫塔山自然保護區內的 Svínafellsjökull，就是瓦特納冰川的第一支冰舌。

冰河湖是冰川融化後形成的，這些冰川融水逐漸積聚，形成冰潟湖，也就是冰河湖。在冰島大大小小的冰潟湖之中，以傑古沙龍冰河湖 (Jökulsárlón) 最廣為人知。

藍冰洞和冰河湖一樣，也是由冰川融水產生的。每年夏天冰川的融水流過冰川底部，沖刷出一個地下通道，在冬季氣溫夠低時凝固成藍冰洞。這些藍冰洞的形狀大小、位置每年都不同，即使是常年在某一個區域形成的冰洞，其準確的定位、內部結構、大小每年都會改變。

但因為全球暖化，冰島冰

≋ 冰島語小教室

如何從地名辨識冰川？

冰島文裡 jökull 就是冰川的意思，如果你看到地名帶有 jökull 這個字作結尾，那裡就是冰川囉。

❶《權力遊戲》(Game of Thrones) 的拍攝場地，內陸的藍色冰川／❷冰舌就像奔流而下時被凝固的洪水(照片提供／Iurie Belegurschi)／❸冰川腳下都有可能形成冰河湖，只不過由於傑古沙龍冰河湖的面積最大、浮冰最多，才讓它成為了冰島冰河湖之中最受歡迎的一個

川、冰舌的面積每年都在銳減；冰河湖由於融水量變多，面積正逐步變大；而需要靠極冷氣溫形成的藍冰洞面積則一年比一年小。如果大家有機會在冰島參加和冰川相關的活動，相信你會對全球暖化有不同的體會與了解。

水龍頭的水可以直接飲用

無論是飯店房間還是B&B民宿，冰島所有水龍頭的「冷水」都是淨化過的冰川融水，非常清甜好喝，可以直接飲用。但水龍頭裡的熱水是經過地熱煮沸的，不能直接飲用。若想喝熱水，還是需要把冷水煮沸。

商店內可以買到的瓶裝水，其實和水龍頭的水是一模一樣的，除非你特別想要收集裝水的塑膠瓶，否則沒有必要買水。

✦火山✦

冰島本身就是一座因為地殼運動才存在的火山島，位於地球的「熱點」之上。在冰島可以找到很多火山岩，其中最常見也最出名的是玄武岩，位於南部的 Reynisfjara 黑沙灘就是著名的玄武岩景點。雷克雅維克的地標——哈爾葛林姆大教堂和 Harpa 音樂廳的外型設計靈感，也源於六角形的玄武岩石。

頻繁的地殼運動使冰島會發生地震和火山爆發，但同時也帶來了豐富的天然溫泉、地熱，南部著名的景點——間歇泉，也是地殼運動的產物。除了自然景觀之外，地殼運動也為冰島提供了大量可持續使用的再生能源——地熱，令冰島成為世界上唯一使用環保能源供電的國家。

冰島的火山數目眾多，其中比較出名的有 10 個：世界唯一可進入內部的死火山瑟利赫努卡吉格爾火山 (Þríhnúkagígur)、「地獄之門」海克拉火山 (Hekla)、2010 年造成歐洲航空交通癱

 冰島文化發現

使用綠色環保能源的冰島

冰島全國使用的供電供暖系統，99%是來自於水力和地熱發電，其中約70%來自水力發電、30%來自地熱發電，是世界上唯一一個在供電供暖系統上，百分之百使用綠色能源的國家。

❶在冰島乘坐渡輪時，在海中央可看到許多因火山運動產生的島嶼／❷北歐神話中「諸神的黃昏」所描述的就是一次火山超級大爆發，冰島許多山脈也是形成於遠古時的火山爆發／❸頻繁的火山運動是冰島地貌的塑造者／❹此起彼落的熔岩不斷噴發(照片提供／Iurie Belegurschi)／❺火山呼嘯著，向世界展示它的威武(照片提供／Iurie Belegurschi)／❻冰島遍布各式各樣的火山口

瘓的埃亞菲亞德拉火山(Eyjafjallajökull)、最危險的卡特拉火山(Katla)、最致命的格里姆火山(Grímsvötn)、近幾年爆發過的胡勒漢火山(Holuhraun)、可以泡溫泉的阿斯奇亞火山(Askja)、在《權力遊戲》中出現過的惠爾火山(Hverfjall)、迷人的藍色湖水克拉夫拉火山(Krafla)，以及西部最大的斯奈菲爾火山(Snæfellsjökull)。

火山爆發怎麼辦？

冰島有一套完整專業的火山監察系統，並且一直有專家隨時對各大火山的活動進行嚴密的檢測，萬一探測到火山有異樣運動，會隨時通知冰島居民以及遊客。冰島歷史上也從來沒有發生過因為火山爆發而導致人類直接死亡的事件。

冰島氣象局專家表示，雷克雅內斯半島上，Grindavik小鎮及周邊將成為有間歇性火山爆發的地區。小型火山爆發可能以3、4週的間隔頻率持續幾年。但根據這個地區錄得數據及多次經驗，只要不擅自無視官方警告而前往這片潛在危險地區，旅遊安全不會受影響。冰島國際機場及公路等在過往的噴發

經驗中也不曾受影響。

除了火山爆發時會看到岩漿噴發的景象之外，其他時候前往火山都不會看到岩漿。若在冰島參加任何和火山相關的旅行團，每次出發之前導遊都會事先確認，確保火山不會有任何危險才會發團。如果當日出發前察覺有危險，本地旅行社會取消出團，並把團費全數退還。

島民小提示

遊覽火山的行前準備

◆ 出發前透過冰島國家氣象局網站(🔗en.vedur.is)，查看冰島火山預報的最新情況。

◆ 出發前在冰島救援隊網站(🔗safetravel.is)留下旅行計畫備份，以防萬一。

◆ 預備一個可以打電話、上網的電話卡，以便旅行途中與外界聯繫。

◆ 冰島若有突發性的地震或火山爆發情況，救援隊網站和冰島地區政府會通過手機短訊通知身處危險地區的人。有突發性的危險情況時，可在冰島國家民防部網站(🔗almannavarnir.is)找到官方的最新指示。

溫泉

冰島全國有紀錄的天然溫泉大約有 800 多個，其中最著名的就是位於冰島凱夫拉維克機場附近的藍湖溫泉。不過除了藍湖溫泉，冰島充滿特色、很道地、有「冰島味」的人造地熱溫泉和郊外野溫泉數量也不少，只要你會找，其實 CP 值高的大有「泉」在。

但在冰島，即使你看到「貌似」很適合泡溫泉的野外溫泉，也千萬不要隨便往下跳，因為有時候手可以觸及、感受到的泉水溫度並不是它真正的溫度。之前就有人試過跳下「溫泉」後，才發現深處的水溫度接近 100 度，幾乎可把人直接煮熟。所以提醒讀者，千萬不要嘗試尋找那些完全無人使用的「野溫泉」，潛在的危險遠比你想像中來得多。

沙灘

說到冰島的沙灘，絕對不能不提到的就是黑沙灘。冰島比較出名的黑沙灘一共有 2 處：一個是位於最南部的小鎮維克鎮 (Vik) 附近、滿布玄武岩石群的 Reynisfjara 黑沙灘，另一個是有一架美軍 DC-3 Wreckage 飛機殘骸的 Sólheimasandur 黑沙灘。

這些黑色沙子源自原本覆蓋在這片地區的火山玄武岩熔岩，當火山爆發，灼熱的熔岩與海水接觸後急速冷卻，同時破碎成各種大小的碎片，有些體積足夠細微的就會變成沙子。當大面積的熔岩匯入海洋，就會產生大量的碎片和沙子，而形成現在我們可以看到的黑沙灘。

當然除了黑沙灘之外，冰島還有其他的沙灘——「正常」顏色的黃沙灘、黑石灘，甚至是「紅」沙灘，也都可以在冰島找到。

冰島本身的天氣特色就是：大風，更不要說是在空曠、毫無遮擋的沙灘。無論什麼季節來冰島，只要打算去沙灘，就一定要穿上防風、保暖的外套，同時備好帽子。最好準備一件連帽外套，以迎戰隨時來襲的大風。

❶冰島地熱資源非常豐富，裊裊輕煙從地上升起的情景很常見／❷在雷克雅維克郊區也可以找到冒煙的地熱區／❸❹看似美麗的沙灘其實暗藏危機，暗湧與大浪導致了不少意外的發生，無論在哪一個海灘遊覽，都務必小心個人安全／❺和飛鳥一起共享美麗的沙灘

✦ 瀑布 ✦

　　冰島的瀑布數量眾多，最出名的經典瀑布一共有 6 條，包括金圈的其中一個景點的黃金瀑布 (Gullfoss)、南岸一帶的斯克加瀑布 (Skógafoss) 和塞里雅蘭瀑布 (Seljalandsfoss)、北部的眾神瀑布 (Goðafoss) 和黛提瀑布 (Dettifoss)，以及西部斯奈山半島教會山前的教會山瀑布 (Kirkjufellsfoss)。至於小有名氣的小眾瀑布，甚至是不知名的瀑布更是多不勝數。

冰島瀑布的數量多到數不清

冰島語小教室

Foss＝瀑布

　　冰島文每個單字都有代表的意思，而相互組合之下就會產生新的意義。Foss 在冰島語言中就是「瀑布」的意思。拿黃金瀑布舉例，Gull 是「黃金」的意思；在Gull後面加上Foss，就變成了「黃金瀑布」Gullfoss。所以如果在地圖上看到某一個地方的名字是以 Foss 結尾，代表那裡正是瀑布。

✦ 洞穴 ✦

　　冰島的洞穴主要分為兩種：冰洞和岩洞。

　　冰洞有兩種，冰川上由普通的冰所構成的冰洞，四季都可以進入，大部分是黑色或透明的冰。另一種比較特殊的是「藍冰洞」，只有冬天才會形成。藍冰洞對遊客開放之前，都會有專業的導遊進行勘探、測量、確認安全。雖然早在 10 月中下旬這些藍冰洞就已成形，但由於涉及一系列安全檢查和申請，大部分藍冰洞旅行團都是每年 11 月才開始營運，直至來年的 3 月。

　　接下來再說說岩洞。冰島的洞穴大部分是火山爆發形

❶在冰川上也會偶然發現小的普通冰洞／❷世界上目前唯一可以進入內部的火山岩漿室其絢麗景色

成的岩洞。火山爆發後，岩漿遇冷形成型態各異的岩石洞穴。從地面觀察，只會看到它們是一個小缺口，要進入內部才會發現另有乾坤。

　　冰島有一座目前世上唯一可以進入內部的休眠火山——瑟利赫努卡吉格爾火山 (Thrihnukagigur)。雖然火山內部會讓你有身處於「洞內」的感覺，但實際兩者相差甚遠。瑟利赫努卡吉格爾火山的「洞穴」其實是火山「體內」的岩漿房，但是其他的岩洞則是由火山噴發出的岩漿冷卻後，在山體外形成的，兩者並不相同。

峽灣

冰島共有 109 個峽灣，其中最多峽灣的地區是西部。峽灣英文是 Fjord，冰島文是 Fjörður。

峽灣是冰川侵蝕河谷而形成的地貌，冰川融水從高處向下滑的過程中將山壁磨蝕，這些冰川入侵陸地時形成的 U 形入口，就是峽灣。峽灣的形狀大多長而深邃，外貌有點像山谷，一直延伸到海裡。在其內部淺層的部分比較容易找到優質的水資源，也有可能在這裡找到瀑布，比較寬大、與海連接的

部分則是「峽灣口」(Fjords' mouth)。但如果峽灣口的水流寬度超過了它的長度，那麼這裡就應該稱為「海灣」(Bay) 或者「海峽」(Cove)，而不是峽灣了。由於冰島的

峽灣都是與海相連，因此找不到像挪威、紐西蘭那種淡水峽灣。

冰島除了西部峽灣地區整片都是峽灣之外，在東部和北部，其實也有很多不同的峽

灣，而東部和北部的峽灣相對來說比較容易抵達和遊覽。

難以抵達的西部峽灣

查看冰島的地圖會發現，西部峽灣這個地區是從冰島大陸向外延伸的部分，並不像東部或者北部的峽灣，本身是冰島大陸的一個部分，所以西部峽灣是需要特意繞行才能到達的地區。而東部、北部的峽灣附近都有修葺完善的 1 號環島公路，相對來說比較容易抵達。

雖然西部峽灣內也有一些公路，但是想要前往景點，還是需要經過比較難行的砂石路

或懸崖峭壁旁的小路，感官上比較「恐怖」。同時前往西部峽灣最危險的，其實是它的天氣情況。西部峽灣可說是除了中央內陸高地之外，「下雪最早、融雪最遲」的地區，加上常有暴風雪、風暴等惡劣的天氣，所以一般來說只有盛夏天氣較穩定的 6 ～ 8 月，才最適合自駕到訪。如果想要在其他月分自駕遊覽西部峽灣，一定要有隨時可能面對暴風雪、風暴、路面積雪結冰、臨時封路等狀況的心理準備。

❶西峽灣內迷人的海岸線／❷由於峽灣的地理特色，在途徑峽灣的時候，常能看到有別於平原的驚喜景色／❸由於峽灣的地勢特別，所以峽灣地區多是入冬早、入夏晚，經常被白雪覆蓋／❹平靜的峽灣內總可以給人安寧的感覺／❺即使是入夏的5月底，峽灣內很多山上仍覆蓋著積雪

冰島動物
和牠們的聚集地

◆ 鯨魚和海豚 ◆

在冰島附近的海域中，棲息著很多不同種類的鯨魚。根據統計，最高紀錄找到了超過 20 種不同的鯨魚和海豚，其中有 8 種相對比較常出沒，參加冰島本地的賞鯨旅行團都有機會看到牠們，最常見的幾種包括：小鬚鯨 (Minke Whales)、座頭鯨 (Humpback Whale)、白吻斑紋海豚 (White-beaked dolphins)、港口鼠海豚 (Harbour porpoises)、殺人鯨 (Orcas)；而抹香鯨 (Sperm Whale)、藍鯨 (Blue Whale) 和長鬚鯨 (Fin Whale) 這 3 種則要運氣超級好才會看到。

根據鯨魚的品種，棲息的海域也不同，如果你想要看到某幾種特別的鯨魚，可以根據鯨魚們比較常出沒的海域，選擇不同地區出發的賞鯨團。賞

鯨團(搭乘大賞鯨船)是非常少數沒有年齡限制的特色旅行團,部分業者甚至會讓6歲以下兒童免費參加。如果帶孩子來冰島,賞鯨會是不錯的選擇。以下介紹幾種鯨魚、海豚在冰島常出沒的海域:

● **小鬚鯨**:全國各地(包括雷克雅維克)。

● **座頭鯨**:冰島北部為主——阿克雷里、胡薩維克、Dalvík、Hauganes。

● **白吻斑紋海豚**:全國各地。

● **殺人鯨**:西部斯奈山半島、西部峽灣。在夏季,牠們也經常在雷克亞內斯半島以南和西人島(韋斯特曼群島)周圍出現,但可惜的是這些地區目前沒有賞鯨團。據說,冰島也是世界上有最大機率看到野生殺人鯨的國家之一。

冰島文化發現

冰島仍有捕鯨行業

目前世界上絕大部分的國家都已經沒有商業捕鯨的行業存在,但冰島和挪威則是世界上唯二無視1986年國際捕鯨委員會指令限制,繼續允許捕鯨的國家。雖然冰島曾經短暫地暫停過捕鯨,但由於經濟危機,冰島的捕鯨公司從2006年開始,重啟了商業捕鯨行為,而他們最主要的銷售對象除了來冰島旅行的遊客之外,就是遠銷日本。冰島本地雖然也有不少反對捕鯨的組織,但截至目前,冰島政府依然沒有對捕鯨業發出任何禁制令。

如果大家反對捕鯨,除了可以參加活動聲援之外,最直接可以做的就是來冰島旅行不吃鯨魚肉,以行動Say NO。

①躍出海面的鯨魚(照片提供╱Nacho Oria)②座頭鯨是經常表演躍出水面「雜技」的鯨魚③溫柔巨人的背部④鯨魚式的揮手⑤動物學家們經常會利用鯨魚的頭部特徵分辨牠們的身分(照片提供╱Nacho Oria)⑥在賞鯨船上等待鯨魚出現的人們

5 6

冰島馬是一種特別的小型馬種，大約在 860 ～ 935 年左右，跟隨來自挪威的定居者所乘坐的維京船一起抵達冰島，除了是冰島人古代時最重要的交通工具，同時也是冰島人親密的好友、家人。

牠們的身材非常有特色，除了有讓人過目難忘的長瀏海 (就像老派的叛逆青年一樣)，最特別的莫過於牠們的身高了。牠們雖然屬於馬 (Horse) 的其中一個品種，但與我們平時看到的高頭駿馬相比，冰島馬平均身高矮了 0.4 公尺左右。一般來說，

馬的平均身高介於 1.4 ～ 1.8 公尺，而冰島馬的平均身高則在 1.42 公尺以下，是個不折不扣的「小矮子」。雖然冰島馬們擁有小馬 (Pony) 身高和短腿，但是如果你和一個冰島人說：「你們的馬是 Pony ！」他們絕對會馬上糾

冰島馬小知識

◆ 冰島人自古就有種說法：如果你不知道馬的名字，你不應該騎牠。因為知道了牠們的名字才代表你了解牠們，是一種親暱的表現。冰島馬的命名主要有3個規律：根據毛色、性格，或者取名自古老北歐神話。

◆ 冰島馬與生俱來就比其他馬種多出2種獨特的步姿：「tölt」和「skeið」，兩者都是以快聞名。

1

2

正你，並且告訴你：「牠們是馬。」

冰島境內的馬是 100% 純種馬，自 982 年冰島議會通過保護冰島馬的法案以來，就再沒有其他種類的馬種入口冰島，加上冰島馬一旦離開冰島，就再不允許重新入境，因此上千年來，冰島馬一直保持著絕對純正的血統。

哪裡有冰島馬的蹤跡？

冰島馬全部都是有主人、由人類飼養的。如果想要接觸冰島馬，最佳的方式就是參加騎馬旅行團或參觀馬場。在冰島全國各地都有不同的馬場，可以根據自己的行程向馬場報名，安排參觀。

騎馬團會要求一人騎一匹馬，所以參加者最低的年齡限制一般是 6 歲，6 歲以下的小孩們就只能參觀馬場或看馬術表演。

島民小提示

請勿為了看馬而隨意路邊停車

在冰島的公路駕駛，可能會看到被圈養於農場內吃草的馬，如果是自駕，記得必須在特別劃分出來、允許停車的地方，才能停下車來看馬、拍照。隨意在公路上靠邊停車不僅觸法，也非常危險，不少交通意外都是這樣造成的。

①總覺得牠們的耳朵莫名地可愛／②馬兒簇擁的場面／③冰島馬的性格非常溫順，就算沒有任何經驗，也能在冰島騎馬／④一到冬季，冰島馬就會換上一身「冬衣」／⑤冰島馬很愛愛親近人類也很聽話／⑥短腿馬們都是又萌又乖巧的孩子

羊

和羊打交道對於冰島人來說，一直都是生活中「必不可缺」的一環。冰島人對於羊的需求來自各方各面：做毛衣、吃羊肉、喝羊奶等等。自古以來，由於冰島地理環境所限，加上科技並不發達，如果沒有羊提供食材和衣料，冰島人根本無法生存下來，可以說是「沒有羊就沒有冰島人」。冰島羊和馬一樣，自古就因為與世隔絕而保持了高度純種的血統，也是世界上最純種的羊之一。

直到現在，羊對於冰島人來說，依然是非常重要且神聖的存在，牠們或許是世界擁有最高「羊權」的羊。冰島人甚至為羊立下了法律：「羊可以在冰島任何土地上行走、吃草、休息，無論該土地是否為私有土地，土地主人都不能拒絕羊進入」。所以夏天的時候，經常可以看到滿山遍野的羊兒們自由地享受著牠們的「羊權」。

❶冰島的羊大多數都非常膽小，如果在郊外遇到牠們，多數情況牠們都會轉身就跑／❷人見人愛的羊兒們／❸在群羊節經常可以看到小小牧羊人／❹夏天是在郊外發現「隱藏羊」的季節／❺集中在一起準備被分發至各農場的羊們(照片提供／Kaki Wong)

夏季看羊注意事項

一到夏天，冰島人就會把羊帶到郊外放養，所以各處草地上，都可以看到一朵一朵大棉花糖帶著小棉花糖吃草遊逛的場景，異常可愛。根據統計，冰島羊與人的比例大概是 2:1(部分數據更會說是 3:1)，可以肯定的是，冰島羊的數量比冰島人多許多。

一般來說，羊兒們都比較怕人，一旦你走得很近，牠們就會逃走，如果想要好好為牠們「拍寫真」的話，就需要拉開一定的距離。而放養也意味著──完全沒有人

 冰島文化發現

冰島圈羊節(Réttir)

每年9月中旬是冰島最重要的節日之一「圈羊節」舉行的時候。在圈羊節期間，冰島全國各地的牧場主人都會騎著馬、邀請親朋好友一起去山野間把夏季放養的羊兒們趕回「家」(羊圈)，以免牠們到了冬天會在野外凍死。當把所有羊趕回平地之後，牧羊人就會根據牠們身上的標記把羊分還給各自的主人。這是一個歡迎所有人參加的活動，每個牧場舉行圈羊節的日期稍有不同，想要參與的朋友記得在出發前上網查詢該年的時間表。

控制牠們的行動──有可能突然出現在公路上、馬路邊或者是一些你意想不到的地方。如果你打算在夏季自駕遊冰島，一定要小心開車時突然出現在路上的羊；看到了牠們，記得讓行，如果撞傷或撞死了羊，必須賠償羊主人的損失。

鳥

　　在冰島曾經有紀錄出現過的鳥一共有約 400 種，其中會長年以冰島為家、繁殖後代的主要有大約 85 種，而最特別、討論度最高、在旅行時比較容易看到的鳥類共有 9 種：海鸚 (又名帕芬鳥，Puffin)、金斑鴴 (Golden Plover)、烏鴉 (Raven)、鷸 (Snipe)、北極燕鷗 (Arctic Tern)、岩雷鳥 (Rock Ptarmigan)、雪鴞 (Snowy Owl)、矛隼 (Gyrfalcons) 以及白尾海雕 (White-Tailed Eagles)。

　　冰島官方認證的國鳥其實是矛隼，但是由於海鸚的名氣大、數量多到讓人難以忽略，因此也有不少人會把牠們尊稱為「國鳥」。

　　如果想要看到大量的鳥類，一定要在夏天 (5 ～ 8 月) 前來。這段期間，以冰島為家的候鳥都會回到冰島繁衍後代，常常可看到一行大大小小鳥兒的可愛景象。鳥類們棲息的地點根據習性各有不同，除了在山崖峭壁之外，郊外的草叢、平原都有可能找到不同類型的鳥，甚至是城市中的湖——例如雷克雅維克市中心的托寧湖，也可以找到不同鴨子、鳥類的身影。

　　在夏季，鳥兒們繁衍後代期間賞鳥時需要特別小心，成年的鳥在照顧雛鳥時變得異常敏感，當人接近牠們的巢，牠們就會發出各種聲音警告，甚至是群起攻擊，其中「最兇」的是北極燕鷗，牠們為了保護雛鳥會排成一行、發出刺耳的叫聲並輪流俯衝攻擊入侵者。我曾經見過因為走得太近而被北極燕鷗「群毆」的遊客，可以告訴大家，這肯定不是你想體驗的。

著名的「國鳥」Puffin

　　冰島的海鸚是大西洋海鸚 (Atlantic Puffin)，又名「海上的小丑」。牠們有橙色的喙和腳，配上黑色羽毛、白色肚子，因此有一些本地人打趣地稱牠們為「冰島企鵝」。

海鸚的眼睛被一個類似正三角形的花紋圍繞，可謂天生一臉運氣很不好的「衰相」，格外無辜、惹人憐愛。

牠們一生中大部分時間都居住在海上，靠從海裡捕魚為生，最愛的食物是鯡魚和沙鰻魚。海鸚是很棒的泳將，潛水的深度最多可達60公尺；同時牠們也是飛翔小能手，拍翼速度可達每分鐘400次，時速80公里。海鸚只有在繁殖季 (5～8月) 才會上岸，所以每年只有這段期間能在陸地找到牠們的蹤影。

海鸚是非常忠貞的鳥，一生只有一個固定伴侶，而且一旦選定了一個陸上築巢的地點，接下來的每一年，牠們都會和伴侶飛回同一個地方築巢、生蛋，無比浪漫。

冰島的海鸚數量占全球總數的一半以上，牠們通常居住在峽灣內的懸崖峭壁和海中的島上，以下幾個地方是主要聚集地：

- 南　岸：Dyrhólaey、Reynisfjall、Ingólfshöfði。
- 東　部：Borgarfjörður Eystri、Fáskrúðsfjörður。
- 北　部：Grimsey 島、Skjalfandi 海灣。
- 西 峽 灣：Látrabjarg Cliffs、Hornstrandir 自然保護區、Hornbjarg、Isafjardardjup 海灣。
- 西 部 斯 奈 山 半 島：Breiðafjörður。
- 距 離 本 島 相 近 的 離 島：Vestmannaeyjar(西人島)。

島民小提示

觀賞海鸚的時間限制

政府為了保護海鸚的繁殖、不被過多遊客打擾，所以在固定時間會禁止遊客進入部分保護區。例如南部的Dyrhólaey海岬的保育時間是：自海鳥歸來直至6月中旬，每晚7點到第二天早上9點都會關閉。

❶一群「國鳥」齊聚一堂(照片提供／Iurie Belegurschi)／❷正在捕魚的海鸚／❸夏天經常會發現剛出生的雛鳥，但不要靠太近，否則很容易被牠們的父母攻擊／❹雷克雅維克托寧湖旁經常可以看到有人餵鴨子和天鵝／❺海鸚的可愛大頭照(照片提供／Iurie Belegurschi)／❻除了海鸚，冰島還有很多值得觀察的鳥類／❼鷸是頗為常見的冰島鳥類之一

野生海豹

冰島不少地方可以見到野生海豹的蹤跡，牠們是冰島水域中的原居民，常見的有 2 種：港海豹 (Harbour Seal) 和灰海豹 (Grey seal)。適合觀賞海豹的海灘中，最好的地點集中在西北部 (斯奈山半島的 Ytri Tunga 石灘)、西部峽灣附近海域、北部 Vatnsnes 半島 (Hvítserkur 犀牛石所在地) 等；在南部大名鼎鼎的傑古沙龍冰河湖，也經常會看到在湖內嬉戲、躺在浮冰上曬太陽的海豹。

不過，野生海豹的生活狀態難以捉摸，即使知道牠們會出沒的海灘，也未必次次都可以看到牠們。根據我個人看過幾次的經驗，一般來說天氣好、陽光明媚的時候，海豹會比較喜歡到岸上曬太陽，看到牠們的機率也比較大；另外也有人說退潮的時候較容易看到。如果你真的很想看到海豹，建議可以報名夏天時從西部峽灣或斯奈山半島出發的獨木舟 (Kayaking) 旅行團，有很大的機會可以一睹牠們的風采。

馴鹿

大約是在 18 世紀時，有農民把鹿帶上冰島，本來他們想要和挪威一樣，在冰島開始養殖馴鹿，但並沒有如願以償。冰島的天氣過於嚴酷，馴鹿非常難以生存，因此在冰島各處被放養的馴鹿相繼死去，甚至一度被認為全部死亡，這些帶牠們來的農民，當然也沒有再去把所有的鹿找回來或確認牠們的生死。

直到大約 1939 年，有人在冰島的東部發現了馴鹿的蹤影，人們才得知當年以為全部死亡的馴鹿，居然有少部分適應了冰島的天氣並存活下來。雖然發現牠們的身影，但農民們已經沒有把馴鹿抓回去馴養的意思，這些馴鹿們也因此變成了「野生」的馴鹿。

隨著時間的推移，冰島野生鹿群漸漸擴大，至今已經有大約 3,000 隻。牠們主要活動在冰島的東部，甚至有人在傑古沙龍冰河湖附近發現過馴鹿的身影。在夏天時，馴鹿一般活動於高地地區；而在冬天時，牠們則會遷移到較暖的低地生活，所以在冬天的東部沿海、平地地區會比較容易看到野生的馴鹿。

野生北極狐

冰河時期，北極狐經由海冰踏上了冰島這片土地，約 10,000 年前，海冰融化，北極狐們也就自然被「困」在了冰島這座與世隔絕的島上，成為了在島上長期居住、最原始、最古老的哺乳類動物。

人類登陸冰島之後，曾經因為要保護家畜，對牠們進行獵殺；也有獵人為了獲得皮毛而捕獵牠們，以致數量一度銳減。目前冰島早已禁止對北極狐有任何獵殺和傷害。在北極狐經常會出現的西部峽灣還設立了保護區，以確保牠們可以自由自在地生活。

冰島的北極狐有 2 種：白毛和「藍」毛（其實就是棕色，只是科學家稱之為藍色）。部分藍毛北極狐的皮毛會根據季節變化而改變，這是為了讓牠們可以更融入環境、不把自己暴露出來。

北極狐沒有固定的居所，雖說牠們較常出現在西部峽灣地區，但我也曾意外地在西部斯奈山半島上見過北極狐的身影。所以如果你想要偶遇野生北極狐，就去西部碰碰運氣吧。

❶表示有機會看到野生海豹的標誌／❷冰島的海豹經常會結伴同遊／❸在岸上攤睡是海豹們的常態／❹冬季期間更容易看到野生的馴鹿／❺一隻可愛的野生北極狐／❻對世界充滿好奇的北極狐／❼幾乎和雪同為一體的北極狐

7

雪橇犬

冰島的工作犬主要是牧羊犬，其他的狗基本上都是寵物。對於遊客來說，只有在冰島圈羊節時才會看到牧羊犬。雪橇犬相對來說更容易接觸到，畢竟和遊客玩耍，帶旅人在冰島的草原、雪地上盡情奔跑，就是牠們的日常工作。

在冰島，負責拉車的雪橇犬們主要有 3 個品種：阿拉斯加哈士奇 (Alaskan Husky)、西伯利亞哈士奇 (Siberian Husky) 和格陵蘭犬 (Greenlandic Dog)，從名字上面不難看出牠們源於外國，並不是在冰島土生土長的狗。想要在冰島和雪橇犬們玩耍，最直接的方法就是參加雪橇犬農場參觀旅行團，或者雪橇犬拉車旅行團。目前冰島只有 2 個雪橇犬農場，一個在北部，一個在南部，南部的是冰島最早開始養殖雪橇犬的農場 (由 Dog Sledding Iceland 經營)，從規模、狗的數量來說，南部的農場比較多。

島民小提示

體重太重的人可以參加雪橇犬旅行團嗎？

每一輛車需要多少狗去拉、有多少人坐、坐什麼樣的車，業者都需要事先安排。因為如果每輛車上的乘客體重不平均，很容易在狗高速飛奔、拉車的時候發生車輛側翻，或者狗狗受傷等事故。所以請注意，如果是體重超過90公斤的旅客，最好在報名之前先聯繫農場，詢問他們能否做出相應的安排，確定沒問題再報名。

雪橇犬的二三事

我曾經去採訪過位於南部的雪橇犬農場，親切的工作人員詳細地為我介紹冰島雪橇犬們的工作環境、品種、性格等等，在這裡和大家分享一下。

1. Mushing 和 Dog Sledding 是不同的意思。Mushing 是指狗狗拉某些東西，例如單車、拖車等，是一種運動；而 Dog Sledding 則是專門指「狗拉雪橇」這一件事。

2. 每隻雪橇犬根據性格、能力、體型會有不同的主要職位。有負責領航的、提供原動力的、作為中間配合的……飼養員們會適時讓牠們輪換位置，也會確保每隻狗狗拉車的次數差不多，拉車次數太多或太少，對於狗兒們來說都不是好的。

3. 一些成年、較聰明的領航犬 (Lead Dog) 會主動幫忙訓練新生的小狗。

4. 其他國家的雪橇犬旅行團大多冬天才會營運，但冰島夏天也有「狗拉雪橇」的旅行團，只不過夏天沒有雪，牠們會用左頁圖中的小車作為出行的工具。所以嚴格來說，夏天的旅行團不能算是「狗拉雪橇」，而是「狗拉車」。

5. 每隻狗出發之前都會非常興奮，牠們熱愛奔跑、熱愛牠們的工作，但為了讓牠們保持高度集中力，出發前遊客不能走得離狗狗太近。

6. 格陵蘭犬是冰島雪橇犬的特色品種，牠們比較像狼，天生具有強烈的野性，不易馴養。目前冰島只有在南部的農場才有格陵蘭雪橇犬，不少遊客慕名而來，只為了一睹牠們的真面目。

❶整裝待發的車隊／❷即使對陌生人也無比熱情的雪橇犬／❸哈士奇們經常會露出可愛的表情／❹準備出發的雪橇犬們

冰島經典美食

✦ 5 種必嘗小吃 ✦

冰島有特色的、好吃的、貴的餐廳數量實在太多，而作為本地人，我必定會推薦首次來冰島旅行的朋友，嘗試以下這些價錢非常親民、很道地的冰島小吃。

冰島熱狗 (Pylsu)

或許你會覺得很搞笑，不過冰島的熱狗確實和其他地方的不太一樣。除了麵包、熱狗之外，還會加炸酥的洋蔥碎和乾蒜，口感、層次會變得非常豐富，加上熱狗醬，更加有滋味。冰島的熱狗無論哪一間都從來沒有讓我失望過，口感外脆內軟，加上洋蔥碎和乾蒜堪稱一絕。

最有名氣的熱狗店就是雷

克雅維克那一間被譽為「世界上最好吃熱狗」的 Bæjarins Beztu Pylsur，就連美國前

總統柯林頓、重金屬樂隊 Metallica 的 James Hetfield 也曾經是他們的座上賓。

≋ 冰島語小教室

Pylsa、Pylsur或Pylsu的店賣熱狗

如果你略有耳聞，就會知道冰島語是世界上最難的語言之一，每一個詞語都可以延伸出各種各樣的變化型態。冰島文中的熱狗是Pylsa，而Pylsur和Pylsu則是這個詞的變化型態。當你看到Pyls什麼的時候，你就可以確定：這間店賣熱狗！

冰淇淋 (Ís)

冰島的冰淇淋是出了名的好吃，也有人戲稱：「冰島的冰淇淋肯定是國寶呀，要不然怎麼可能拿冰淇淋 (Ís) 作為國家名稱 (Ísland) 呢？」不過這當然是一個開玩笑的說法。但因為 Ís 在冰島語來說除了有「冰」的意思之外，也同時有「冰淇淋」的意思，所以 Ísland 按照字面直接翻譯的話，也可以說是「冰淇淋島」。

冰島的冰淇淋口味眾多，也很好吃，即使是加油站的冰淇淋奶昔也非常值得一試。對於冰島人來說，一年四季無論颳風下雨，冰淇淋都是他們會選擇的零食，而且男女老幼都愛吃，加上冰淇淋店的奶昔最大的尺寸足夠 3 人一起享用，也是享受天倫之樂的好方法。

3

Skyr

冰島國民小吃，最早由北歐國家傳入，直至現在它在冰島已經存在了大約 1,100 年，可以稱得上是「國寶級」食物。你可以把它視為「冰島的優格」，因為它和優格一樣是乳製品，但嚴格上來說其實 Skyr 是一種起司。它由脫脂牛奶所製成，要製作一罐 Skyr 所需要的牛奶比製作一罐普通優格多出了 3 ～ 4 倍，所以 Skyr 的營養成分很高，也能為人體供應所需的能量。

遠古時期由於覓食非常困難，冰島人都以 Skyr 作為糧食，他們會在 Skyr 上加奶油和紅糖一起食用，從中攝取所需營養和蛋白質，自古以來就是與冰島人密不可分的食物。對於現代的冰島人而言，Skyr 幾乎是家家戶戶必備的小吃，也有不少餐廳會用 Skyr 來做特色甜品或搭配其他食物一起料理。

值得一提的是，Skyr 的口感比優格更實在、更綿密，本身的味道比較淡。如果你不習慣吃味道太淡的食物，可以買各種水果口味的 Skyr 試試。

島民小提示

Skyr貌似還能解決便祕

這個說法其實沒有什麼科學依據，而是我個人的觀察。我有一些從亞洲地區到冰島旅行的朋友，剛到冰島的時候水土不服，會有便祕的困擾，其中大概80%的人在吃了Skyr或冰島的牛奶類食物後就會有所改善。萬一你在冰島旅行期間也不幸遇到了這個問題，可以嘗試一下這個方法喔！

❶在「世界上最好吃熱狗」排隊朝聖的人們／❷我覺得冰島的熱狗其實味道都差不多，都很好吃／❸無論何時都適合吃的零食／❹❺比較出名的Skyr牌子／❻如果Skyr對你的便祕無效，也可以嘗試冰島的牛奶，對於部分人來說一樣有效

4 5

6

羊肉湯 (Kjötsúpa)

羊肉湯是冰島的傳統美食，做法簡單又好喝。它是用冰島的羊肉煮出的清湯，主要材料為冰島羊肉，搭配紅蘿蔔、馬鈴薯、洋蔥、蔥等其他的配料一起烹煮，非常可口。雖然主要的食譜差不多，但根據地區的不同，每個家庭的口味也不同，再誇張點來說：每個冰島家庭都有自己口味的羊肉湯。

羊肉湯在冰島全國各種家庭式旅館、飯店、餐廳都有賣，只要告訴服務員你想要喝 Lamb Soup，或指著書上的冰島語詢問就可以啦！

> **島民小提示**
>
> ### 冰島的羊肉幾乎沒有羊騷味
>
> 冰島的羊肉沒有非常重的羊騷味，即使是不喜歡羊肉腥羶味的朋友，也多能接受；對於本來就會吃羊肉的人來說，基本上是完全沒有味道。愛吃羊肉的各位，在冰島就多吃一點吧！

Appelsín 汽水

Appelsín 是冰島本地生產的橙味汽水，類似於橙味芬達，但和芬達的味道不一樣。Appelsín 成立於 1955 年，在冰島非常受歡迎，冰島人覺得 Appelsín 比其他汽水有更多氣，所以喝起來也更「爽」，如果大家喜歡喝汽水，不妨到冰島的時候嘗嘗 Appelsín。

Appelsín 在聖誕節的時候會推出加 Malt(麥芽) 的聖誕節特別版本「Malt & Appelsín」，只有聖誕節期間才會販售。我個人覺得味道非常「獨特」，不是每個人都可以接受。

❶龍蝦湯也是值得一試的湯品／❷羊肉湯加本地啤酒，兩大經典一次擁有／❸聖誕特別版本／❹復活節特別版／❺普通版本的Appelsín

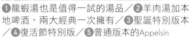

> **冰島文化發現**
>
> ### 冰島的可樂特別好喝？
>
> 用冰島水生產的可樂，確實味道會和其他地方用非冰島水製造的可樂味道稍有不同，一般在各大超級市場、便利商店買到的瓶裝可樂，大部分都是在冰島生產的。至於有沒有特別好喝，純粹看個人口味而定。

好膽你就來！

5 種特色「美食」

冰島人作為維京人的後代，從遠古時期流傳下來的「黑暗料理」其實不少，有些是看上去很恐怖的，有些是味道很恐怖的，有些甚至吃起來都很恐怖……在冰島的超級市場或餐廳都可以找到它們的蹤影，如果你想要挑戰，我會為你打氣！

魚乾 (Harðfiskur)

冰島的魚乾其實是很健康的小零食，通常是天然風乾的鱈魚，蛋白質非常豐富，每 100 公克中就有約 80 ～ 85% 的蛋白質。其實魚乾的味道不會讓人難以接受，比較需要挑戰的點在於它的口感，因為非常非常硬，還有一些殘餘的軟刺，比較容易刮傷口腔。

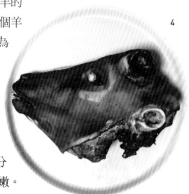

冰島人通常會塗一層奶油在魚乾上再吃，以消除它堅硬的口感，我覺得稍微會起一點作用，但還是沒有辦法完全消除這種「吃樹皮」的感覺。

羊頭 (Svið)

平心而論，羊頭吃起來和羊肉並無分別，其實是好吃的，但之所以「需要勇氣嘗試」，主要是因為它的外型。羊頭在販售的時候會完全保留原本的模樣，除了毛、角都被處理過，其他部分都和平時在路上看到活蹦亂跳的羊一模一樣。

對我而言，每次看到這個完整的羊頭，總會有一種被羊的怨念包圍的感覺，看著這個羊頭，總是覺得它在說「為什麼要吃我？為什麼要殺我？」。唯一一次嘗試是偶然的機會下朋友給我吃了一塊羊肉，然後才告訴我這是羊頭肉，吃起來和羊其他部分的肉口感相同，甚至比較嫩。

❶冰島傳統晾曬魚乾的方法／❷❸挑戰咀嚼能力的食物／❹羊頭的威力在於視覺衝擊

甘草製品 (Lakkrís)

Lakkrís 並不是只有冰島才有，歐洲許多國家都有甘草做的食物，有治療喉嚨痛的效果，只是在冰島更常被使用。顆粒狀的糖融合在巧克力、冰淇淋或各種食物之中，讓人「防不勝防」。

我實在是沒有辦法準確形容它的味道，對我來說只能說它非常「怪」，一種讓人難以言喻的感覺。但對冰島人來說 Lakkrís 是非常好吃的，無論是糖還是冰淇淋，都很受冰島人歡迎。

奉勸大家一定要有足夠的決心再買來嘗試，見過很多遊客買了一包只吃一顆，就把其餘扔掉，非常可惜。如果不喜歡甘草的味道，購買零食時要注意裡面有沒有 Lakkrís 的成分，要不然買錯就 GG 了。

臭鯊魚 (Hákarl)

在這裡我有義務慎重的提醒大家，這個真的是「生化武器」的級別，難吃已經不足以形容它的味道！如果用臭鯊魚和甘草製品相比，甘草簡直就是人間美食！真的

不要隨便輕易買來嘗試，你絕對會後悔的。

臭鯊魚是冰島傳統的「美食」，老一輩的冰島人非常愛吃。最早最古老的做法是把鯊魚肉埋到地下，然後在埋了鯊魚肉的地面小便，讓魚肉在地底發酵幾個月。當然現在已經不會再用這種方法讓鯊魚肉發酵，但冰島臭鯊魚依舊保有了它最原始古老的味道。

我曾天真的覺得既然冰島人能吃，應該不會糟糕到哪去，但事實證明我是大錯特錯，我非常後悔做了想要嘗試它的決定。打開真空包裝的瞬間，我就已經想要哭著跪下說：「我錯了！」，即使只是在密封包上剪開一個口，氣味也會直接撲鼻而來，「香味」堪比 10 天沒清理垃圾站的味道。我只嘗試咬了一小口的肉，酸腐的味道就讓我馬上投降。

如果你抱著「我不入地獄，誰入地獄」的奉獻精神準備買來嘗試，我只能說一句：「祝你好運。」

血布丁 (Slátur)

煮好的完成品看上去沒有那麼難以接受，但不知道了解製作過程後你還會不會覺得 OK？血布丁主要是以羊的內臟、血液和脂肪混合洋蔥、燕麥等調味料，然後塞進用羊皮做成的小袋子裡，放入沸水中烹煮而成的。這種傳統的冰島食物在很多場合都可以吃到，連超級市場都可以買到，想要嘗試並不是難事。

羊對於冰島人來說是非常有價值的，從羊毛到內臟，他們都會加以善用，也因此產生了這種「血布丁」的吃法，和蘇格蘭的 Haggis 做法差不多。如果你可以接受蘇格蘭的 Haggis，血布丁對你來說應該也不算特別難入口。

❶北歐人很喜歡甘草美食，在各種情況下都有可能吃到／❷冰島傳統的「生化武器」／❸製作過程猶如「殺人現場」的血布丁

冰島旅遊安全守則

冰島曾經連續 6 年位列世界最安全國家榜首,就治安方面來說非常安全。但當然,如果你是一個人獨自出遊的話,也不要完全掉以輕心,雷克雅維克市中心現在充斥著來自世界各地的人,很難保障所有人都是百分之百的好人。所謂「害人之心不可有、防人之心不可無」,無論在任何世界任何地方都適用。

冰島的「不安全」基本上都源於自然 —— 風、雨、雪、海、動物……都有可能造成意外,以下這 10 項是提醒大家遵守的冰島旅遊安全守則,請務必留意。

冰島的治安非常好,即使家長不是寸步不離,也不會有危險(照片提供／Anny lee)

① 遠離海邊

冰島的風勢十分強烈,突如其來的風暴對於冰島來說很正常,而隨強風而來的就是海邊的巨浪。冰島其中一個致命的沙灘就是著名的 Reynisfjara 黑沙灘。遊客很多時候會由於背對海洋拍照、遊覽,沒有留意突然襲擊的巨浪,而被捲入海中喪生。

② 不要踏上浮冰

或許你會覺得浮冰都很大塊,不會有危險,但人一旦踏上去,這些浮冰很有可能因為重量突然改變而開始晃動、移動或者翻轉,以致遊客跌入冰河湖。冰河湖的水溫極低,落入水中的話,有可能導致體溫驟降甚至溺水死亡。

3 隨時查看天氣、路況

冰島的天氣變化速度極快、非常難以捉摸，在旅途中務必隨時在冰島氣象局網頁上查詢當天的天氣資料，看清楚你準備去的地區天氣如何。同時也要在 Road.is 網站查看你將行走的公路路況，是否有突發性臨時封路，以致需要改用其他道路、甚至更改行程。(詳見 P.50)

4 不要靠近鳥類、動物

動物和鳥類在感受到壓力或者覺得幼子受到攻擊時，就會奮不顧身地攻擊入侵牠們領地的人，即使是看似溫順的羊、馬也都具有一定攻擊性。在不是 100% 確定的情況下，在郊外看到路邊的動物，最好保持安全距離。

5 自駕請遵守交通規則

冰島本地有不少需要遵守的本地交通規則，希望大家自駕時務必遵守。(詳見 P.88)

6 特殊戶外活動需要跟隨專業嚮導，不應自行嘗試

除了純觀光之外，其他有危險性的戶外活動，都需要本地導遊帶領，同時配戴安全設備才可以進行。例如藍冰洞、冰川健行、火山探險、攀冰、浮潛⋯⋯切勿自行嘗試，以免發生意外。

❶溫順的冰島馬受到突然的驚嚇後也有可能發起攻擊／❷極端天氣下被完全冰封的郊外樓梯(照片提供／Iurie Belegurschi)／❸從小就和動物生活在一起的冰島人

7 不要為了追極光而不顧一切

郊外道路沒有路燈，在有永夜現象的冬季，千萬不要因為要追極光，而前往距離住所過遠的偏僻郊外，或在道路積雪結冰嚴重的情況下仍堅持自駕追極光，這是非常危險的。

8 永遠不要踏過「線」

冰島有些景點位於存在危險性的地區，這些景點周圍，通常都會有安全線、繩圍著，禁止遊客越線。

9 避免單獨去空曠野外

野外的潛在危險很多，獨自去「探險」風險很大。

10 不要以身犯險

簡單來說，就是希望大家可以遵守以上的規則。我很理解人總會有一種僥倖心理、覺得「應該不會怎麼樣吧」。但意外永遠都發生在你意料之外：誰也無法預想去沙灘拍個照會被浪捲入海中；誰也沒想到站上浮冰後它會翻轉導致你落水。希望大家在遊玩之餘，也切記「人身安全永遠最重要」。

> ⚠️ 遇到任何危險，請撥打冰島報案電話求助：**112**
> 醫院營業時段之外有緊急醫療需求時，請撥打**1770**聯絡夜間值日醫護人員。

前進冰島

　　開啟全部內文之前，我先告訴大家一件事：冰島是一個計畫趕不上變化的國家。無論是天氣還是旅遊業，變化速度都無比快速。準備一次冰島之旅你需要做最壞的打算、最足的準備，隨遇而安，並根據實際情況改變，迎合冰島的瞬變。這種「未知」和「可能性」，或許也是冰島最迷人之處。

　　本章將會為大家從頭介紹冰島的背景，並提供前往冰島旅遊必知的資訊。從最簡單的入門知識「四季特色」、「穿戴祕訣」，到旅行途中須知的「貨幣與消費」、「電話卡及上網」、「住宿選擇」、「交通資訊」、「旅行團與自駕遊」等，甚至還有豐富多樣的「行程規畫」、「追極光小技巧」內容，幫助你暢遊冰島。

(照片提供／Anny lee)

冰島形成於地殼運動，位於歐亞板塊、北美板塊，以及由 Iceland Plume 製造而成的地球熱點之上。這兩塊分離板塊一直向兩側擴張，「拉」出了一個冰島。冰島是一個傳統的火山島，位於大西洋中部裂谷的中間，地熱活動豐富，有 200 多種不同的火山、間歇泉和火山裂縫。

這裡的人文歷史起源於 9 世紀後期維京時代，根據冰島的《定居之書》(Landnámabók) 記載，冰島最早由古挪威人 (Norseman) 發現，並於 874 年定居於此。自有人定居以來，冰島就一直與世隔絕，也因此保留了最接近古維京語的語言，所以現在的冰島人能讀懂大部分古文書的內容。

把這座島命名為「Iceland」的人，是一名斯堪地那維亞 (Scandinavian) 的水手 Flóki Vilgerðarson，峽灣內的大塊浮冰正是他命名的靈感來源。Ingólfur Arnarson 被認為是冰島的第一個永久定居者，儘管他和他的妹夫 Hjörleifr Hróðmarsson 一起抵達冰島，但由於 Hjörleifr 後來在現代 Vík 以東的 Hjörleifshöfði 山定居後，被他的奴隸殺死，所以 Ingólfur 就成了唯一的冰島最早定居者。

冰島的歷史文化，除了可以從歷史書籍中了解，也可由冰島 Saga(薩迦) 文學、古代傳說神話、宗教等各方面著手，都有深入研究與探索的空間。

冰島語小教室

冰島人如何取名？

傳統來說，冰島人沒有固定的「Family Name(姓氏)」這個概念，一般都是沿用父親的名字，再加上「sson」(表示男生)或「sdottir」(表示女生)作為「姓氏」，這種作法被稱為「父名」。

如果你留意過冰島足球隊隊員姓名就會發現，他們的譯名很多都會用「森」來結尾。以冰島國家足球隊隊長 Aron Gunnarsson 的名字簡單舉例：Gunnarsson 這個「姓氏」是由 Gunnar 和 sson 這兩個字組成的，說明了 Aron 的父親是 Gunnar，是「Gunnar's son」的意思。如果 Aron Gunnarsson 生了一個兒子，那他的兒子姓氏就會是「Aronsson」而不是和他一樣的「Gunnarsson」；而如果他生的是女兒，那女兒的姓氏就會是「Aronsdottir」，意思是「Aron's daughter」，dottir 就是冰島文中就是女兒的意思。冰島也有極少數有固定姓氏的家族，但是一般都是旅居海外的冰島人才會這樣子做。

冰島的官方語言是冰島語，在日常生活中冰島人百分之百都會用冰島語溝通。但年輕一代的冰島人自小就學習英文和丹麥文，所以在面對外國人時，絕大部分冰島人都可以用流利的英文和對方交流。

來冰島旅行，你需要有一定的英文閱讀和對話交流能力，英文還算 OK 的人，在冰島自由行時，很少會遇到有口難言的情況。

一定要輸入冰島文才能搜尋嗎？

如果想在 Google Map 或導航上搜尋冰島地名，就算不輸入冰島文，也一樣可以搜尋到準確地點。大家只要把以下這幾個冰島文字母轉化成英文字母，輸入在地圖上，一樣找得到。當然，這同時也適用於 Google 搜尋和其他你想要用英文查找冰島文的情況：

Á á → A a (例：Ásbyrgi → Asbyrgi)

Ð ð → D d (例：Hveragerði → Hveragerdi)

É é → E e (例：vélar → velar)

Í í → I i (例：Reykjavík → Reykjavik)

Ó ó → O o (例：Stykkishólmur → Stykkisholmur)

Ú ú → U u (例：Húsavík → Husavik)

Ý ý → Yy (例：Mývatn → Myvatn)

Þ þ → Th (例：Þingvellir → Thingvellir)

Æ æ → AE ae (例：Snæfellsnes → Snaefellsnes)

Ö ö → O o (例：Jökulsárlón → Jokulsarlon)

島民小提示

試試用英文搜尋資訊吧！

冰島本地華人很少，大部分的官方、專業旅行網站都沒有中文版，因此在Google搜尋資訊時，若只用中文，未必可以準確找到你想要的結果。相反的，英文是冰島通用的語言，只要是和遊客有關的資料，肯定都會有英文版。所以當你用中文搜尋卻找不到資訊時，就嘗試用英文吧。

冰島語小教室

與地圖、路標相關的字

以下這些都是描述天氣、地貌特性時常用的字，如果想要對冰島更駕輕就熟，可以嘗試記住這些字詞，會更方便你閱讀地圖或者路標。

冰島語	中文	冰島語	中文
fell	小山	hellir	洞穴
hóll／hólar	山丘	hraun	熔岩
klettur	懸崖	lækur	溪流
nes	海角／岬角／半島	vík	海灣／澳
snær	雪	skáli	小屋
steinn	石	Kirkja	教堂

自由行必備網站

這個部分會為大家介紹一些冰島政府官方網站，以及來冰島旅行不能不知道的網站。在這些網站上，你可以找到有關冰島的天氣、交通、旅行資訊、安全守則、旅行團、租車自駕等各方面的資訊，非常實用。

Icetra.is 交通運輸

冰島運輸局 (Icelandic Transport Authority，Samgöngustofa) 網站，有關冰島道路、海洋、航空交通資訊，以及如何在冰島安全駕駛和自駕守則方面的官方資料，都可以在這個官方網站上查到。網頁有英文版和簡體中文。

這個網站內同時也有冰島目前對於空拍攝影的規定和限制，如果你準備在冰島玩空拍攝影，可以參考網站內的相關介紹。

http www.icetra.is(道路安全守則：www.icetra.is/road-traffic/rent-a-car-in-iceland/information-in-chinese)

Road.is 路況

冰島道路與海岸管理局 (Icelandic Road and Coastal administration，Vegagerðin) 的官方網站，每天早上 7 點～晚間 10 點，網站都會隨時更新冰島全國的道路情況——哪條路積雪嚴

島民小提示

查看郊外休息區

進入下方網頁後點選「Layers」，可查看郊外休息區詳情。

http vegasja.vegagerdin.is/eng

重、路滑、結冰、臨時封路諸如此類的資訊。

　　點擊頁面內冰島各地區的地圖，就可以查閱即時的路面情況，在頁面最下方也有地圖標示和道路顏色分別的說明。如果有臨時性封路或者即時警告，也會在網站首頁及顯眼的地方看到(最多可以預測2日左右的「準確」天氣情況及路況)。

路段標示說明

　　除了不同顏色標示了不同路段的情況，也會有一些圖形的標記出現在道路上，顯示該道路的通行情況。例如有一些路段只允許「Mountain Vehicles」通行，駕駛非4WD車輛走那些路段就是違法的；有時會看到一些路段標示了正在修路，那就說明那些路段有工程正在進行，可能造成堵塞。

　　地圖上可以看到一些長方形的格子，格子內

的數字各代表不同意義，請見下方拉線圖解。

　　至於最下方的圖例說明，左邊兩排代表道路駕駛的難易度，由上至下、左至右遞進，越往第二排下方越困難。簡單來說只要路段不是綠色的，對駕駛者來說都會有一定的困難度。

📞 1777(可查詢冰島當日某路段路況) 🌐www.road.is

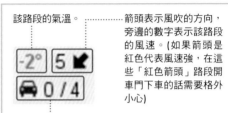

該路段的氣溫。

箭頭表示風吹的方向，旁邊的數字表示該路段的風速。(如果箭頭是紅色代表風速強，在這些「紅色箭頭」路段開車門下車的話需要格外小心)

該路段在「10分鐘前／當日凌晨0點開始」有多少車輛從那裡經過。
(由於不是所有地方都有監測站，所以只有某一些路段會有這組數字，可作為衡量會不會有堵塞狀況的依據)

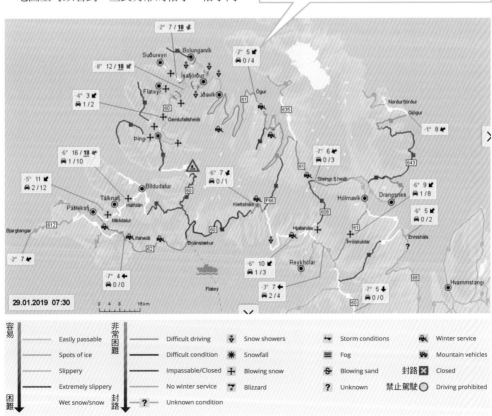

容易 → 非常困難		難易度圖例					
	Easily passable		Difficult driving	❄	Snow showers		Storm conditions		Winter service
	Spots of ice		Difficult condition	✳	Snowfall	≡	Fog		Mountain vehicles
	Slippery		Impassable/Closed	✚	Blowing snow		Blowing sand	封路 ❌	Closed
	Extremely slippery		No winter service		Blizzard	?	Unknown	禁止駕駛 ⭕	Driving prohibited
困難 封路	Wet snow/snow		? Unknown condition					

Vedur.is 氣象

冰島氣象局 (Icelandic Met office，Veðurstofa Íslands) 的官方網站，可以查到冰島各地區的當日天氣、天氣預報、極光指數、溫度、風速、降雨量、雲層厚度，而有關地震、火山活動檢測、水文、氣候、雪崩警告、海冰情況、汙染情況……這些和自然氣象相關的資料，也都可以在網站內找到。

☎ +354 902 0600(查詢天氣情況) http www. vedur.is(英文版：en.vedur.is)

Safe Travel 安全救助

冰島安全旅遊 (Safe Travel) 官方網站，成立於 2010 年，由冰島義務搜救隊 ICE-SAR 創建。這個計畫實施後，對冰島旅客的安全幫助很大，因此得到了冰島政府各個部門 (旅遊局、道路管理局等) 以及冰島旅遊業相關的各種企業支持，現在已經發展成有官方贊助的持續性計畫。

你可以在抵達冰島前將你的行程計畫上傳到網站，如果在冰島旅行期間遇到任何意外，這份事先上傳的行程計畫就會成為 ICE-SAR 搜救參考的資料。建議大家在前往冰島前就把你的旅遊計畫上傳備份，以備不時之需，安全更有保障。

http safetravel.is

Visit Iceland 旅遊

冰島旅遊局 (Ferðamálastofa) 官方資訊網站，簡單來說就是為「冰島」這個品牌做行銷的政府網站，致力於推廣冰島旅遊，以及協助冰島旅遊業的持續發展。網站內可以找到冰島吃喝玩樂、文化活動等方面的資訊，同時也會發布由冰島政府舉辦、與旅遊有關的活動資訊。

http visiticeland.com

Guide to Iceland 旅遊

冰島本地最大的旅行平台，2018 年獲得了有「旅遊界奧斯卡」之稱的 World Travel Awards 頒發「冰島最佳旅行社」的殊榮。Guide to Iceland 連接了冰島本地上千間旅行團營運商、租車公司、飯店，提供有系統的冰島本地旅行團預定、租車、預訂住宿，甚至還有客製化服務，協助旅客在冰島本地私人包團、婚禮蜜月策畫、媒體製作、舉辦公司會議等。網站上也可以找到吃喝玩樂、文化、音樂、自然、行程推薦等等各方面的詳細攻略。

這個平台最大的優勢是有最低價格保證，旅行產品價格和營運商官網一致，不額外收取服務費，有時候甚至會推出平台限定的優惠折扣套票，有機會找到便宜的旅遊產品。據我個人觀察，Guide to Iceland 的服務條款、取消退款政策很多時候也比營運商官網靈活、簡單，可以放心使用。

網站目前一共有 11 種語言 (包括中文、英文、日文、韓文等)，每種語言都有獨立的團隊提

供服務。Guide to Iceland 的中文團隊是冰島本地人數最多、最強大的中文服務團隊，從內容編輯到客服，都對冰島有非常深入的了解，他們同時提供免費中文諮詢服務，只要 Email 到中文客服部，都會得到回覆。

http guidetoiceland.is(中文版：cn.guidetoiceland.is)

冰島島民的 Blog、Facebook 和 Instagram

作為住在冰島本地的旅遊部落客，除了持續與大家分享有關冰島的吃喝玩樂、旅遊建議、體驗遊記外，我也會分享冰島旅遊的重要新聞，例如：景點封閉或重開、天氣異常有危險、最近的特別活動、冰島旅遊業規定等內容。歡迎大家透過 Blog、Facebook 和 Instagram 聯繫我，詳細網址請參見 P.7 作者簡介。

島民小提示

書內介紹的活動旅行團，都可以在Guide to Iceland找到

Guide to Iceland 對於我的部落格內容創作一直都全力支持，各類的旅行團都會邀請我參加體驗，讓我把最真實的感受反映給讀者，而我也會持續秉持公正的態度為大家介紹、分享體驗。如果想參加我體驗過的旅行團或活動，使用Guide to Iceland平台是最方便的途徑。

冰島的氣候並不是屬於四季分明的類型，有些本地人更會打趣地說「冰島只有冬天，和不是冬天兩個季節」。

冰島的天氣最大特色就是變化極快、讓人捉摸不透，而且所謂的「正常情況」，很多時候都會被突如其來的天氣打破常規。冰島曾經在 5 月下雪、9 月暴雨導致洪水爆發、整個盛夏的 6 月只有 5 日晴天……說得直白一點，冰島一年四季都有可能颳風、下雨、下雪、風暴、陽光普照、風平浪靜、美得驚人……更貼切地形容，冰島的天氣應該是：一天之內就可以感受到四季，隨時從晴天轉多雲轉暴雨再放晴，對冰島來說都是家常便飯。所以千萬不要以為夏天來冰島就「絕對不會」遇到惡劣天氣，冬天來冰島天氣「絕對會」很糟糕，或許正是冰島這種讓人難以預測的變化，才能為這片土地帶來一次又一次的驚喜吧。

不過，我可以明確地告訴大家，唯一永恆不變的冰島天氣特色就是：「大風」，特別在海邊和空曠的郊外，這個特色更可以完美體現。無論何時來冰島旅行，防風保暖的衣物都是必備的。

天氣變化太快，雖然有時候很麻煩，但經常會帶來雨後彩虹

 冰島文化發現

比女人心更難捉摸的冰島天氣

在冰島，有一句話慣用於形容這種比女人心更難捉摸的冰島天氣：「如果你不喜歡冰島現在的天氣，那就再等 10 分鐘吧。」這句話的另一層意思則是：「如果你喜歡冰島現在的天氣，那就等 10 分鐘再說吧(意思就是即使你很滿意現在的天氣，但它有可能很快就變差了)。」總而言之，無論任何天氣現象在冰島發生，都是正常的，不要過於驚訝，因為這就是冰島。

春季 4～5月 ※ 4月是冬季的尾巴，5月開始漸進夏季

特色	東部和北部依然會不時下著小雪、氣溫稍低，西部斯奈山半島及南部基本上已融雪；西部峽灣、中央高地則仍被雪覆蓋；中央高地會封路
平均氣溫	0～10℃
平均日照長度	4月約每天15小時(日出：約06:00、07:00，日落：約20:00、21:00) 5月約每天18小時(日出：約04:00、05:00，日落：約21:00、22:00)
規模較大的節日活動	復活節(4月)、Raflost藝術節(5月)
這個季節在冰島旅行省錢嗎？	4、5月是冰島旅遊的平季(Shoulder Season)，不算特別旺但也不算是完全的淡季，機票、住宿、租車價格居中，是節省旅費的可選月分

(製表／劉月丹)

島民小提示

建議購買旅遊保險

冰島的天氣情況變化很難預料，偶爾航班延誤導致行程損失、臨時遇上惡劣天氣導致無法前往預定的住宿點(但又無法退款)、預訂的體驗活動無法成行、遇到緊急情況需要就醫……諸如此類的問題，在冰島旅行時都是很有機會(天氣惡劣時甚至是經常)發生的，而且外國人在冰島就醫的費用非常昂貴，所以旅行前記得申請保險，這點非常重要。

❶微風迎面吹來的春天／❷春天時，少部分冰島地區依然能看到冬天的痕跡

夏季 6～8月 ☀ 盛夏的狂歡月分

特色	全國全面融雪,中央高地道路逐步開放;有「永晝」現象,可觀測午夜陽光
平均氣溫	15～18℃,最高可達20℃左右
平均日照長度	6月約每天21小時(日出:約03:00,日落:約00:00) 7月約每天19～20小時(日出:約03:00,日落:約23:00) 8月約每天17小時(日出:約04:00、05:00,日落:約21:00、22:00)
規模較大的節日活動	雷克雅維克藝術節 Listahátíð í Reykjavík(6月初至月中)、冰島國慶Þjóðhátíðardagurinn(6月17日)、祕密夏至音樂節 Secret Solstice(6月)、夏至日 Summer solstice(6月21日)、龍蝦節 Humarhátíð(6底或7月初)、韋斯特曼納群島(西人島)露營節 Þjóðhátíð (8月第一個週一的前一個週末)、Verslunarmannahelgi(Merchants' Weekend)(8月第一個週一)、冰島同志大遊行 Hinsegin dagar(8月的第二個週六)、冰島文化之夜 Menningarnótt(8月第三個週六)、Innipúkinn音樂節(8月)
這個季節在冰島旅行省錢嗎?	這3個月是旅遊旺季,機票、住宿、租車價格偏高,不是省錢遊冰島的好選擇

(製表/劉月丹)

❶遍地的魯冰花盛開是夏季的獨特景致/❷經常在夏天看到的「棉花糖」,其實是牧草包/❸午夜陽光/❹冰島同志大遊行(照片提供/Kaki Wong)

秋季 9～10月　　　※ 雨量較多的季節

特色	冰島雨季；中央高地道路逐步封閉；東部、北部、西部峽灣有機會開始下雪；9月開始進入冰島極光活躍期
平均氣溫	10℃左右
平均日照長度	9月約每天13小時(日出：約06:00，日落：約20:00) 10月約每天9～10小時(日出：約07:00、08:00，日落：約18:00)
規模較大的節日活動	雷克雅維克國際電影節RIFF(9月下旬)
這個季節在冰島旅行省錢嗎？	9、10月也是冰島旅遊平季，各方面價格相對居中

(製表／劉月丹)

❶9月也是可以採摘野生藍莓的季節／❷冰島的10月秋色／❸日落景色非常醉人，有機會的話不妨在冰島的海邊看一場日落吧

57

冬季 11～3月   ※ 被大雪覆蓋的季節

特色	中央高地道路全面封閉；冰島全國都會下雪；冰島極光季；有「永夜」現象
平均氣溫	-5～5℃
平均日照長度	11月約每天7～8小時(日出：約09:00、10:00，日落：約16:00、17:00) 12月約每天4～5小時(日出：約11:00，日落：約15:00) 1月約每天5～6小時(日出：約11:00，日落：約16:00) 2月約每天7小時(日出：約10:00，日落：約17:00) 3月約每天11小時(日出：約08:00，日落：約19:00)
規模較大的節日活動	聖誕節、新年(12月、1月)、臭食節Þorrablót(1月中旬)、Sónar Reykjavík音樂節(2月)、雷克雅維克時裝週RFF(3月)
這個季節在冰島旅行省錢嗎？	11～3月(除了聖誕節、新年前後)是冰島旅遊淡季，機票、住宿、租車價格全年最便宜，但這並不代表遊客人數少。不少歐美留學生、上班族在聖誕或農曆新年假期間都會選擇來冰島旅行，這段期間有機會遇到大批遊客

(製表／劉月丹)

上網搜尋該年冰島的公眾假期

　　冰島每年的國定假日都有十幾天，根據年曆不同，數量也會略有不同。商店、公共服務單位的營業時間，在這些紅字假期當日都會有特殊的安排，聖誕節、新年的幾天甚至會關門。推薦大家出發前先上網以「Iceland Public Holiday」關鍵字查詢該年冰島的紅字假期，萬一在旅途中遇到假期，就必須提早安排去商店、超級市場等地購買物資。

❶被積雪覆蓋的冰島首都景色／❷新年的篝火晚會(照片提供／Kaki Wong)／❸小鎮也是被雪「密封」的狀態(照片提供／Kaki Wong)

面對冰島這種喜怒無常的天氣，唯一可以做的就是隨時做好一切準備，保暖、防風、防水的裝束一年四季必不可少。即使是冰島的「炎夏」，對於很多人來說，還是很難適應冰島這種 15℃的「熱」。

下表我會根據自己的經驗，為大家列舉四季外出時該如何穿搭。在冰島旅行，最保暖的就是以「洋蔥式穿法」穿衣服，加上手套、帽子等配件，基本上就不會冷了；冬天所有的室內空間都一定會開暖氣，入屋後可直接脫掉外層的厚重衣物，避免被「熱死」。

行李打包參考表

	春、夏季期間(5～9月)	冬季期間(10～4月)	一年四季必備
上身 (衣服＋外套)	保暖長／短袖內衣(1～2件)、長袖衣服、毛衣(1～2件)、防風防水薄外套	保暖長／短袖內衣(足夠旅途中更換的件數)、毛衣(多件)、防風防水保暖厚(羽絨)外套	防風、防水、保暖且有帽子的外套(厚薄根據季節而定)
下身 (褲子＋鞋)	保暖緊身褲(1條備用)、長褲(建議帶略緊身的褲款，鬆身的褲款進風可能會冷)、長襪、登山鞋或方便行走的鞋款	保暖緊身褲(多條)、長褲(最好會防水)、長襪、羊毛襪(寒冷時穿在襪子外)、登山鞋	登山鞋(無論走什麼地方、參加什麼活動，最標準的鞋款)
其他物品	太陽眼鏡、防曬用品	太陽眼鏡(對雪地反光敏感者適用)、手套(推薦防水質地，毛質手套遇水、雪後會冷)、毛帽、暖暖包、冰爪(城市內適用)	相機、三腳架、濾鏡(攝影愛好者必備)、保濕面膜、補水噴霧等防止皮膚乾裂的產品
自行斟酌 是否需要帶	睡覺用眼罩、登山杖(健行、遠足旅行者)、露營用具	防風防寒面罩、防寒耳罩、登山杖(走路需要輔助者)	水壺
不建議攜帶	1.UGG雪地靴：鞋底坑紋少、鞋底薄，在雪地容易滑倒，皮製鞋面容易吸水 2.雨衣：如果外套上已經有連衣帽，則毋須額外準備雨衣 3.雨傘：在冰島撐傘完全沒用		

(製表／劉月丹)

冰島的貨幣是冰島 ISK(Icelandic króna)，也是唯一本地流通的貨幣，歐元、美元在冰島並不流通，只有極少數大型商業機構可能會收。

北歐五國中除了芬蘭這個歐元國之外，其餘四國的貨幣都叫作「克朗」，不過它們並不相同，也不通用，但可以用「冰島克朗」去其他北歐國家兌換他國的「克朗」。冰島克朗的符號是 kr(Íkr)，代碼 ISK，硬幣面值有 1、5、10、50、100 ISK，紙幣面值有 500、1000、2,000、5,000、10,000 ISK，中央銀行是 Central Bank of Iceland。

物價高的國度

冰島是人口很少的島國，絕大部分的資源都需要靠國外進口，加上人力資源少，所以人工費用很高 (每月每人平均薪水是稅後 418,125 ISK，冰島薪俸稅約 37%)，同時還有高額的各類稅款。近幾年冰島克朗匯率也持續攀升，相比其他歐洲國家來說，冰島並不是一個便宜的旅行地點。

用餐 (平均每餐每人)	快餐：約2,500 ISK 普通餐廳：約5,000 ISK 中等餐廳：約8,000 ISK 米其林級別高級餐廳： 約15,000 ISK
超市常見食物 (最低定價)	全脂牛奶1公升：211 ISK 蘋果6個：679 ISK 雞肉每公斤：2,700 ISK 豬肉每公斤：1,800 ISK 牛肉每公斤：3,200 ISK 羊肉每公斤：4,000 ISK

(製表／劉月丹)

島民小提示

消費的結算方式是冰島克朗

購買冰島本地的旅行產品——旅行團、租車等，主要都是以冰島克朗結算。有時即使網站上有其他貨幣的價錢，但大多數價格都會根據當日央行匯率換算，以冰島克朗結算。在抵達冰島之後，更是處處以冰島克朗作為唯一的結算貨幣，即使有外匯帳戶，基本上也很少遇到可以直接用外幣付款的情況。

換匯

　　冰島在 2017 年雖然解除了貨幣管制，但對大部分的國家來說，冰島克朗依然不是流通貨幣，匯率浮動非常大，夏季和冬季就有很大分別。目前台幣與冰島克朗的匯率約 1:3，但匯率變動大，並非常態。如果想要兌換或取得冰島克朗，最好到冰島再換，途徑如下：

1. 出行前兌換好足夠的流通貨幣 (歐元、美元、英鎊等)，到了冰島後再去銀行兌換。
2. 準備可以進行「境外提款」的銀行卡，例如 America Express、銀聯等，到冰島之後進行境外提款，但這樣會產生不低的銀行手續費。

請注意 冰島沒有換匯店，所有換匯手續都需要在銀行進行，每間銀行的貨幣匯率差距很小。唯一的區別是每間銀行可以換的貨幣略有不同，但歐元、美元等，全部的銀行都可以兌換。

❶購買紀念品也是一筆開銷。在冰島可以找到許多北歐風產品，未必都是冰島產的，很多來自歐洲其他國家／❷冰島的硬幣圖案都是海洋生物／❸冰島的5000克朗曾入選世界最美貨幣之一／❹雖然為數不多，但在冰島也可以找到藥妝店／❺Bonus超市內設有價格查詢機器，只要掃一下貨物條碼就可以知道價錢

島民小提示

在冰島銀行換現金須知

1. 有些飛往冰島的飛機上有這項服務，可以在機上詢問空姐、空少。不過這項服務目前只有從轉機國飛到冰島這一段航程才有，從亞洲飛的都沒有。
2. 冰島市區內銀行營業時間：週一～五 09:00～16:00，週休二日。
3. 冰島本地不同銀行可進行兌換的貨幣：美金(USD)、英鎊(GBP)、加拿大元(CAD)、丹麥克朗(DKK)、挪威克朗(NOK)、瑞典克朗(SEK)、瑞士法郎(CHF)、日圓(JPY)和歐元(EUR)。

2

3

信用卡消費普及

冰島其實和大部分歐洲國家一樣，都朝著「貨幣電子化」的方向前進。現在絕大部分冰島的商店、小店、偏僻的小旅社、餐廳，甚至是公共廁所、搭計程車、坐巴士等等，都是無現金交易的，幾乎 95% 的地方都可以使用信用卡付款。加上無論是租車、參加 Local Tour、預定住宿都可以在行前就刷卡付款，因此在冰島的期間，最主要需要花現金的地方只有吃飯、購物而已。

有鑑於絕大部分的店家都接受信用卡付款，其實不必帶大量的現金來冰島用，一張信用卡便足以（擔心一張卡無法使用的話也可以多準備幾張）！如果你還是覺得沒有現金「傍身」，心裡不自在的話，也可以兌換大約 1、2 萬冰島克朗使用即可。

大部分的 POS 機可以用晶片、磁帶兩種卡片付款，有一些 POS 機更可以接受感應式付款。有工作人員操作的 POS 機，只需要和平時簽帳一樣，刷卡後簽名即可；除非是在一些自助付款的地方，例如自助加油站、自動販賣機等，才會需要利用信用卡的晶片加輸入密碼，進行付

款。以下有兩點需要大家在使用信用卡時特別留意：

1. 如果是磁帶卡的話，記得確保卡上有 Visa 或者 Master 的標記。
2. 如果需要在冰島自助加油，建議大家在出遊之前，先諮詢銀行獲取信用卡 4 位 PIN code(預借現金密碼)。請注意，冰島信用卡 (Visa Debit Card) 密碼全部是 4 位數，但是香港、台灣或者其他亞洲地區的信用卡大多數都是 6 位數密碼。

島民小提示

冰島沒有收小費習慣

冰島沒有小費文化，毋須特地準備額外的小費。當然，如果你非常滿意導遊、司機、工作人員的服務，想給小費表示感謝，他們也會開心接受。

❶冰島各商家都必備的刷卡 POS機／❷❹冰島Íslandsbanki ATM，只要有4位數的信用卡 PIN密碼，無論使用什麼銀行 的ATM，都可以提款／❸冰島 Arion bank 的門市

冰島有 98.2% 的人口使用網路，這個比例位列全球第一，對於冰島本地人來說，無法上網就像「世界末日」一樣。

冰島本地主要電話公司有 4 間，其中針對遊客推出電話卡的有 3 間：Siminn、Nova、Vodafone。

- Siminn：冰島歷史最悠久的電信公司，服務覆蓋範圍最廣泛
- Nova：比較新的電信公司，主攻年輕人市場，經常推出用戶專享 2 for 1 優惠 (2 人同行 1 人免費，例如 Nova 用戶去指定優惠餐廳點 2 道菜，就可以享受只付 1 份錢的優惠)
- Vodafone：英國電信公司，如果要去歐洲其他國家，可以買套餐方案，在別的國家也可以使用。

就算在冰島時全程使用 GPS 導航，通常我還是會建議同行人中，起碼有一個人需要購買可打電話的 SIM 卡，以備緊急聯絡、與外界聯繫之用；城市內一般都可以收到 4G 訊號，而 1 號環島公路普遍為 3G，有些偏遠的地區只能收到 2G，中部內陸地區則無訊號服務。至於上網，一般來說，只要不用手機看影片，10GB 數據一個人一個月就很夠了。如果需要使用 Wi-Fi 機，必須在國外先租用再帶來冰島，冰島本地目前沒有這種服務。自駕的話也可以考慮租用車內的 Wi-Fi 沿途使用。

http Siminn：www.siminn.is
Nova：www.nova.is
Vodafone：vodafone.is

冰島本地三大電話公司

島民小提示

可以購買或取得SIM卡的地方

1. 有些飛往冰島的飛機上有這項服務，可以在機上詢問空姐、空少。不過這項服務目前只有從轉機國飛到冰島這一段航程才有，從亞洲飛的都沒有。
2. 冰島國際機場行李提領處旁邊的Duty Free收銀櫃檯，直接向店員購買。
3. 機場離境大廳出口的10-11便利商店。
4. 各大加油站和10-11便利商店。
5. 大型購物中心(Kringlan、Smáralind)或電信公司門市。

實用 APP

112 Iceland 報警

可以向冰島緊急事故中心發送你的最新 GPS 定位，遇緊急狀況時可用 APP 報警。

Vedur 天氣

Vedur 的手機 APP 版本，可以查到當日或未來幾日不同地區的天氣、溫度、風向等資料。

Google Translate 翻譯

除了直接輸入文字，拍照也可以翻譯。

Ex Currency exchange 換算匯率

即時計算冰島克朗和其他貨幣的匯率。

Appening Today 藝術文化

顯示搜尋當日、未來幾日內雷克雅維克會舉行的音樂、藝術相關表演和展覽，號稱文青必備。

Dineout 預訂餐廳

Dineout 連結了大部分冰島首都和其他大城市的餐廳，要預約用餐時間和人數都非常方便。特別是在特殊的慶祝日，想要確保能在心儀的餐廳用餐，需要提早預約。

Appy Hour 酒吧

顯示雷克雅維克酒吧的 Happy Hour 時間和啤酒價格，可以搜尋距離你最近的酒吧。

Maps Me、Google Map 導航

定位準確性很高的導航 APP，我目前仍未遇過在冰島用 Google Map 卻找不到準確定位的情況。Maps Me 提供離線導航，Google Map 則只允許線上導航。另外，地圖僅顯示正常路況下的行車時間，若遇暴風雪、大雨等，請在地圖顯示的基礎時間上，預留更多行車時間。

❶ 使用 Appening Today，可以看到冰島當時有什麼音樂、藝術活動「Happening Today」／❷ Dineout 的 APP 畫面截圖／❸ Vedur 的 APP 畫面截圖／❹ Google Translate 的 APP 畫面截圖／❺ Appening Today 的 APP 畫面截圖／❻ Appy Hour 的 APP 畫面截圖

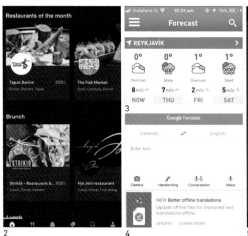

冰島的住宿地點都是主打實用取向，目前最高級的五星級飯店只有一家，位於冰島首都雷克雅維克。所以建議大家不要抱著非常高的期待入住飯店，畢竟冰島本身的賣點就是「自然、原始」。

至於住宿費用的高低，完全受到旅遊的淡旺季影響，旺季的價格可能比淡季貴接近一倍。

如果你不是參加旅行團，需要自己處理住宿，一定要記得兩大原則：

1. 無論任何月分，都要提早預訂：如果是旺季，或準備在熱門的小鎮或景點附近住宿，更需要在出發前 3 個月，甚至半年前預訂。除了雷克雅維克和北部阿克雷里這 2 個可以稱之為「城市」的地方，冰島小鎮的面積都很小、住宿地點的選擇也不多，如果不提早訂，很容易找不到心儀、適合行程的住宿，或者根本訂不到。

2. 盡量找可以在入住前 1、2 日內取消訂房的類型：隨時應付冰島突如其來的惡劣天氣。本書僅推薦一些住宿地點供讀者參考，詳情請上各飯店、青年旅社官網查詢。

飯店

冰島的飯店主要屬於樸實、以實用性為主的類型。奢侈、豪華的裝修的飯店比較少見。一般的基本設施都有，但除非是公寓型的飯店，不然飯店房間內不會有可以煮食的爐灶。一般的飯店都沒有健身房，但有自家溫泉的飯店數目相對比較多。在冰島，依然有不提供客房服務的飯店，建議大家要先有一個「自力更生」的心理準備。

http Fosshotel：www.islandshotel.is/hotels-in-iceland
CenterHotels：www.centerhotels.com
Room With A View-Apartments：www.roomwithaview.is

冰島傳統的草頂房(Turf House)

青年旅社

青年旅社是人數比較少(4人或以下)同遊冰島的實惠住宿選擇。價格親民,最便宜的青年旅社房間(8或10人房)一個床位的價格,約比一般飯店低兩倍左右。雖然相對其他國家來說,冰島青年旅社的定價還是偏貴,但這已經是比較省錢的住宿方法了。

http Reykjavik Downtown Hostel:www.hostel.is/hostels/reykjavik-downtown-hi-hostel
Loft Hostel:www.lofthostel.is
KEX Hostel:www.kexhostel.is
Hlemmur Square:www.hlemmursquare.com

民宿

若同行人數多(5人或以上),我會建議大家考慮入住民宿。除了可利用AirBnb訂房外,「冰島本地版本的AirBnb」民宿搜尋平台Bungalo,也是另一個搜尋民宿的好方法。網站內部分房子還有影片介紹,對於想要在入住之前就完全掌握房子狀況的人來說滿便利的。如果同行人多,一起分攤一晚民宿的價錢,會比你每晚分組各訂飯店便宜不少。

http bungalo.com

露營

露營是所有住宿形式中最自由,也最省錢的方式,但主要適合夏天、冰島全國露營地都開放的時候。冰島所有露營地都會開門營業的月分只有每年5月中～9月中,少部分甚至只營業6、7、8月3個月。

從9月中開始,至來年5月中為止,這段冬季前後的時間,大部分的營地都會停止營業,開放的數目不足以支撐你整趟旅程。而且冬季會下大雪,甚至有風暴、暴風雪,在這種惡劣的天氣情況下,也不適合露營,所以不建議大家在冬天選擇露營這個住宿模式。

http Inspired by Iceland:www.inspiredbyiceland.com/plan-your-trip/accommodation/camping(露營位置地圖)
營地查詢:tjalda.is/en

島民小提示

善用訂房網篩選設施條件

如果想要自己開伙,青年旅社是不錯的選擇,善用訂房網搜尋引擎篩選條件,可以幫你找到有廚房、設備比較完善的青旅。

冰島使用的是歐洲標準的插頭

冰島電壓和歐洲其他國家一樣:AC220V,50Hz,只需要準備普通的歐洲標準轉換插頭(兩腳圓柱形長身),就可以在冰島使用了。

露營基本規定

請注意，使用任何車輛露營，都必須在露營營地內才可以合法過夜，違例者有可能面臨高額罰款。特別是在國家公園範圍內、南岸沿線，所有露營者都必須在露營營地過夜。

如果想要在野外紮營 (僅限人＋帳篷)，需要滿足這些條件：紮營的地點附近沒有任何可紮營的露營營地、紮營的地點必須遠離人居住的地區、該片地區並非私人土地、該片地區沒有任何禁止進入的標記。

如果你打算整個旅程都以露營形式處理住宿問題的話，可以考慮購買一張露營卡 (Camping Card)。使用露營卡，就可以在與他們合作的冰島各地 40 多個不同的露營營地過夜。一張露營卡售價是 24,900 ISK，如果想「回本」，起碼需要有 2 人住在和露營卡合作的營地 6 晚以上 (每個營地入場費每人每晚大約 2,500 ～ 4,000 ISK)，才會比較划算。

露營卡使用規則如下：
● 每張卡只能讓一個家庭使用 (2 名成人＋最多 4 名 16 歲以下兒童)。
● 每張卡只可以在營地紮 1 個帳篷或停 1 輛露營車。
● 每張卡最多可以使用 28 次 (過 28 夜)。
● 如果使用露營卡登記入住營地，每張卡不可以在同一營地連續住超過 4 晚。
● 在 9 月 15 日之後，露營卡將無法使用。

http www.campingcard.is

其他注意事項

1. 抵達露營地前需要先付款、後進入露營區。
2. 每個露營地均需要額外繳稅 (包括露營卡使用者在內)。
3. 營地設施可上網查詢 (少部分營地充電、洗澡需要額外收費)。
4. 私人經營的營地過夜費較貴。
5. 夏季露營車必須提早租，4WD 露營車數量更少。

請注意 在冰島露營最重要的一個原則：不要帶走任何東西，也不要留下任何東西。

❶ 走出首都地區，經常可以看到與天地相連的孤傲小屋／❷ 距離首都不遠的雷克亞內斯半島，也可以找到遺世獨立的小房子／❸ 雷克雅維克的住宿選擇會較其他小鎮多／❹ 冰島各處的可愛小房子總能成為照片拍攝的主題

島民小提示

開露營車不等於露營

Camping 指的是只有人＋帳篷，不包括任何有車輛隨行的露營；如果你是開露營車或租車同時帶帳篷、車頂帳篷到某一個地方紮營或過夜，都歸類於「Camping Van」一類，而非單純的「Camping」。簡單來說，所有涉及車輛的露營，都需要遵守冰島本地對露營車的限制與規定。冰島是一個非常注重環境保護及私人財產保護的國家，因此對於露營有不少的法規，針對「露營車」和「使用帳篷露營」也有不同的標準與規範。

3 4

冰島只有一個連結世界各地的國際機場：凱夫拉維克國際機場 (Keflavík International Airport，KEF)，除此之外的所有機場都是國內小機場，不會有任何國際航班停駛。

KEF 機場位於雷克雅內斯半島 (Reykjanes) 之上，和著名景點藍湖溫泉只有大約 20 分鐘車程的距離，距離首都雷克雅維克約 45 鐘車程。根據機場官方建議，遊客最好在飛機起飛前 2 ～ 2.5 小時抵達機場；個人建議如果你還需要辦理退稅手續或者購物，最好預留 3 小時左右的時間最穩妥。

帶食材入境冰島

想要節省旅費的朋友，或許會打算隨身攜帶一些食材到冰島食用。但海關對帶入冰島境內的食物有一定要求，基本規定如下：

● 可帶入境的食物：最多 3 公斤 (包括糖果在內)，總價值不可超過 25,000 ISK；必須煮熟，且在包裝上寫明配料。

● 不允許帶入境的食物：(沒有煮熟的) 生肉類、(沒有煮熟的) 煙燻／醃製香腸或者培根、生雞蛋、未經高溫消毒的牛奶產品。更詳細的限制請參考以下官網。

http www.tollur.is/english/individuals/customs/traveling-to-iceland/duty-free-imports

---

島民小提示

到冰島旅遊需要簽證嗎？

冰島屬於申根協議會員國，持有中華民國、香港護照的旅客，雖然不需要另外申請旅遊簽證即可免簽入境冰島(180天內可在申根區停留90天)。但從2024年開始，所有非歐盟國及申根國護照持有人，必須在 European Travel Information and Authorisation System(ETIAS)官網上提前申請旅遊許可，同時持有許可和護照才可以到冰島旅遊。

http travel-europe.europa.eu/etias_en

在機場換錢

在機場行李提領處旁就有 ATM 可以進行換匯或提款。如果信用卡已經開通境外提款功能，可以直接在 ATM 提領冰島克朗；如果準備用歐元、美元等外匯換冰島克朗，則可以在過了海關申報區域之後，找到 Change Group 的服務處，直接在那裡進行換錢手續。

在機場退稅

退稅櫃檯位於 Currency Exchange 服務處的附近，櫃檯在有離境航班的時候會營業。記得一定要在託運行李前辦理退稅手續，或者也可以選擇把需要退稅的商品隨身攜帶，連同填好的退稅單、護照和機票，一同前往退稅櫃檯辦理手續。

請注意 工作人員可能會請你出示需要退稅的商品，如果你無法在現場展示，他們有權利不讓你辦理退稅手續。

在機場逛免稅店

冰島機場的離境大廳和抵達大廳都在同一個建築物內，只是上、下層的分別。機場免稅店營業時間會根據航班而定，只要有航班就會營業。離境層內除了有基本的免稅商店，售賣酒、化妝品、零食之外，也有冰島本地不同品牌的專門店：66N、BlueLagoon、Elko 電子產品店、書店 Penninn Eymundsson、眼鏡舖 Optical Studio、紀念品店 Rammagerdin 等，同時也有販售冰島食材、火山鹽、鮭魚之類的食品店。

在離境層的免稅店購物需要出示登機證，所以不能在抵達冰島當日就在離境層的免稅店購物；如果想要逛免稅店，必須在離境當日預留多一點時間，提早到機場購物。

❶KEF國際機場正門╱❷機場內的換匯服務標示非常清晰╱❸離境大廳內的退稅櫃檯╱❹機場免稅店╱❺機場內的ATM

機場往返市區交通

機場巴士

連結冰島和首都的巴士主要有 2 個：Reykjavik Excursions(Fly Bus) 和 Airport Direct，這 2 個公司在離境大廳都設有服務櫃檯。購票的方式有 2 種：現場排隊購票，或者在線上預訂車票，拿著列印好的車票直接上車。巴士票都是 1 日內通用 (00:00～24:00)，即使航班延誤，只需要在抵達後去相關櫃檯換票、更改時間就可以了，毋須另外購票。如果航班延誤一整天，預訂的車票已經過期，也可以直接去櫃檯換票。

機場巴士的發車時間通常是一架飛機落地後 40 分鐘，所以即使錯過了一班車，搭乘下一班車的等候時間也不會太長。

從雷克雅維克去機場，如果需要市區內接送服務，必須上網預定接送時間及地點。巴士公司會在預定的時間，派小巴負責接駁市區內所有選購了該時段車次的遊客，抵達中轉站之後再一併換乘機場大巴前往機場。市區內接送時間約需 30 分鐘，從總站去機場需費時約 1 小時，所以從飯店到機場，乘坐機場巴士需要 1 小時 30 分鐘左右。

✉ FlyBus 總站BSI：BSI 101 Reykjavik，Airport Direct總站 Reykjavik Terminal：Skogarhlid 10, 105 Reykjavik 💲FlyBus：單程2,999 ISK起(如果需要買往返車票會更貴)，Airport Direct：單程2,940 ISK 起(如果指定要坐小巴或需要買往返車票會更貴) 🌐Fly Bus：www.re.is/flybus，Airport Direct：airportdirect.is ❓如果不需要巴士送你到指定的飯店，只接送到巴士總站，可以稍微便宜幾百ISK

經常需要排隊的 Fly Bus

市區公共巴士

冰島巴士公司 Strætó 的 55 號巴士，是來往市區及機場之間的公共交通工具。從機場前往市區，每隔 2 小時會有一班公共巴士前往市區。不過大部分的 55 號巴士不會直接到雷克雅維克市區，需要到 Fjörður 站換乘 1 號巴士 (往 Hlemmur 方向) 到市中心總站 Hlemmur，再步行或換乘其他巴士到你的住宿地點，費用可直接上車繳付。

從雷克雅維克市區內直接抵達機場的 55 號巴士，只有在早上提供服務，中午時分只能先乘坐 1 號巴士 (往 Hfj. Vellir 方向) 到 Fjörður 站，再換乘 55 號巴士前往機場。全日大約每隔 2 小時才有一班 55 號巴士，如果要趕飛機的話，這個方式並不便捷。

💲單程1,880 ISK 🌐www.straeto.is

往返市區及機場的Strætó通常是藍黃相間的車身，上車前務必看清楚公車編號

島民小提示

坐機場巴士搞定三點接駁

Fly Bus和Airport Direct都有機場、藍湖、市區三地之間的巴士服務，如果準備在抵達或離開冰島當日前往藍湖，可以選擇乘坐這些巴士。只需要購買1張包含「機場－藍湖－市區」的車票，玩完藍湖之後，再拿著同一張車票找到前往目的地(機場或市區)的巴士上車即可。但要注意，「機場－藍湖－市區」之間的巴士服務，會根據季節、藍湖營業時間略有不同，不是全年都有「藍湖－機場」的晚間巴士，或「機場－藍湖」全日服務。建議出行前先查閱官網。

計程車　最貴但最快

冰島計程車價格非常昂貴，根據不同車型、不同公司，價格都會有所不同，少部分計程車還會根據行李多寡，額外加收行李的費用。乘坐計程車的方式只有 2 種：在計程車站排隊上車，或者打電話去計程車公司預約服務；請注意，在路邊是無法隨意攔截計程車的。機場有計程車站，如果想要搭計程車去市區，直接去計程車站排隊上車即可。

雷克雅維克市中心距離凱夫拉維克國際機場約 50 公里，車程大概 45 分鐘，1～4 人座的小車單程車費約 20,000 ISK；5～8 人座的中型車單程車費約 26,000 ISK。如果一行有 4 人，每個人各有一個 28 寸大行李，一般都需要乘坐中型車才能一次承載所有乘客和行李。相比乘坐機場巴士，計程車要價就顯得格外高昂。如果你不是趕時間或不得已的情況，通常我不建議旅客選擇這個方式去機場。

冰島的計程車沒有統一的外型，只能靠車輛上「TAXI」的標記辨識

租車　自由度高

如果你準備自駕遊冰島，最方便的方式就是在機場租車、還車。在機場離境大廳的租車公司櫃檯主要都是國際化的大型租車公司，租車費用相對高昂。而冰島本地租車公司的辦公室，大多位於機場附近，需要在機場乘坐的免費接駁巴士，前往簽約租車；或者有些在機場沒有辦公室的租車公司，會派

工作人員到接機大廳帶領客人前往辦公室取車簽約。如果準備向本地租車公司租車，請先向租車公司確認好取車方式與地點。

還車地點同樣也可以選擇在機場，如果是有接駁車的租車公司，可以直接在他們的辦公室還車後再乘車前往離境大廳；有工作人員接應的，只需要在租車時間清楚還車的流程與相關資訊即可。

機場的租車、還車公司都是 24 小時營業的，無論你幾點抵達、離開冰島，只需要選擇在機場作為租車、還車地點，就毋須擔心營業問題。但辦理手續很費時，需要預留大約 1 小時時間較保險。

公路旁很容易就會找到加油站標誌

島民小提示

計程車車資預估

從凱夫拉維克國際機場到藍湖距離大約 22 公里，車程大概 20 分鐘，1～4 人座小車單程車費約 15,000 ISK，5～8 人座中型車單程車費約 17,500 ISK；雷克雅維克到藍湖距離大約 47 公里，車程大概 40 分鐘，1～4 人座小車單程車費約 21,000 ISK，5～8 人座中型車單程車費約 28,000 ISK。

機場租、還車可能加收服務費

有一些小型的本地租車公司在機場沒有辦公室，如果需要他們加派人手專門為你去機場辦理租還車手續，也許會額外收取一筆服務費。在租車時記得查看清楚租車公司規定，以免被收了服務費而不自知。

交通資訊

冰島的交通網絡並不發達，沒有地鐵、沒有火車，有的只是巴士作為大眾交通工具。最大的公共巴士網絡是 Strætó，在雷克雅維克範圍內，除了聖誕節暫停 1～2 天服務外，其餘時間全年無休。

雖然 Strætó 也提供從雷克雅維克出發前往其他地方的巴士路線，但這些路線都是以「城市與城市」作為主要的車站，是為本地居民提供城市間往返交通為主要目的而存在的。每天從雷克雅維克前往各城市的巴士，出了雷克雅維克區域之後的服務班次非常稀疏，絕大部分都是一天只有 1 班 (不分冬、夏)。如果遊客想要以這種方式遊覽冰島景點，難度太高，費時費力不討好。舉例來說，如果想要從雷克雅維克坐 Strætó 巴士前往維克鎮，在到達維克鎮之後，你需要再等隔天經過維克鎮的巴士，才能前往下一個小鎮。

僅在夏季營運的旅遊巴士

近兩年，冰島一些大型旅行社推出了僅夏天 (6～9 月期間) 營運、針對遊客設計、停留景點的旅遊巴士「Iceland on your own」、「Iceland by Bus」(Hop On And Off)、「TREX」。對遊客來說，這是唯一能利用巴士遊覽冰島景點最方便的機會。如果你不是在夏季前往冰島旅行，就只有參加本地旅行團，或者自駕這兩個選擇。

不過這些巴士每年的時間表、路線可能會隨時變動，在出遊之前，務必先查看官網資料。

其他交通方式

我建議大家在參加本地旅行團和自駕之間做出選擇，這兩個方法最方便、玩樂選擇也最多。當然如果想要對自己來一次極限挑戰：騎單車、健行遠足環冰島，也是可以的。

如果你想要「燒錢」，也可以選擇搭計程車。所有離開城市中心範圍的計程車費用都無比高昂，從雷克雅維克往返維克鎮就需要大概 10 萬 ISK，如果你是有錢、任性、錢多到沒地方花，用計程車遊冰島，也不是不可以。

http Iceland on your own：www.re.is/iceland-on-your-own
Iceland by bus：icelandbybus.is
TREX：trex.is

❶Strætó 巴士站牌❷Strætó 巴士內部

該選擇本地旅行團,還是自駕遊?

首先不得不提的是在冰島自駕遊,有絕對的交通優勢,無論是旅行感受還是自由度方面,都會更為讓人享受。但面對冰島這種變化無常的天氣、冬天路面必定會積雪結冰的情況,如果你沒有一定的駕駛技術、相關經驗以及對冰島的交通規則、景點路線有一定的了解,自駕遊整體來說難度、危險度都會比較高。

至於跟隨本地旅行團,雖然自由度比較低,只能根據設計好的路線來選擇行程參加,但最大的好處就是「方便」,不需要擔心開車的安全問題,還有導遊沿途為你介紹景點。

下面用表列的形式為大家簡單介紹這兩種方式的優缺點、適合什麼類型的人,你可以根據自己的性格、旅行取向,在兩者之間做出選擇。

參加本地旅行團 vs. 自駕遊優劣分析

	參加本地旅行團	自駕遊
優點	✔有專人策畫行程景點 ✔交通、導覽都有人處理 ✔有機會認識志同道合的新朋友 ✔方法簡單:選擇適合的旅行團、報名、出發 ✔對冰島完全沒有概念也很容易上手 ✔有本地司機開車,發生危險的機率相對低	✔自由安排行程 ✔自己掌控各景點遊覽逗留時間 ✔整個旅程都是和自己的旅伴相處,可以盡情享受私人時間 ✔方便到處逛 ✔旅遊行程可按照個人心意隨意調動 ✔不用受制於旅行團的時間安排
缺點	✘受限於旅行團行程 ✘自由度較低 ✘行程時間無法根據自己心意隨時改變	✘自己開長途車較辛苦 ✘走錯路的機會比較大 ✘冰島天氣難預料、隨機應變能力要高 ✘冬季不適合沒有雪地自駕經驗的人 ✘要自己苦惱行程安排 ✘所有大小事物要一手包辦
適合什麼類型的人	喜歡簡單輕鬆出遊、對冰島毫無概念的人	喜歡自己做攻略、對冰島有一定認識的人

(製表/劉月丹)

參加本地旅行團

在冰島跟團自由行相對來說是比較安全、簡單的旅遊方法，也是獨自旅行、首次遊冰島比較好的選擇。以下詳細說明「參加本地旅行團」的各種注意事項供讀者評估，就算不自駕，還是可以安全、方便的暢遊冰島！

旅行團類別

本地旅行團大概有：1～3日的短途旅行或單次的特色旅行團 (例如極光團、冰川健行團、藍冰洞團等)、多日自由行套餐和環島團這3個主要的類別。

1～3日的短途旅行或單次的特色旅行團

主要以雷克雅維克為接送地點，也有一些旅行團會從阿克雷里出發，但是數量不多。推薦大家以雷克雅維克為主要住宿據點，2日或以上的團會包含住宿安排，毋須煩惱住宿問題。

多日自由行套餐

長度多是4日或以上，甚至十幾日，冬、夏都有不同長度的跟團自由行行程。提供

自由行套餐服務的主要有 Guide to Iceland、Nordic Visitor 這類冰島本地的旅遊平台，透過平台訂購，他們會替旅客安排在冰島期間的一切玩樂事宜。

從抵達冰島國際開始，就幫你處理好包含多日住宿、交通，以及參加的旅行團等所有行程。

環島團

跟著同一個導遊、同一輛車環島，幾天內都和一樣的團友、導遊出遊。環島團會根據不同的季節、月分，有固定的出發日期，並不是每天都會有團出發。若想參加環島旅行團，最好提前查看該團出發日期，再調整你的航班，以及決定在冰島逗留的時間長短。

參加流程

所有冰島旅行團團費(包括私人包團、訂製行程)都須在出發之前全部繳清，並沒有繳訂金，參團之後再繳清餘款的作法。

參加旅行團當日，你需要在訂單上顯示的接送時間，準時到指定的旅遊巴士接送站或飯店正門門口(不是在大廳內)等待。根據冰島法律規定，接送客人的旅遊巴士只能在飯店門口短暫逗留，司機也需要留在車內、不可熄火，因此為了節省接送時間、不影響其他參加者，司機或導遊不會特地停車後，再逐間飯店找人。

本地旅行團一般都有 30～40 分鐘的接送時間(假設接團時間是 08:00，最晚有可能需要等到 08:30～08:40 左右)，這並非旅行團不準時，而是旅行團不會有一條固定的接送路線，所有路線都是根據參加者上車地點臨時安排，沒辦法保證你的上車地點會被安排到最早，還是最晚接送，你只能準時抵達、耐心等待。但如果等待時間超過了 30 分鐘，最好直接打電話詢問旅行團業者。

如果因為個人因素(遲到、找錯車站等)導致無法順利參團，大多數情況下，業者都不會讓你退款或者更改時間；但如果是因為其他客觀原因(惡劣天氣影響、封路等)導致錯過接送時間，可以立刻打電話和業者溝通，這種情況的話，一般來說他們都會酌情處理。

3 | 4

島民小提示

中文導遊數量少，費用昂貴

冰島常規性每日出團的旅行團都是英文導遊，由於冰島本地的中文導遊數量極其短缺，無法維持大量長期出團的中文導遊團。建議大家可以留意 Guide to Iceland 平台，有可能會找到限時推出、在特別時段出發、數量有限、有中文導遊的本地旅行團。但無論是參加中文導遊旅行團，還是找本地中文導遊私人包團，都需要有價格較高的心理準備。

Guide to Iceland平台整合小旅行團

冰島本地的小型家庭式旅行團業者數量很多，一些小型優質的旅行團很多時候沒有足夠的人力資源和大型旅行社競爭，很難有被發掘之日。Guide to Iceland作為第三方平台，整合了這些小型、優質的業者，根據不同的主題進行分類展示。旅客除了可從一個網站找到不同旅行社的產品，同時也可以進行比價。

❶本地旅行團聘用的導遊都是專業、有證照的導遊，他們會為旅客講解很多冰島的故事／❷雷克雅維克市區內指定的旅遊巴士站站牌(這是Bus Stop 5)／❸每逢冰島節日活動，除了本地人，也會看到來自世界各地的遊客聚首／❹冰島比較便宜的旅行團大多是大型旅遊巴士類型的團

何時報名？

　　越早越好，至少在出發前 3 個月左右完成預訂。除了旅遊巴士這種 40 人以上一同出遊的旅行團，小巴團或小型特色旅行團可能會因為受歡迎、旅遊旺季等原因，而提早被預訂額滿。如果要確保自己參加到適合你行程、時間安排的旅行團，需要儘早安排預訂。

請注意 需用英文填寫聯繫人姓名及資料，必須再三確認 Email 是否填寫正確，業者大多以 Email 這種有文字紀錄的形式聯繫遊客和溝通，很少打電話。

島民小提示

一人遊冰島的划算玩法

　　就物價、消費來說，如果參加包含住宿的旅行團，對於隻身到冰島的旅人來說並不實惠，絕大部分包含住宿的團都會要求單人旅客額外支付單人房的費用。因此對於單人遊的人來說，最便宜的方法就是「整趟旅程都住在雷克雅維克的青年旅社，並參加各種包含交通和導遊的一日遊」，除了不必額外支付單人房費用，也不需要支付交通費、油費，較為划算。

查詢旅遊巴士接送站地點

　　預訂旅行團時，必須根據你的住宿地點，選擇在飯店門口或離你最近的旅遊巴士接送站上車，這是雷克雅維克市政府為了控制首都內主要路段的車流量，而設立的新規定。這些指定的巴士站都是位在可步行前往的距離，平均來說只要從住宿地點步行5～10分鐘就可以到達。大家可以利用下列網址查看每一個101區(市中心區)內旅遊巴士接送站的地點，網站內有巴士站的GPS及站牌照片，站牌顏色藍紅相間，非常醒目易找。

http busstop.is

只有在夏天湖面沒有結冰時，才可以參加冰河湖船旅行團

可以帶多大的行李？

實際情況需向旅行團業者確認，但一般來說，1日旅行團只能帶隨身小件行李，大件行李、登機箱需要自行寄存；2～3日遊旅行團一般只允許帶登機箱大小的行李，大件行李需要自行寄存；環島遊則允許帶登機箱、大件行李。

http 雷克雅維克行李寄存：www.luggagelockers.is

冰島文化發現

為什麼本地旅行團定價比較高？

主要的原因是冰島人口少、勞動力少、物價高、人工成本高，加上本地旅行團多是小團、由小型公司營運，所以本地旅行團的價格也會相對高。但好處是，有了本地導遊陪伴，旅行時會更道地有趣；且冰島稅收很高，政府向旅遊業者徵收高稅之後，也會把部分稅款重新投資在景點維護、維修方面，參加本地團也可以說是變相支持了冰島的發展，幫忙維護了冰島的美麗。

❶提示「旅遊景點」的標記，看到這個標記，你可以嘗試停下來找一下值得觀景的地方／❷在冰島也可以玩冷門的活動Buggy，一種四輪驅動的越野小車，參加特色旅行團時可嘗試看看

什麼情況下會取消出團？

就我觀察，冰島本地業者大多是良心企業，不會因為參團人數少、不符他們的預期就取消出團，唯一會臨時取消的原因主要是受惡劣天氣影響、出團會嚴重威脅遊客安全所致。如果臨時遇到惡劣天氣，旅行團無法出發，業者都會透過 Email 在出發之前 (通常是前一晚) 通知，不會到出發當日才臨時通知。建議各位參團前一晚檢查一下 Email，查看是否收到旅行團臨時取消的通知。

若旅行團因惡劣天氣臨時取消，可以直接向業者要求全額退款。

如何改期或退款？

每個旅行團都有不同的服務條款，報名前應查閱清楚。通常情況：1日遊想要改期的話，至少要在出團24小時之前詢問；2、3日遊或更長時間的自由行套餐、環島團，則需要提早更多 (至少7日以上) 才可以要求取消或更改時間、行程，甚至是退款。旅程時間越長的團，牽涉的住宿、交通安排就會越多，如果臨時或當日才要求改期或者退款，通常業者都不會答應。

1 2

須跟團前往的四季特色旅行團

簡單來說，除了景點觀光外，只要是戶外的特色活動，都需要參加旅行團才能體驗，所以下表列的所有項目，都需要報名本地旅行團才可以參加。

我不太建議帶年紀太小的孩子到冰島旅行，因為很多需要獨立完成的戶外活動，都有最低年齡限制，連相對來說最「Children Friendly」的騎馬，大部分馬場都有參加者至少需滿6歲的年齡限制。當然，一般的自然觀光旅行團、文化體驗旅行團，就沒有年齡限制；可是如果家長自己想玩戶外活動，而孩子又不達最低年齡的要求，此時就需要有「預留一名成人照顧兒童」的心理準備，這位家長恐怕就只能犧牲自己的活動時間來陪伴孩子了。

熱門的冰川健行是必須跟隨專業導遊才可以進行的活動

四季特色旅行團一覽表

	季節限定	建議在此季節參加較好	全年皆可參與
春季 (4、5月)	極光團(4月結束) 火山內部探險(5月中開始)		
夏季 (6～8月)	火山內部探險 賞海鸚 激流泛舟(Rafting)	騎馬 賞鯨 直升機 垂釣／海釣 單車 獨木舟(Kayak) 遠足健行 滑浪(Surfing) 觀光飛機 滑翔傘(Paragliding) 冰河湖船	冰川健行 岩洞探祕 黑冰洞 雪地摩托車(Snowmobile) 山地摩托車(ATV) 浮潛 潛水 雪橇犬 船遊 超級吉普(Super Jeep)
秋季 (9～10月)	火山內部探險(10月中結束) 極光團		
冬季 (11～3月)	藍冰洞 極光團		

(製表／劉月丹)

自駕攻略

在冰島自駕遊，對遊客來說並不是一件如想像般簡單的事，冰島的天氣情況、公路交通情況都和世界上絕大部分的國家不同。如果在出發前沒有充足的準備、對於冰島有一定的認識、掌握自己將有可能面臨的情況、有一定的隨機應變能力及自顧能力，就冒然在冰島自駕旅行，是一件非常危險的事情。

夏天相對來說天氣較穩定、路面交通情況也很少受到極端惡劣天氣影響，對於駕駛者來說最大的考驗就是長時間的駕駛，以及遵守本地的交通規則，開車老手或者新手絕大部分都可以駕馭。

冬天天氣不穩定，隨時都有發生風暴、暴風雪的危險，加上路面受結冰積雪的影響，對於駕駛者的駕駛技術來說將是一項不小的挑戰。如果你從來沒有在任何冰天雪地的國家開過車，作為本地人，我真切地認為：「冬天的冰島，不是一個適合第一次嘗試租車自駕的國家」。無論有多少人告訴你「沒有第一次嘗試就永遠不會開始啊」、「我當時就是從來沒有冬天自駕過，但在冰島都完全沒事啊」……都不要盡信。或許他們因為幸運，沒有遇到暴風雪；或許他們從來沒來過冰島，不知實際情況就隨口鼓勵你，但是出於責任和誠實，我必須把實情先告訴你：冬天的冰島很美但也危險，在決定冬季自駕前，請務必慎重權衡過後再做決定。

如果你真的無論如何，都絕對要嘗試在沒有相關經驗的情況下，在冬天的冰島自駕遊，那我會建議你只嘗試最簡單的路線，不要環島，或者去一些偏僻的地區。盡量避免前往路況複雜、道路簡陋的地方，更忌諱長時間駕駛。

以下我會為想在冰島自駕的旅客詳細介紹「自駕之旅的準備步驟及注意事項」，打算在冰島開車的人，務必在行前詳細閱讀。

冬季路面積雪嚴重時，剷雪車幾乎都是日以繼夜地工作、清除路面積雪

租車準備步驟

STEP 1 準備合法、符合規定的駕照

根據冰島的法律規定：在冰島自駕旅行者必須年滿 20 歲、持有合法駕駛執照，並且駕駛年資超過 1 年；而若想租用 4WD 或者更大型的車輛，則需要年滿 23 歲、持有合法駕駛執照，並且駕駛年資超過 1 年。所有在冰島出示、用以租車並合法駕駛的駕駛執照上，都需要有英文標註，同時必須是由原居住地政府合法頒發的。

若持台灣駕照，需要辦理國際駕照，並攜帶台灣駕照正本；若持香港駕照，建議使用國際駕照 (雖然香港駕照有英文註明，但執照中列明的准駕車型不是 IDP 公約中的車型分類，不是所有的國家都會承認，以防發生糾紛，換

如果運氣好，碰到天氣良好的冬季，在冰島開車確實是一種享受

國際駕照，並攜帶香港駕照正本最為保險)；若持歐美駕照，可直接使用駕照正本；若持中華人民共和國駕照，建議辦理具有法律效力的駕照英文公證文件，並攜帶中國駕照正本。

使用有法律效力的駕駛執照在冰島租車自駕，除了是讓你有權利租車，最主要的是讓你有合法自駕的資格。如果在路途中遇到警察，而你無法出示符合標準，或者是讓警察可以閱讀理解的駕駛執照，他們有權控告你非法駕駛，後果可是十分嚴重的。

STEP 2 根據出行季節、目的地租車

遊客在冰島可以租用的車型種類很多，除了 9 人座以上的巴士必須有冰島本地駕駛執照才可以駕駛之外，2WD(兩輪驅動) 小車、4WD(四輪驅動)SUV、露營車、越野車……都可以在這裡找到。由於冰島考駕駛執照都是考手排車，自排車的數量相對少，如果你只會開自排車，一定要提早租用。

路面情況在不同季節間差異很大。除了盛夏 6 ～ 8 月路面積雪全面融化，才適合考慮租用價格比較便宜的 2WD 車之外；其他季節，由於風雨、暴雪、風暴等機率較高，都不適合租用 2WD 小車出行。若自駕時會經過地圖上「F」開頭編號的山路路段，則必須租用 4WD 車輛，如果開 2WD 小車經過這些 F 路段，除了是「違法」的行為之外，你為車輛購買的所有保險都會失效，警察也會開罰，這類的罰單一張的金額，便足以讓你在冰島買一輛車。

如果想免卻選擇的煩惱，一年四季都適合的車型就是底盤高、4WD、越野性能好的車輛；租用這種車的話，只要沒有臨時封路，基本上全國地區都可以自駕前往。

除了季節會影響租車選擇之外，想要前往的目的地也會增加租用車輛類型的限制。大家可以參照右頁的列表，了解冰島四季大致的路面情況，以及前往不同地區遊覽，需要租用什麼類型的車輛。

島民小提示

需要額外租用雪地胎及雪鍊嗎？

在冰島租車自駕，不需要擔心車輛會否需要額外租用雪地胎的問題。因為每年 11 月初 ～4 月中，根據冰島的法律規定，所有出租車輛都必須更換適合雪地使用的輪胎，才可以租給遊客，遊客毋須個別向租車公司提出要求。但雪鍊則不是所有租車公司都會提供，需額外租用。不過只有指定路段可以使用，需要在指定地點更換(換上／下)，無法整趟行程都使用雪鍊。

行駛各路段推薦租用車輛分析表

	春季(4～5月)	夏季(6～8月)	秋季(9～10月)	冬季(11～3月)
1號公路環島	東、北部仍有機會有積雪	全國道路積雪融化	東、北部有機會開始下雪	冰島全國道路都會積雪、結冰
推薦使用車輛	4WD車輛	可考慮2WD／4WD車輛	4WD車輛	4WD車輛
南部	道路積雪基本融化、自駕相對簡單	道路積雪融化、易於自駕	道路基本上仍未有積雪，但有偶遇暴風雨、風暴的可能	道路會有積雪、結冰等情況
推薦使用車輛	4月：4WD車輛 5月：可考慮2WD	可考慮2WD／4WD車輛	可考慮2WD／4WD車輛	4WD車輛
東部	仍有下雪、積雪的可能性	道路積雪融化、易於自駕	有機會開始下雪、積雪	道路會有積雪、結冰等情況
推薦使用車輛	4WD車輛	可考慮2WD／4WD車輛	4WD車輛	4WD車輛
北部	仍有下雪、積雪的可能性	道路積雪融化、易於自駕	有機會開始下雪、積雪	道路會有積雪、結冰等情況
推薦使用車輛	4WD車輛	可考慮2WD／4WD車輛	4WD車輛	4WD車輛
西部斯奈山半島	道路積雪基本融化、路面情況相對簡單	道路積雪融化、易於自駕	道路基本仍未有積雪，但有偶遇暴風雨、風暴的可能性	道路會有積雪、結冰等情況
推薦使用車輛	4WD車輛	可考慮2WD／4WD車輛	可考慮2WD／4WD車輛	4WD車輛
西部峽灣	仍會下雪、積雪，有偶遇風暴的可能	地區內積雪基本上融化但含有大量砂石路、懸崖山道公路，路面情況較差	地區內開始下雪，積雪加上路面情況較複雜，不易於自駕	道路會有嚴重積雪、結冰等情況，若無一定雪地自駕經驗，不推薦此季節自駕遊西部峽灣
推薦使用車輛	4WD車輛	4WD車輛	4WD車輛	4WD車輛
中央內陸高地	公眾使用道路封閉	6月中旬道路通常會向公眾開放，但含有大量F路段	通常情況下，9月中公眾使用的F路段會逐步封閉，除非該年異常溫暖，才有極少機會到10月中下旬仍可自駕前往	公眾使用道路封閉
推薦使用車輛	無法自駕抵達	必須駕駛4WD車輛	若道路仍開通，必須駕駛4WD車輛	無法自駕抵達

(製表／劉月丹)

根據出行人數選擇車型

租車自駕另一個很重要的考量因素就是：出行人數＋行李。很多租車公司網站會告訴你該輛車型有多少個乘客座位，以及最多（包括調整車內座椅後的情況）可以放多少行李，但簡單來說，7 人座車，絕對不可能同時承載 7 名乘客加 7 個 28 吋大行李。

根據同行的人數，需要選擇不同類型的車輛，一般來說，2WD 小型車只適合 2 人加 2 人行李使用；4WD SUV 最多也就只可以承載 4～5 名乘客加幾個大行李；如果是 6 人或以上，推薦你們分開租 2 輛車出遊，除了乘客可以坐得更舒服之外，同行的行李也可以全部放下。

若有孩童同行，家長必須為一定年齡、體型的嬰幼兒租用安全座椅，冰島本地的兒童座椅尺寸標準都是根據國際法規定而定，詳細的細節可以洽詢租車公司。

島民小提示

租車省錢祕技

如果想要省錢，可以選擇手排的柴油車，除了因為柴油油費比較便宜之外，手排車數量及選擇比較多，租賃價格也會相對便宜。推薦租用0～2年的新車，3年以上的就盡量不要租了。老舊的車雖然租用價格比較便宜，但是出問題的機會也比較大，如果因為駕駛老車而發生事故，除了需要賠款、身陷困境之外，也會耽誤行程，得不償失。

租車公司怎麼選？

冰島本地租車業變動很大，無論是工作人員流動、公司架構、管理模式等等，在一兩年之間變化很快，也屬於正常現象。建議大家在選擇租車公司之前，務必查閱該公司最近的服務口碑評價，以確保你選擇的是在出發近期服務優質、有保障的公司。可以使用冰島旅行平台的租車頁面，進行比價及查詢相關評分、評論。

購買租車保險

冰島是一個島國，物價高、人工費用高，大量原物料都需要由外國入口，因此如果租賃車輛在自駕期間有任何損傷，即使只是很小的刮痕、碰撞，都有可能產生非常昂貴的修理費用。若沒有購買足夠的租車保險，肯定會是一大筆損失。

本地租車公司如果沒有和第三方保險公司合作，租車公司本身提供的保險項目全部「不是」0 自賠額的項目，而是為你的自賠額設置上限；如果想要購買 0 自賠額的保險，需要自行向第三方保險公司購買。即使租車公司有提供 0 自賠額的租車保險，它也是每日保險單價最貴的選擇。

以下是冰島本地租車公司提供的保險項目，以及包含的保障；至於第三方保險的內容細則，請自行向保險公司查詢。

島民小提示

若準備兩人輪流開車，
最好購買「第二名駕駛者」

選擇租車保險時，你會看到有「Extra driver」這個選項，如果準備兩人輪流開車，建議大家加購。「Extra driver」簡單來說，就是登記了第二名駕駛者，同樣為該車輛簽約的駕駛者，和主要租車駕駛人一起享有所有購買的租車保險項目之保障。如果沒有加購這個選項，在第二駕駛者駕駛期間若發生任何意外，所有租車的保險都將不適用。

租車相關保險一覽表

(製表／劉月丹)

保險項目名稱	內容簡介
CDW(Collision Damage Waiver) 基礎碰撞保險	在冰島租車，絕大部分的租車費用內已包含這項保險。這個保險的保障度不是很高，需要承擔的自賠額頗高，建議除了這項基本的保險，同時需要購買其他額外保險項目，以降低自賠額。
SCDW(Super Collision Damage Waiver) 超級碰撞險	強化了CDW的保險項目。相比CDW，這個保險項目的自賠額會少很多。但不同的租車公司根據車型有不同的賠款標準，所使用的貨幣單位也有所不同，建議仔細確認各個細項之後，再決定是否購買。
GCDW(Grand Collision Damage Waiver) 豪華碰撞險	在SCDW之外，再加了車前擋風玻璃、車燈、由自然力(碎石擊打)引致的車漆掉落、由路過車輛引起的地面碎石擊打車身情況、車底盤的自然損害(在正常行駛於公路上發生的側排放系統、齒輪箱、發動機的刮傷)保險範圍。GCDW只有少部分車行會提供，相對CDW和SCDW來説，這個項目出現的頻率很小。由於保障方面比較齊全，所以投保費也相對前兩個貴。
GP(Gravel Protection) 碎石險	在冰島依然有很多路是未經修葺的「原始」路，有鋪柏油的只有主要公路，其他分支出來的路基本上都沒有。GP保障的就是在行駛中，由地面激起碎石以致車配件(車頭燈、擋風玻璃、擋泥板等)有所損害的保險。如果你主要的行程需要走分岔路、較偏遠，或是打算環島的朋友們，建議購買這個保險。
TP(Theft Protection) 盜竊險	冰島治安其實非常安全，但如果你是「不怕一萬、只怕萬一」的人，也可以選擇購買盜竊險，以圖安心。
SADW(Sand&Ash Damage Waiver)／SAAP (Sand and Ash Protection) 防沙險	冰島是一個經常颳超級大風的國家，特別是在南岸，發生沙暴的情況特別頻繁，風力程度甚至可達「颱風」的風力等級。防沙險所保障的就是由沙暴(塵土、風沙)引致的車身、車燈、車窗等部分的損傷。有鑑於冰島不定時的「變態」風沙，建議大家購買這個保險，以防意外。
WP (Windshield Protection) 前擋風玻璃險	冰島天氣不穩定，車輛前擋風玻璃很容易受到石頭或者碎石的傷害。這項保險是保障當由於自然力量，造成前擋風玻璃撞碎，或者產生裂縫等損害時，駕駛人的賠款額度會最低。
TI(Tire) 輪胎險	此項保險不算是常見的保險項目，一般來説，這項保險主要是針對輪胎，包括輪胎的更換和維修。某一些車行，一旦買了這項保險，會保證你在車胎、平衡桿、閥桿部分的損壞不需要賠償任何款項(不包含輪圈)。但是這個保險並不保障由於司機個人因素(偏離道路行駛、發生事故等)而導致的輪胎損傷。
PIP(Premium Insurance Package) 全險	部分車行對於某一些車型會提供全險的選擇，一般來説，會包括CDW、SCDW、GP、TP、WP的項目。但是不同的車行對於租車者的自賠額還是有所不同，務必檢查清楚自賠額度，衡量過後再購買。

❶越野性能好的車，任何時候都適合在冰島開車自駕／❷砂石路在冰島很常見，車輛被石頭擊打受損的機率頗高，買保險是很重要的／❸冰島的冬季被雪覆蓋、結冰的路面遍布全國，常常發生駕駛意外。除了買保險，駕駛者也需要有一定的雪地駕駛經驗或者自救能力

租車意外索賠程序

　　如果涉及索賠，只購買了冰島租車公司的保險，一般的做法就是直接賠付最高自賠額的款項，然後等車輛修理好、第三方車行提供修理帳單之後，如果修理費用比最高自賠額少，租車公司會退還差價給你；但如果修理費比最高自賠額高，也不必再額外付款。通常賠款會從租車時提供的擔保信用卡內扣除。

　　如果你同時購買了第三方保險，需要先自行支付租車公司的自賠額，取得收據之後，再向保險公司索賠。

❶單邊橋的標記，看到這個標記，記得根據實際情況讓行／❷只有冬季特定的期間才允許車輛使用的「釘胎」／❸租車公司在冬季會為車輛換上輪胎紋路比較深的「四季胎」／❹全國各地的公路旁邊隨時會出現測速照相機(圖中右邊灰色的盒子)／❺郊外的主要公路又寬又直，一不小心很容易超速／❻測速照相機告示牌

　　冰島大部分的交通規則都和世界其他國家差不多，「超速駕駛」可以說是遊客在冰島自駕最、最經常觸犯的條例。冰島城鎮內車輛限速是 50km／h；未經修葺的道路是 80km／h；修葺好的公路是 90km／h。冰島是全世界超速罰單最貴的前十名國家之一，根據冰島運輸局 (Samgöngustofa) 網站明列的罰款項目，在冰島超速駕駛，最高罰款金額一次可高達 240,000 ISK，而且如果過分的超速，有可能會被認為是危險駕駛，並立刻吊銷駕駛執照。

　　下方是我根據冰島政府官方資料，整理的超速罰款範圍及金額，提供給讀者參考。

超速駕駛罰款與處分一覽表

在顯示的限制速度以外超速	罰款	停牌	扣分
5公里或以下	沒有罰款		
6～10 公里	10,000 ISK	N/A	N/A
11～16 公里	15,000 ISK	N/A	N/A
17～20 公里	25,000 ISK	N/A	1分
21～25 公里	30,000 ISK	N/A	2分
26～30 公里	40,000 ISK	N/A	3分
31～35 公里	70,000 ISK	3個月	3分
36～40 公里	90,000 ISK	3個月	3分
41～45 公里	115,000 ISK	3個月	3分
46公里或以上	240,000 ISK	會被警察舉發、立即吊銷駕駛執照	

(製表／劉月丹)

超速罰款相關事項

冰島全國各地都有測速相機，因此無論在哪裡，都會有被「拍」的機會，自駕沿途如果看到一個畫有相機的測速相機標誌，通常以「藍底白字」顯示，但有時候也會是「白底黑字」，只要有這個標記，就代表道路附近有測速相機的存在，無論何時都建議大家保持在限速內，不要超速駕駛。

警察會隨機在公路上抽查超速駕駛，如果你被警察當場抓到，可以直接使用信用卡繳付罰款，警察會給予罰款折扣。即使你沒有被現場「捕獲」，如果在自駕途中感受到自己被相機閃到，就要做好被抓到超速的心理準備。

冰島目前「沒有」開放給公眾查詢的「車輛違規繳付罰款系統」，唯一可以做的，只有等待自己收到罰款單。超速的罰單會根據冰島警察的處理速度派發，等待的時間「由

幾個星期到 3 個月不等」。因此即使你在完成冰島旅行，還車的時候沒有收到任何通知，也並不代表沒事。

如何繳納罰款

收到罰單的途徑與繳納罰款的方式請見以下表格。

1、2 是最常見的情況；3 則是在警察完全無法聯繫到駕駛者，或者駕駛者遲遲不肯繳納罰款的情況下，他們會把罰款轉嫁至租車公司，讓租車公司代為追款。部分租車公司收到警察給的罰款單後，會在罰金之餘，再向駕駛收取一筆車行服務費(如果租車公司有這樣的做法，會在租車合約中明列)。

在收到罰單的 30 日之內付款，可以得到 25% 的折扣。罰款通知 Email 中會有警察的標記 (LÖGREGLAN) 以及被拍到的超速照片，如果不繳納罰款，可能會被列入黑名單，嚴重的話，會影響你下次到訪冰島或者出入申根 (Schengen) 地區的許可。

收到罰單與繳納罰款的方式

	收到罰單的途徑	繳納罰款的方式
1	被警察當面攔截	當場付款
2	警察直接Email、寄信去你租車時留下的聯繫方式	・根據罰單上的指示，轉帳到指定的銀行帳戶
3	警察把罰款單寄去租車公司，租車公司再向你收款	・打電話到冰島警察部門，提供信用卡資料繳費

島民小提示

交通標誌實用APP

推薦下載「Road Signs in Iceland」(冰島交通標誌APP)，可以查看冰島沿途常見的交通標誌其代表意義，但目前只有Android版本。

STEP 6 根據季節策畫合適的行程

　　詳細的行程建議請見 P.92，這裡我就先簡略寫一下在各季節、不同的旅行天數，建議的自駕玩樂範圍(天數不含抵達當日及離開當日)。

詳細的行程建議請見 P.92

島民小提示

東西南北部，怎麼安排最合理？

　　冰島南部的經典景點最多，適合投放最多時間遊覽；其次是西部斯奈山半島及北部的米湖地區鑽石圈。只有在夏季，才適合深度遊覽東部、北部峽灣和西部峽灣，或者有更長時間的人，也可以選擇前往中央內陸高地。

	夏季期間(5〜9月)	冬季期間(10〜4月)
4日或以下	南岸＋金圈	南岸＋金圈
5〜6日	南岸＋金圈＋斯奈山半島或北部景點	南岸＋金圈＋斯奈山半島
7〜8日	1號公路環島＋金圈＋斯奈山半島	南岸＋金圈＋斯奈山半島＋北部
9〜10日	1號公路環島＋金圈＋斯奈山半島＋東部或北部峽灣	僅使用1號公路環島或南岸＋金圈＋斯奈山半島＋北部
11〜14日	1號公路環島＋金圈＋斯奈山半島＋西部峽灣	僅使用1號公路環島＋斯奈山半島
15日或以上	1號公路環島＋金圈＋斯奈山半島＋西部峽灣＋中央內陸高地	不推薦首次或沒有雪地自駕經驗的人在冬季深度自駕遊。若有相關經驗，可以選擇僅使用1號公路環島＋斯奈山半島＋超慢速遊西部峽灣

(製表／劉月丹)

 STEP 7 確認租車、還車流程

　　在網上預約租車時都會需要填寫租車地點、領車時間，當日會有租車公司的員工在約好的地點接你去完成租車簽約手續，工作人員也會一併告訴你還車方式(需要把車送去哪裡、在哪裡檢查、需要滿油還是半滿等)。

　　租車合約具有法律效力，一經簽約，車輛的損傷(如果被鑑定為是租車期間人為造成，而非車體內部零件本身有問題)都是租車人需要承擔的責任。所以在簽約之前，大家一定要先檢查租車公司提供的車輛有沒有任何損傷，零件有無問題，確認無誤之後才簽約。

1 2

檢查車輛清單表

檢查項目	細節	確認欄
車頭燈	一定要確認是否正常運作，根據法律，車燈只要在行車狀態下就必須長開(無論白天還是黑夜)。	
車身	車子有刮痕、小凹痕都屬於正常現象。只需要和租車人員一起檢查後，同時把所有痕跡紀錄在合約上，車行工作人員會在合約上用不同的代碼作標記，以作還車時參考之用，租車人亦可同時拍照存證。	
車窗	檢查擋風玻璃以及其他玻璃有沒有裂痕。	
照後鏡	查看有沒有裂痕／損傷。	
車胎	查看磨損程度是否會太嚴重而影響駕駛，車胎氣壓是否充足。	
雨刷	需要確認能否正常使用。	
汽油	大部分的車都會在上一手還車時加滿油，也有一些有特殊規定的車行，會提供半滿油的車輛租用。無論是否滿油，請確保租車合約上清楚列明相應的紀錄，還車時根據簽約內容入油後歸還即可。	
其他預約租用的儀器、設備	有些租車公司會提供GPS、兒童座椅等額外附加設備，如果租用這些設備，記得查看清楚租車公司是否已經根據你的預約準備好所有的設備。冬季自駕時，也可以詢問一下租車公司有沒有提供額外的清理玻璃薄冰、積雪的工具。	

(製表／劉月丹)

❶有些人會選擇購買帳篷車拖斗，夏天時帶著帳篷去露營地過夜／❷許多本地人會駕駛這類露營車在夏天露營／❸冰島超級吉普旅行團會使用的吉普越野車／❹冰島冬季尚算良好的道路情況／❺冬天下雪的時候，路面會完全被雪覆蓋、公路的標記也有可能被遮擋，如果再加上大風、大雪甚至風暴，對於駕駛者來說是非常難以應付的情況

務必遵守的重要交通規則

　　除了不要超速、酒後、醉酒、藥後駕駛，在冰島開車出行，必須遵守以下交通規則：

● 車內所有人必須繫上安全帶。

● 禁止所有 Off Road Driving(非正規路段行駛)：冰島法律規定禁止任何車輛在規畫道路以外的地面(例如苔蘚地、田地、農地等)行駛。非公路路段的地貌極其珍貴，若被車輪輾壓會導致嚴重的損傷、變形甚至死亡，嚴重破壞生態環境，觸犯者會面對超高金額罰款及相關法律責任。

● 必須長時間開車頭大燈：適用於所有月分、所有季節，只要在冰島開車出行，就必須永遠保持車頭大燈長開，否則視為違法。

● 城市內行駛不允許開遠光燈。

● 絕對不要在路邊隨便停車：這是遊客們最常不遵守的交通規則，導致交通事故的元兇。雖然冰島郊區、環島的道路寬且直，但所有允許停車的觀景點、暫停處都會在公路之外有突出的空地。其他路段旁邊的都是路肩或邊帶，是作緊急事故發生時之用，並不是停車觀景的地點。因此即使你看到道路旁邊的「白線」旁仍有一些空位，也並不代表可以在白線停車下車拍照觀景，甚至在馬路中間拍照。

島民小提示

其他重要的自駕技巧

1. 除了冬季之外，其他季節經常會有很多羊群穿越馬路，牠們會突如其來闖入，就算按喇叭，牠們也未必會避讓。所以看到羊群的時候務必慢駛讓行，以免發生碰撞意外，如果把羊撞傷、撞死，都需要賠償羊主人。

2. 遇到單一車道的橋路段，務必跟隨「誰距離橋越近誰先行」的原則，適時讓行或先行。有些橋很窄，一次只能讓一面的車駛過，如果不及時避讓，容易造成與對面車相撞的危險。(道路標誌請見P.82圖1)

❶夏季經常遊走各公路的羊／❷這就是隨便在路邊停車的情況，請不要模仿／❸在中央內陸高地必須行駛指定公路，否則會違反交通規則／❹雷克雅未克市中心的「P1」／❺自行預繳停車費的碼表

柏油路 vs. 砂石路

　　地圖上標示了冰島已經鋪過柏油、修葺好的路面 (黑色)，以及未修葺過的砂石路 (黃色) 路線，最主要修葺完善的道路集中在雷克雅維克附近以及南部。目前冰島正在逐步完善道路工程，臨時改路的情況並不罕見。

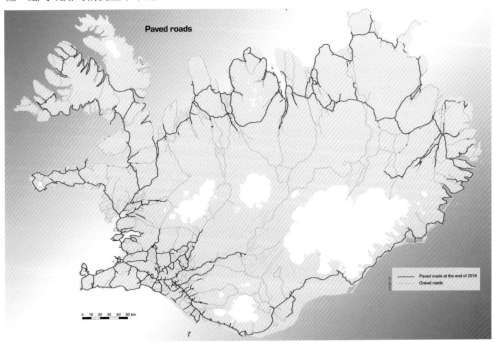

(地圖提供／Vegagerðin)

停車

　　收費停車場主要集中在城市中，郊外景點絕大部分都不需要繳停車費，除了個別比較著名、特殊的景點，例如辛格維利爾國家公園、塞里雅蘭瀑布等，才非常偶然地會遇到需要繳付停車費的情況。

　　以雷克雅維克舉例，市中心地區有很多不同、已經規畫好的停車位、停車場。每一個停車場的指示牌上會寫「P1」、「P2」、「P3」、「P4」，牌子上會寫「在星期幾的幾點至幾點之間，使用這個停車場是需要付款的」(如右圖)。「P1」是收費最貴的停車場，位於城市中心繁忙地帶；「P2」、「P3」、「P4」相對便宜，有不同的收費時段。

　　如果想要在指定的付費時間內，在收費的停車場停車，需要使用停車場內的「停車收費碼錶」自助預付停車費，或者下載 Parka 或 EasyPark App 網絡付款。如使用收費碼表付費，只需要按照碼表上的英文使用說明操作，並根據你預計的停車時間繳費，再把繳費單據放在車內顯眼位置即可。因應環保，現在罰款單已不會再列印出來放在違規車輛的車窗上，需要到市政府官網輸入車牌號碼查看車輛有無被罰款，並在同一網站繳付罰款。

http 市府官網：bilastaedasjodur.reykjavik.is/#/pay-for-ticket

自助加油

在冰島自助加油，會遇到需要用晶片信用卡、輸入 4 位 PIN 密碼付款的情況。如果你嫌額外申請密碼手續過於繁瑣，可以直接在有人工服務的加油站，刷信用卡向工作人員購買預付油卡，使用油卡加油，就可避免需要輸入信用卡密碼付款的情況。

本地的大型連鎖加油站，N1、Olís、Orkan 等都有出售自家的預付油卡 (Prepay Card)，油卡並不通用於所有加油站。如果買了 N1 的油卡，就只能在 N1 的加油站使用，預付油卡購買後就不可以退款，即使有剩下的餘額，就只能留著下次用了。

自助加油注意事項

如果選擇使用自助加油，租車時可能會在車鑰匙上找到和租車公司合作的加油站的減價鑰匙扣，去該加油站加油前，使用鑰匙扣在感應器上掃描，就可以獲得優惠。

如果你選擇為汽車「加滿」(Full Tank)，有時候會顯示扣除一筆預付款項 (有些加油機器在

選 Full Tank 的時候，就會自動從你用來支付油錢的信用卡裡面扣除預付款，這是預設的功能)，從 15,000 ～ 25,000 ISK 不等，即使是同一間油公司，在不同地區的加油站，都會有不同的價格標準。一般來說加油站對這筆預付款會有兩個不同的處理方式：

1. 從預付款裡面扣除你實際加油的金額之後，把多付的差價退還。
2. 額外收取一筆確實消費的加油金額，之後再把預付款全額退還。

退款的速度取決於加油站的工作效率以及銀行的處理速度，有時候等待退款的時間可能會高達 10 個工作天以上。如果在被扣除預付款之後超過 1 個月尚未收到退費，可以致電或寄 Email 給加油公司，或向銀行查詢退款進度。記得保留加油收據，以備不時之需。當然，如果不選擇 Full Tank，就不會有這個情況。

出發前可參考以下網站了解冰島本地油價，也可以根據自己租用的車輛類型預估油耗、計算整個行程需要多少油費。簽約租車時務必看清楚租用車輛需要的是柴油還是汽油，無論是租約、租車網站，還是油箱蓋子上都會標明所需油的類型，若因加錯油導致車輛損壞，租車人需要負全責。

http 查詢即時油價：gsmbensin.is

島民小提示

加油站位置實用APP

推薦下載「Eldsneyti」(冰島加油站定位APP)，只需要提供你現在身處的位置定位，就可以找到離你最近的加油站位置。

遇到加油站就加油，記得帶Costco會員卡

雖然1號環島公路沿途都有油站，但保險起見，最好在油箱完見底之前就加油。最便宜的加油地點是Costco，但冰島目前只有雷克雅維克有Costco。可以在出發之前先去Costco加滿油、買乾糧再出發。Costco會員卡全球通用，若本身沒有，個人認為無需特地為冰島之行申請。

怎麼洗車？在哪裡洗車？

在加油站可以洗車。洗車有 2 種方式：自己用水槍洗，或付錢在洗車房內自動洗。洗車房一般都是在城市規模稍微大的加油站才有，可以使用信用卡付款。在 1 號環島公路沿途的小型自助加油站，一般來說都是自助式的水槍。這些水槍的使用都是免費的，大家就隨意使用吧。

自駕途中發生意外怎麼辦？

簡單的標準：如果涉及任何人傷亡、與第三方發生碰撞、有傷者需要救助，或者需要分清碰撞責任的情況，就要打 112 報警處理。但如果只涉及車輛和其他生物發生碰撞，或者車輛在行駛途中發生物理性故障，本人沒有受傷也沒有讓其他人受傷的話，只需要打電話通知租車公司和保險公司就可以了，毋須報警。

無論任何情況，涉及報警、與車行聯繫，都需要當事人直接處理，無法請他人代理。如果情況涉及拖車、車輛損壞嚴重，以致租車公司需要暫停對外出租該車輛，肇事者可能需要支付一筆不低的費用。

如果想要避免昂貴的修車費用，唯一的方法就是小心駕駛、量力而為，使用適合的車輛自駕遊冰島。

❶冰島各大加油站標誌，從左上至右下的順序為Olís、Atlantsolía、ÓB Fjarðarkaup、N1、Orkan／❷自助加油站／❸在冰島開車，從倒後鏡也會隨時發現美景／❹常見的單行橋路段／❺請絕對不要學習圖中車輛在人行道上停車的行為

發生意外處理步驟

1. 先把車盡可能駕往非高速公路路段、盡量貼邊停車，不要影響後面車輛的正常行駛。
2. 報警 (若有傷亡、涉及第三方人士)。
3. 打電話通知租車公司，他們會根據情況請你填寫車輛損毀報告，或者派工作人員前來查看，或叫拖車公司派拖車來處理。
4. (如有必要) 聯繫第三方保險公司「備案」。
5. 等待警察或租車公司人員來處理。

涉及糾紛時以檢驗為依據

租車公司會把他們認為有損壞的車送去車廠作檢查維修，第三方車廠會出一份檢查報告，報告中就會指出是車子本身的問題，還是因為其他人為因素而導致該損傷。如果被判定是車輛本身的問題，正常來說租車人是不需要負責賠付車輛修理費用的。如果在這個部分有爭執，可以要求租車公司提供檢驗報告作為理論的憑證，證明你不需要為車子本身的問題負責，或賠償費用。

3

4 5

行程規畫

計畫行程之前，一定要留意前來冰島的季節及選擇出遊的方式。如果是自駕，除了根據旅遊的天數(完整的旅遊日，需扣除第一天跟最後一天)策畫之外，也需要考慮該月分的日照時間、交通路面情況、目的地之間距離、沿途住宿地點會不會太趕、參加特色活動體驗所需時間，最好同時也規畫一下Plan B。參加當地旅行團則相對簡單，只需要根據旅行團接送地點預訂住宿和處理交通問題就可以了。

自駕遊旅遊天數定義

短線

夏天只有 3 ～ 5 個、冬天只有 5 ～ 6 個完整行程日的短途自駕旅程。如果只是在冰島過境，只有 2 日可遊覽，建議報名旅行團，盡量把活動範圍保持在雷克雅維克、斯奈山半島或南岸。

❶時不時可以發現一些當地人的「藝術作品」／❷弗拉泰小島的景色總會讓人感到莫名平靜

1 2

中線

夏天只有 6～7 個、冬天只有 7～8 個完整行程日的中程自駕旅程。因為在冰島逗留的時間不夠長，所以會在半途折返雷克雅維克。

環島

嚴格意義上的「環島」是指只利用 1 號環島公路(不包括斯奈山半島、東／北／西部峽灣)的旅程。但由於斯奈山半島的公路容易駕駛，不少人也會把斯奈山半島加入環島行程中。

深度遊

除了 1 號環島公路和斯奈山半島，還前往東部、北部、西部峽灣的深度旅行，通常需要十幾天完整行程日。但由於深度遊途經大量峽灣內難行的路段，因此並不建議在冬季進行。

P.94 將會以表格的形式呈現，為不同長度的行程列舉夏、冬季自駕計畫供讀者參考。如果是環島，其實順時針和逆時針除了方向不同之外，沒有很大的分別。

島民小提示

貌似「公眾」的景點、地段其實都是私人土地

冰島是土地私有制國家，除了冰川、國家公園範圍這些是屬於公共用地之外，其實絕大多數的地段都是有主的。地主有權利對自己私人土地做任何形式的管理，所以某些耳熟能詳的景點，突然有一日被地主封閉，也是再正常不過的現象。若你在冰島期間看到景點前有圍欄或者禁止進入的警告牌，希望大家都可以尊重地主的決定，不要硬闖。偶爾，也有可能只是在某一個美麗的角落拍照、逗留的時候，遇到被當地地主驅趕的情況。不需要過於害怕，禮貌道歉，然後儘快離開就可以了。

行規規畫注意事項

● 需要預留夏季 1 日、冬季 2 日左右的緩衝時間，以應付突如其來的惡劣天氣，可能會需要臨時更改行程。

● 冬季絕對不宜把行程安排過滿，因為冬季日照時間很短、城市範圍之外的道路沒有路燈，夜間駕駛非常危險。

● 環島意思僅指「用 1 號公路環島一圈」，嚴格意義上來說，並不包括斯奈山半島、西部峽灣、中央內陸高地等地區。

● 夏季時，1 號公路環島節奏均速需要約 8 整日(加上抵達離境兩日共 10 日)；冬季時，則需要約 10～12 整日(加上抵達離境兩日共 12～14 日)。

● 若打算在冬季自駕，由於積雪或路面很滑，可能導致只能慢速行駛，因此需要在 Google Map 顯示的預計駕駛時間之外，每段多加 40～50 分鐘。

● 若沒有第二名駕駛者輪流開車，也需要考慮途中休息停歇的時間。

● 如果要認真拍攝攝影作品，每個景點都建議預留比本書中「建議停留時間」更長的時間。

● 出發前最好把行程上傳至 Safe Travel 備份，以備不時之需。

在海邊小鎮內的餐廳用餐，經常可以擁有絕佳的觀景機會

行程規畫安排建議表

	夏季期間 (5～9月)	冬季期間 (10～4月)	住宿地點	
			夏季	冬季
抵達日	機場＋(藍湖)＋ 雷克雅維克	機場＋(藍湖)＋ 雷克雅維克	雷克雅維克	雷克雅維克
第1日	金圈	金圈	雷克雅維克／金圈周圍	雷克雅維克／金圈周圍
第2日	南岸景點、維克鎮	南岸景點、維克鎮	維克鎮周圍	維克鎮之前的小鎮
第3日	●短線：維克鎮至赫本鎮 ●中線：維克鎮、斯卡夫塔山 ●環島、深度遊：維克鎮至赫本鎮	●短線：維克鎮至赫本鎮 ●中線：維克鎮、斯卡夫塔山 ●環島：維克鎮至赫本鎮	赫本鎮	赫本鎮之前的小鎮
第4日	●短線：赫本鎮回雷克雅維克 ●中線：斯卡夫塔山至赫本鎮、東部小鎮 ●環島、深度遊：東部峽灣小鎮或斯卡夫塔山	●短線：赫本鎮回維克鎮 ●中線：斯卡夫塔山至赫本鎮後回南部 ●環島：赫本鎮至東部埃伊爾斯塔濟	●短線：雷克雅維克 ●中線：赫本鎮前後 ●環島、深度遊：東部小鎮	●短線：維克鎮前後 ●中線：傑古沙龍冰河湖前後 ●環島：東部小鎮
第5日	●短線：斯奈山半島 ●中線：東部小鎮回南部 ●環島、深度遊：東部峽灣小鎮	●短線：維克鎮回雷克雅維克 ●中線：南部回雷克雅維克 ●環島：東部峽灣小鎮	●短線：雷克雅維克 ●中線：南岸沿途 ●環島、深度遊：東部小鎮	●短線：雷克雅維克 ●中線：雷克雅維克 ●環島：東部小鎮
第6日	●短線：雷克雅維克＋(藍湖)＋機場 本日離境 ●中線：南岸沿途回雷克雅維克 ●環島：北部 ●深度遊：東部峽灣小鎮至北部	●短線：斯奈山半島 ●中線：斯奈山半島 ●環島：東部峽灣小鎮至北部	●中線：雷克雅維克 ●環島：北部小鎮 ●深度：東部小鎮或北部小鎮	●短線：雷克雅維克 ●中線：斯奈山半島 ●環島：東、北部之間的小鎮
第7日	●中線：斯奈山半島 ●環島：北部阿克雷里＋鑽石圈 ●深度遊：北部	●短線：雷克雅維克＋(藍湖)＋機場 本日離境 ●中線：斯奈山半島 ●環島：北部	●中線：雷克雅維克 ●環島：北部阿克雷里 ●深度遊：北部小鎮	●中線：斯奈山半島 ●環島：北部小鎮

	夏季期間 (5～9月)	冬季期間 (10～4月)	住宿地點	
			夏季	冬季
第8日	●中線：雷克雅維克＋(藍湖)＋機場 [本日離境] ●環島：北部至斯奈山半島 ●深度遊：北部峽灣	●中線：斯奈山半島回雷克雅維克 ●環島：北部	●環島：斯奈山半島或西部1號公路沿途小鎮 ●深度遊：北部峽灣小鎮	●中線：雷克雅維克 ●環島：阿克雷里附近
第9日	●環島：斯奈山半島往雷克雅維克 ●深度遊：北部峽灣至西部峽灣	●中線：雷克雅維克＋(藍湖)＋機場 [本日離境] ●環島：北部至斯奈山半島	●環島：雷克雅維克 ●深度遊：西部峽灣小鎮	●環島：斯奈山半島或西部1號公路沿途小鎮
第10日	●環島：雷克雅維克＋(藍湖)＋機場 [本日離境] ●深度遊：西部峽灣	●環島：斯奈山半島	●深度遊：西部峽灣小鎮	●環島：斯奈山半島
第11日	●深度遊：西部峽灣	●環島：斯奈山半島	●深度遊：西峽灣小鎮	●環島：斯奈山半島
第12日	●深度遊：西部峽灣至斯奈山半島	●環島：斯奈山半島至回雷克雅維克	●深度遊：西部峽灣或斯奈山半島	●環島：雷克雅維克
第13日	●深度遊：斯奈山半島	緩衝日	●深度遊：斯奈山半島	●環島：雷克雅維克
第14日	●深度遊：斯奈山半島至雷克雅維克	●環島：雷克雅維克＋(藍湖)＋機場 [本日離境]	●深度遊：雷克雅維克	不建議冬季深度遊
第15日	緩衝日	不建議冬季深度遊	●深度遊：雷克雅維克	
第16日	●深度遊：雷克雅維克＋(藍湖)＋機場 [本日離境]			

(製表／劉月丹)

❶冰島無處不體現本地人的藝術細胞／❷斯奈山半島上的「石橋」也是遊客喜歡拍攝的景點

追極光，一輩子幸福的象徵

看極光的最大重點：主要靠運氣！除非是很偶然遇到極光指數超高、極光大爆發之外，基本上來說，沒有絕對、百分之百，可以保證你一定會看到極光。

當然，以下我會告訴大家一些觀看極光所需的客觀條件，雖說有這些客觀因素的輔助下，看到極光的機率會變大，但是能不能看到，就要看個人的「造化」了。

冰島全島都在極光帶之上，所以可以看到極光的機率並不是由地點決定，反而是最受當時的天氣、雲層狀況影響。

條件 1　選擇適合的月分

每年 8 月下旬開始直至來年的 4 月，都有機會在冰島看到極光，其中最適合觀測極光的月分是 9 月下旬開始至 3 月。4 月之後，由於冰島開始進入會有「永晝」的夏季，在日不落的情況下，無法觀測到極光。

條件 2　極光指數

冰島極光預報的指數有 9 級 (分為 0 ～ 9 級)，最常見的極光指數是 1 ～ 3 級，只要天空晴朗，都值得等一等極光；4 ～ 5 級算是比較高的級別，看到極光的機會大增；6 ～ 8 級，看到極光的機率非常高，無論如何都要嘗試多等一下；9 級是極光大爆發的級別，幾乎 90% 可以看到極光。

在 vedur.is 網站上可以參閱冰島當日的極光指數，網頁有當天的極光指數 (Aurora Forecast)，並提供冰島當天日出、日落、天黑、月出的時間，讓大家知道大約何時可以外出等極光 (越黑的情況越有利於看極光，所以如果太陽、月亮特別光亮，會影響看到極光的機會)。在網頁中間的冰島地圖，可以看到有綠色和白色的部分，顯示當日雲層的覆蓋情況和厚度，綠色代表雲層，白色代表沒有雲層，所以白色的地區可以看到極光的機會比較大。綠色顏色越深，代表雲層越厚，因此深綠色的部分相對來說會更難看到極光。

條件 3　天氣情況良好

天氣情況會直接影響到看極光的機會。由於極光的光度不強，若天氣情況不好，多雲、下雨、下大雪、月亮過光、天沒有完全黑，這些情況都會大大減低看到極光的機率。如果當天萬里無雲、沒有下雨或雪、月光不亮、天非常黑，就會形成一個良好的環境，看到極光的機會就會提高。

條件 4 光汙染低

極光本身的光度不強，所以很容易被其他強烈的光蓋過，以致極光即使存在，我們用肉眼也無法看到。除了陽光、月光之外，最可能影響看到極光機率的是人為的光害（城市的街燈、房屋的光源、大型廣告牌的光等），簡單來說就是越在城市中心（人為光源集中的地方），越沒有機會看到極光。所以若想要看到極光，記住環境一定要夠黑！

條件 5 合適的地點

越黑、越空曠的地方比較適合看極光。我在這裡也必須再次提醒大家，冰島冬季晚上自駕有一定的危險性，不要因為想要追極光而跑去一些自己完全不熟悉的曠野，導致迷路或者發生其他意外，隨時隨地都須以個人安全為重。

相對安全的方法是選擇住在郊外一點的地方，然後開車到住宿地點附近看極光。不但方便，同時也減低了開車出遠門迷路的機會，萬一遇到什麼事情也可以快速回到住宿地點求助。

條件 6 跟隨本地專業導遊

如果對自己的雪地駕駛技術沒有信心，或者真的不知道可以在哪裡看到極光，也可以選擇報名參加本地極光旅行團，選擇不同的出遊方式，跟隨著本地導遊出發去看極光。

① 傑古沙龍冰河湖的北極光(照片提供／Iurie Belegurschi)／② 極光季飛舞的歐若拉／③ 極光大爆發的時候除了綠色，還可以看到粉紅、藍、紫等混合顏色的極光

在冰島最常見的極光團類型是：旅遊巴士團、小巴團、遊船團和超級吉普團。

巴士團和小巴團的分別不大，只是同行人數不同：巴士團約會有 40 人左右，小巴團則是 5～20 人左右。遊船團屬於完全不同的出行方式，坐船到海上，在漆黑的環境之中看搖曳的極光，是非常特別的體驗；缺點是船身會搖晃，不利於極光拍攝。超級吉普團，人數最少，而且車的性能好，可以去一些比較偏僻的地區追極光，相比巴士、小巴團，可以到達的地方範圍更廣，唯一的缺點是比較貴。

	旅遊巴士團 Bus Tour	小巴團 Minibus Tour	遊船團 Boat Trip	超級吉普團 Super Jeep Tour
價格範圍	最便宜、每人約 5,000～6,000 ISK	居中、每人約 9,000 ISK	偏高、每人約 10,000～12,000 ISK	最貴、每人約 20,000 ISK
優點	✓價格便宜 ✓易有空位	✓人數相對少 ✓車型較小，可到達的地區比較多 ✓同行人數相對少，出遊品質保證較高 ✓價格適中	✓海上環境漆黑，有利於觀測極光 ✓出行方式特別	✓同行人數最少，出遊品質有很大的保證 ✓出團人數少，可以得到導遊很多照顧 ✓可到達內陸隱密地區追極光
缺點	✗同行人數多、影響出遊品質 ✗車型龐大，可到達的地區有限 ✗導遊無法兼顧所有團員	✗價錢不是最便宜的	✗船身容易搖曳，不適合拍照 ✗可能會暈船 ✗海上溫度低，較冷	✗最貴 ✗坐超級吉普車旅行，舒適度不是非常高

(製表／劉月丹)

綜合以上各方面優缺點考慮，我個人會覺得小巴團 CP 值比較高，價格適中、人數不會太多，拍攝極光也不會有影響。

就冰島來說，在一般的情況之下，如果極光旅行團的業者在出團當晚臨時因為天氣不好的原因 (或者極光指數太低、看到的機會近乎零) 取消出團，都會免費為團員再安排一次參團，或者直接把團費全額退款。如果已經出團，卻沒有辦法看到極光，大部分的極光團都提供再次參團的機會，但這種情況是不會退款的，因為業者已經支付了導遊、司機、油費等費用。

拍極光的基本設備

- 單眼相機：拍攝極光最好使用單眼相機，手機、數位相機等等由於無法根據實際情況調整設定，並不是非常好用的拍攝工具。
- 三腳架：必備，長時間曝光需要穩定機身，經常會使用到三腳架。
- 快門線：以防手動按快門會導致機身震動。
- 備用電池：長時間野外拍攝消耗電量，需準備足夠「彈藥」。
- 各類鏡頭：根據個人對照片效果的要求自行選擇。

(照片提供／Iurie Belegurschi)

(照片提供／Jonatan Pie)

雷克雅維克

　　雷克雅維克是抵達、離開冰島必經之處，也是冰島文化、音樂、藝術、政治、經濟……的集中地。如果你想感受冰島的潮流、流行文化、城市生活，雷克雅維克絕對是值得花點時間細細遊覽的城市。

最小的大城市，世界上最北的首都

雷克雅維克 (Reykjavík)，冰島首都，冰島最早有人定居的地方，是文化、藝術、音樂、經濟、政治的匯集地。在首都「雷克雅維克」地區 (Höfuðborgarsvæðið)──包括 Reykjavík、Kópavogur、Hafnarfjörður、Garðabær、Mosfellsbær、Seltjarnarnes 以及 Kjósarhreppur 的人口數量，大約占了冰島總人口的 60%，可以說是冰島最熱鬧、人最多、最繁華的地區。但相比其他大國的首都，雷克雅維克又顯得格外袖珍，所以本地人也經常戲稱雷克雅維克是「The Smallest Big City」──最「小」的「大」城市。

Reykjavík 得名的原因源於最早定居冰島的 Ingólfur Arnason、Hallveig Fróðadóttir 夫婦，在 Ingólfur 登陸時，看見這裡有很多溫泉而顯得煙霧繚繞、蒸氣騰騰，因此就把這裡命名為 Reykja(Smoke，煙霧)、vik(Bay，港灣)。

對於遊客來說，最主要的活動範圍很多時候都集中於雷克雅維克市中心，最方便的遊覽方式是步行；如果你懶得走路，也可以選擇乘坐雷克雅維克首都地區的 Strætó 巴士。市中心主要購物街道是 Laugavegur，它和 Bankastræti 街道於 2018 年 9 月通過法案，正式成為行人專用步行街，城市規畫局也承諾會逐步改造主街，更方便行人使用。

http 雷克雅維克旅遊：visitreykjavik.is
❶步行遊覽總有可能在轉角看到美景／❷冰島內陸高地最著名的遠足路線名稱，和雷克雅維克購物主街一樣(照片提供／Kaki Wong)

搭乘巴士遊市區

雷克雅維克市中心面積很小，如果只想要遊覽主要的景點，去吃飯拍照的話，一天時間基本上就足夠了。如果不想走路，可以選擇購買一張 24 ／ 48 ／ 72 小時的雷克雅維克城市卡 (Reykjavik City Card)，免費搭乘市區內巴士，遊覽主要景點以及免費出入多個博物館、游泳池等等。可以使用 Strætó 巴士 APP 搜尋，了解不同地點需要乘坐什麼巴士；或者使用 Google map 搜尋適合乘坐的巴士線路。若不想購買城市卡，也可以逐次購買巴士票 (單程票)，可以用 APP 購買，用本地電話號碼登記之後以信用卡支付，或是上車時向司機購買 (需要自備零錢)。

或者，你也可以購買 Hop-On Hop-Off Reykjavik 巴士票，一日之內都可以隨意在不同的主要景點上下車。

🅢 Strætó 市區內單程票成人570 ISK，17歲以下兒童、老人和傷殘者285 ISK 🄷 城市卡：visitreykjavik.is/city-card/front，Hop-On Hop-Off Reykjavik：city-sightseeing.com/en/49/reykjavik/58/hop-on-hop-off-reykjavik

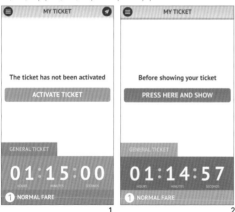

❶Strætó 巴士電子車票註冊前／❷註冊後會自動開始倒數／❸也有一些人會選擇租用城市共用Scooter，遊覽雷克雅維克

醫療緊急狀況

　　冰島的醫院、診所大多集中在雷克雅維克，同時這裡的急診室與醫護人員數量也最多，其餘根據城鎮大小逐步遞減；一些小規模的鄉鎮甚至可能只有一個家庭式小診所，如果遇到緊急問題，大部分情況都會把患者送到就近的大城市或者首都就醫。

　　對於外國人來說，冰島的醫療系統收費很高，所以如果只是小病小痛、沒有非常緊急的問題，不建議大家隨隨便便就在冰島看醫生。除了貴，其實對於感冒發燒這種小病痛，醫生絕大部分都是叫你好好休息而已。如果遇到需要去醫院、診所的情況，除了要備齊護照及身分證明文件外，其他流程則與普通看醫生的流程一樣，診療費、醫藥費都需要自行繳付，付款後會得到收據，可以向旅遊保險公司申請保險金。

📞雷克雅維克醫護站：1700、急診：1770 🌐雷克雅維克社區診所、醫院：www.heilsugaeslan.is

❶雷克雅維克市中心有一個「兔子山谷」(Elliðaárdalur valley)，可以找到不少到處亂竄的兔子們／❷相比陽光明媚，陰鬱的冰島其實更是冰島的常態／❸藥妝店門口會有十字的標記，如果臨時需要買藥，可以去這些店問問

冰島郵局

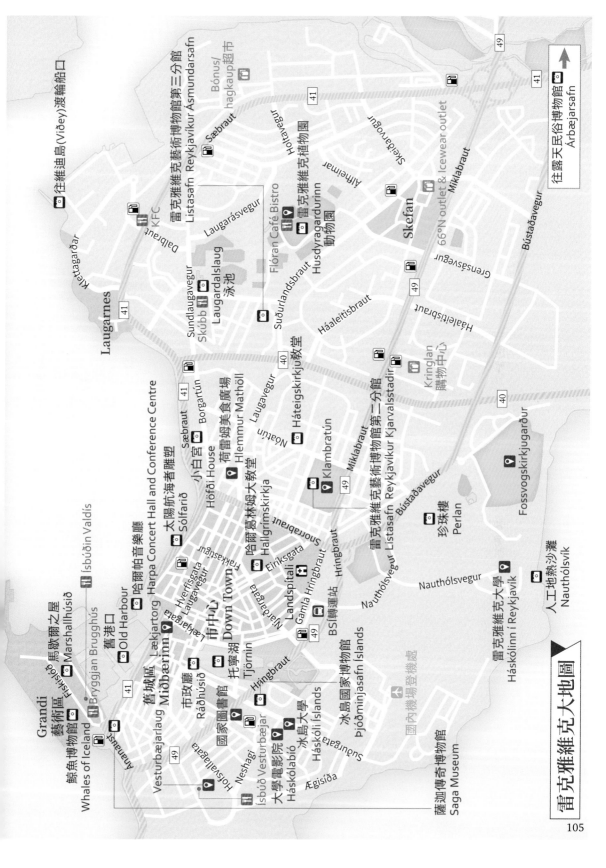

雷克雅維克大地圖

往露天民俗博物館
Árbæjarsafn

Bónus/
hagkaup超市

往維迪島(Viðey)渡輪船口

Laugarnes

KFC

Dalbraut

Klettagarðar

Skeifan

66°N outlet & Icewear outlet

Miklabraut

Bústaðavegur

雷克雅維克藝術博物館第三分館
Listasafn Reykjavíkur Ásmundarsafn

Laugarásvegur

Holtavegur

Flóran Café Bistro

雷克雅維克植物園
Reykjavíkurdýrinn

動物園
Húsdyragarðurinn

Álfheimar

Skeiðarvogur

Sæbraut

Grensásvegur

Sundlaugavegur

Skúbb
Laugardalslaug
冰池

Laugardalsvegur

Suðurlandsbraut

Háaleitisbraut

Hæðarstvegur

Hlíðar

Sæbraut

Borgartún

Höfði House
小白宮

Sólfarið
太陽航海者雕塑

Hlemmur Mathöll
荷雷姆美食廣場

Laugavegur

Nóatún

Háteigskirkju教堂
Háteigskirkju

Kringlan
購物中心

Hæðarleitisbraut

Háleitisbraut

Grandi

Marshallhúsið
馬歇爾之屋

Bryggjan Brugghús

Whales of Iceland
鯨魚博物館

Kristínartún

Ísbúðin Valdís

Harpa Concert Hall and Conference Centre
哈爾帕音樂廳

Lækjartorg

Old Harbour
舊港口

舊城區
Miðbærinn

市政廳
Ráðhúsið

Hverfisgata

Laugavegur

哈爾葛林姆大教堂
Hallgrímskirkja

Eiriksgata

Landspítali

Klambratún

雷克雅維克藝術博物館第二分館
Listasafn Reykjavíkur Kjarvalsstaðir

Miklabraut

Bústaðavegur

Perlan
珍珠樓

Fossvogskirkjugarður

Ananaust

Vesterbæjarlaug

Neshagi

Ísbúð Vesturbæjar

大學電影院
Háskólabíó

冰島大學
Háskóli Íslands

Hofsvallagata

Suðurgata

國家圖書館

托寧湖
Tjörnin

Njálsgata
Lækjargata

Hringbraut

Snorrabraut

Gamla Hringbraut

BS轉運站

國內機場登機處

Nauthólsvegur

Nauthólsvegur

雷克雅維克大學
Háskólinn í Reykjavík

人工地熱沙灘
Nauthólsvík

冰島國家博物館
Þjóðminjasafn Íslands

薩迦傳奇博物館
Saga Museum

Ægisíða

Down Town
市中心

105

← 📷 往Grótta燈塔

哈爾帕音樂廳
Harpa Concert Hall and Conference Centre

Íslenski barinn

CenterHotel Arnarhvoll

Skúlagata

舊港口
Old Harbour

Apotek Restaurant

Sölvhólsgata

Geirsgata

冰島陰莖博物館
Hið Íslenzka Reðasafn
Geirsgata

Arnarhóll

Lindargata

Kíkí Queer Bar

雷克雅維克藝術博物館第一分館
Listasafn Reykjavíkur Hafnarhús

跳蚤市場
Kolaportið

國家劇院

Room With
A View-
Apartments

Klapparstígur

Vesturgata

IÐA Zimsen

Tryggvagata

Húrra

Grey Line

總理辦公室
Stjórnarráð

停車場

Ránargata

Reykjavik
Downtown
Hostel

Stofan
Kaffihús

Hafnarstræti

Aurum

Loft Hostel

Kraum

Bárugata

Fischersund

Austurstræti

Lækjartorg Bankastræti

Lyfja藥局

Öldugata

Ingólfstorg

Vallarstræti

10-11

Amtmannsstígur

冰島針織協會

Geysir

12 Tónar

Túngata

Vínbúðin

Kirkjustræti

Dómkirkjan

Hallveigarstígur

Spítalastígur

Landakotskirkja
教堂

議會
Alþingishúsið

Vonarstræti

市政廳
Ráðhúsið

Hávallagata

Fríkirkjan教堂

托寧湖
Tjörnin

冰島國家美術館
Listasafn Íslands

Skothúsvegur

太陽航海者雕塑
Sólfarið

Sæbraut
Sæbraut
Sæbraut

Borgartún

Samtún

Olís Klöpp

KEX Hostel
Skúlagata

Fosshotel Baron

Lindargata
Lindargata

警察局
巴士總站
Hlemmur

Laugavegur

Vatnsstígur

Hrím Hönnunarhús

10-11　露營用品租用店

荷雷姆美食廣場
Hlemmur Mathöll

Hverfisgata
Hverfisgata

Vatnsstígur

Bíó Paradís劇院

Bónus

P

Hlemmur
Square Hostel

外交部

Reykjavík Roasters

Laugavegur

Kaffibrennslan

Frakkastígur

ÍslandsApótek藥局

Vitastígur

Barónsstígur

Fosshotel Lind

Grettisgata

Njálsgata

Njálsgata

Njálsgata

Reykjavik Roasters

Bergþórugata

Snorrabraut

Karlagata

Fosshotel Rauðará

泳池
Sundhöllin

Vífilsgata

Mánagata

Skeggjagata

Skólavörðustígur

Lokastígur

Þórsgata

雕塑公園
Einar Jónsson

哈爾葛林姆大教堂
Hallgrímskirkja

Snorrabraut

Klambratún公園

Haðarstígur
Haðarstígur

Njarðargata

Freyjugata

Eiríksgata

Egilsgata

Leifsgata

Ásmundarsalur博物館

Sjafnargata

Fjölnisvegur

Bergstaðastræti

N

市中心景點

哈爾葛林姆大教堂 Hallgrimskirkja

冰島指標性地標 No1

哈爾葛林姆大教堂是一座路德教區教堂，亦有「火箭教堂」的暱稱，它位於雷克雅維克市中心最中央、位置最高的地方，在 Skólavörðustígur 街的最頂端，把它建在山頂的原意是為了「確保在首都內任何一個角度都可以看到大教堂」。哈爾葛林姆大教堂是冰島最大的教堂，高約 73 公尺，由冰島國家建築師 Guðjón Samúelsson 於 1937 年時設計，從 1945 年動工開始到 1986 年工程結束，總共耗時 41 年。教堂的外觀設計靈感來自於六角形玄武岩，在冰島有非常多地方都可以看到這些岩石，其中比較著名的例子有南部維克鎮附近的 Reynisfjara 黑沙灘以及斯瓦蒂瀑布 (Svartifoss)。

❶沐浴在晚霞中的大教堂／❷大教堂內的管風琴／❸從大教堂頂俯瞰雷克雅維克的景色／❹正在舉行特別活動的哈爾葛林姆大教堂

3

教堂內部最具特色的，就是一個重25噸的大型管風琴，有時候還可以聽到現場演奏。進入教堂內是免費的，只需要根據開放時間入場即可；但是如果想要搭乘電梯，前往教堂最頂端俯瞰整個雷克雅維克的景色，則需要付費。只需要在教堂入口的櫃檯當場購票即可，無需提早預訂。

在教堂前的廣場矗立著歷史記載中，首位發現北美大陸的冰島探險家 Leifur Eiríksson 的雕像，這是美國為了紀念1930年冰島議會創立1,000周年時，送給冰島的禮物。不少大教堂的攝影作品都會連同這個雕塑一同取景，讓照片畫面更豐富多彩。

哈爾葛林姆大教堂是雷克雅維克象徵性的地標，有任何大型的節日慶祝，特別是跨年的時候，冰島人都會在這裡看煙火、放煙火，一起倒數，迎接新的一年來臨。

✉ Hallgrímstorg 1, 101 Reykjavík ☎ +354 510 1000 🕒 夏季(5～9月)10:00～21:00，塔頂於20:30關閉；冬季(10～4月)10:00～17:00，塔頂於16:30關閉。每週日都會舉行彌撒，彌撒期間10:30～12:15不對外開放。教堂內部(Church)或塔頂(Tower)舉行婚禮、演奏會時也會有臨時關閉的情況，建議遊覽之前先查閱官網 💲 入內免費，登塔頂：17歲以上成人每人1,300 ISK，7～16歲兒童200 ISK，6歲以下免費 ➡ 沿著購物主街Laugavegur步行約6分鐘至Frakkastígur街，再步行約5分鐘到達。自駕可直接前往大教堂後的停車場停車，座標參考(64°8'30.174"N; 21°55'35.893"W) ⏱ 1小時 🌐 www.hallgrimskirkja.is ❓ 夏季及冬季開放時間不同，須注意前往遊覽的月分 🗺 P.105、107

🚩 雕塑公園 Einar Jónsson
冰島「第一」的雕塑藝術家

位於大教堂側面的雕塑公園，同時也是 Einar Jónsson 藝術博物館的所在地。公園於1984年正式開放，是 Einar 和妻子 Anna 仍住在藝術博物館大樓內時期的傑作。

Einar Jónsson(1874～1954)是冰島第一個雕塑藝術家，他曾在1896～1899年於哥本哈根的丹麥皇家藝術學院 (Royal Danish Academy of Fine Arts) 學習雕塑。1901年，他在丹麥展出了第一個個人雕塑系列作品「Outlaws」，這個系列作品也奠定了冰島雕塑的基礎。

目前花園內有26件 Einar Jónsson 的雕塑，藝術館正致力將更多 Einar 的作品鑄銅，希望可以讓這些由揮發性物質製造的藝術品，得以長久保留。

✉ Eiríksgata 3, 101 Reykjavík, Iceland ☎ +354 551 3797 🕒 全年 💲 公園無需入場費，若要參觀Einar Jónsson藝術博物館，18歲以上門票1,500 ISK，67歲以上長者及出示學生證門票1,000 ISK，18歲以下免費 ➡ 從哈爾葛林姆大教堂步行3分鐘，座標參考(64°8'30.546"N; 21°55'46.555"W) ⏱ 15～20分鐘 🌐 www.lej.is/en/museum/garden 🗺 P.107

❶大教堂就矗立在雕塑公園後方／❷作品：The End (Leikslok)

太陽航海者雕塑 Sólfarið
冰島人獻給太陽的禮物

Sólfarið 英文譯名為 The Sun Voyager，是冰島藝術家 Jón Gunnar Árnason 於 1990 年製作完成，一座建在雷克雅維克海岸人行步道 Sculpture & Shore Walk 旁，以維京船骨架為靈感製作的雕塑。有人說它的製作理念是一艘代表了夢想的船，也有人說它是藝術家獻給太陽的頌詩。因為坐落於無任何遮擋的海邊，經常有人在「太陽航海者」這裡拍出非常美的日出、日落照片。如果你足夠幸運，也有可能在極光季的時候，看到在夜空中飛舞的北極光。它距離哈爾帕音樂廳很近，無論你從雷克雅維克哪個位置出發，只要向海邊方向走，到達後沿著海岸線散步，找到哈爾帕音樂廳後，就肯定可以找到它。

✉ Sculpture & Shore Walk, 101 Reykjavík 🕐 全年 ➡ 沿 Sæbraut 旁邊的海岸人行道步行到達，自駕可駕駛至哈爾帕音樂廳旁，停車後沿海邊步行約 5 分鐘到達，座標參考 (64°8'51.327"N; 21°55'20.23"W) ⏱ 30 分鐘 ❓ 可以選擇在此看日出、日落 🗺 P.103、105

想要拍到一張完全沒有遊客的太陽航海者雕塑，平均需要等 5～10 分鐘左右

哈爾帕音樂廳 Harpa Concert Hall and Conference Centre
透明的「玄武岩」

哈爾帕音樂廳是雷克雅維克最大的音樂廳，同時也作會議廳使用，於 2011 年 5 月 4 日開幕，算是比較新的建築物，由丹麥公司 Henning Larsen Architects 與丹麥冰島藝術家 Olafur Eliasson 合作設計。基本結構是不同顏色的幾何形狀玻璃面板鋼框架，玻璃柱的形狀設計靈感同樣來自冰島的玄武岩。原本哈爾帕音樂廳是世界貿易中心雷克雅維克 Austurhöfn 地區重建的一部分，但是由於冰島當時正在經歷金融危機而擱置，這個計畫後來也放棄了，改成現在音樂會議廳的用途。

從外面看哈爾帕是深藍色的，但是當你走進去，就會發現其實玻璃的外牆讓光線可以透過去，這些玄武岩的玻璃柱互相拼接起來，營造了一個明亮的空間，室內採光非常好。如果有陽光灑進哈爾帕，配合不同顏色的玻璃，會造就出奇妙的氛圍。

✉ Austurbakka 2, 101 Reykjavík 📞 +354 528 5000 🕐 售票處：每日 10:00～18:00，音樂廳：每日 08:00～24:00 ➡ 從 Sólfarið 沿 Sæbraut 旁邊的海岸人行道步行 5 分鐘到達；座標參考 (64°9'0.887"N; 21°55'26.209"W) ⏱ 30～40 分鐘 🌐 www.harpa.is ❓ 若想看當晚表演，可以直接在售票處購票 🗺 P.105、106

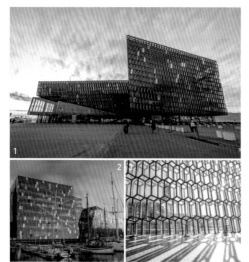

❶外表比較難看出它的美／❷它的背後有不同的美麗／❸進入內部之後的光影才是 Harpa 最美之處

托寧湖 (特約寧湖) Tjörnin
鴨子的快樂天堂

雷克雅維克市中心最大的湖，也有「鴨子湖」之稱，這裡經常可以看到各種鳥類、天鵝、鴨子在「戲水」。隆冬時分如果天氣特別冷，湖面還有可能會結冰，有些人也曾經試過從冰上成功走到湖對面。這裡是一個非常適合拍照的地點，天空的顏色映照在湖面，配上湖周圍的建築物，形成了一道又一道美麗的風景。

托寧湖旁邊的市政廳 (City Hall) 內設有遊客中心，沒有特別會議、活動的時候，會展覽一個很大的冰島立體地圖，和市區內主要建築的簡單模型。如果對於城市內的遊覽、交通有任何疑問或者需要協助，都可以去裡面找工作人員幫忙。市政廳內有免費提供給遊客的紙本冰島地圖，有需要的人可以去索取。

✉ Tjörnin, 101 Iceland ⏰24小時 ➡沿Fríkirkjuvegur步行即可到達，座標參考(64°8'37.032"N; 21°56'31.265"W) ⏳15分鐘 🅼P.105、106

❶冬天時湖面結冰，鳥類都可以輕易行於水上／❷市政廳內的大地圖和城市中的建築展覽

島民小提示

想了解更多雷克雅維克歷史文化，可參加免費的City Walk Tour

雷克雅維克有免費的城市導覽團，只需要在網站預約報名，就可以免費參加由本地人帶領的雷克雅維克步行導覽團。雖然參加費用全免，但很多遊客在結束後會給一些小費，表示對他們的支持和感謝。當然小費不是強制性的，大家可以自己衡量，無需感到壓力。

🌐 citywalk.is/tour/free-walking-tour-reykjavik

托寧湖不遠處有巴士總站可利用

如果實在趕時間，想立刻坐下一班車直接去KEF機場，可以去FlyBus Reykjavik Excursoion巴士總站BSÍ(Umferðarmiðstöðin)買最快出發的巴士車票。

Landakotskirkja 教堂   私房推薦
哥德式特色建築

Landakotskirkja 教堂 (原名：Dómkirkju Krists Konungs) 是雷克雅維克代表性的天主教教堂，雖然它的名字沒有哈爾葛林姆大教堂那麼響亮，面積也沒有那麼大，但是也是具有冰島特色的教堂之一，而且設計師也是設計哈爾葛林姆大教堂的冰島殿堂級建築師 Guðjón Samúelsson。它建於 1929 年，是當時冰島最大的天主教堂。這個教堂根據新哥德式的風格來創造，於當時來說是非常厲害的建築。

✉Túngata 13, 101 Reykjavík 📞+354 552 5388 ⏰每日07:30～19:00 ➡沿Túngata路步行到達，座標參考(64°8'50.991"N; 21°56'55.295"W) ⏳15分鐘 🌐flytja.catholica.is/ms/kristssokn 🅼P.104

從外表上不難看出Landakotskirkja教堂有別於其他教堂的建築風格

舊港口 Old Harbour
城市內做白日夢的好地方

舊港口建於 1913 ～ 1917 年，迅速成為雷克雅維克市區內新的繁榮地區。距離哈爾帕音樂廳大約步行 10 分鐘的距離，同時距離 Grandi 藝術區也只不過 10 ～ 15 分鐘距離。港口內經常停泊著大大小小的船，隨著海浪的波動輕輕起伏，天氣好的時候還可以看到船與海面形成的平靜畫面。如果沿著海邊走來時累了，在這裡靜靜的看船，也不失為一個為自己充電的好方法。

舊港口還有很多好吃的海鮮餐廳，喜歡吃海鮮的朋友們可以沿著海岸線一直從太陽航海者雕塑走到哈爾帕音樂廳，再走來舊港口(反向亦可)，沿途欣賞雷克雅維克海岸線的風景，順道參觀這些景點。

這裡除了可以欣賞美景、看到海灣和對岸的 Esja 山之外，舊港區也是大多數海洋活動的集中地。從雷克雅維克出發的賞鯨、看海鸚的船都在這裡出發。如果參加賞鯨團想省下一小筆開銷，可以不購買飯店接送，自己步行到舊港口參團。

港口停泊著不少賞鯨、賞鳥旅行團所用的船隻

✉ Ægisgarður, 101 Reykjavík ➡ 沿 Ægisgata 步行到達，座標參考(64°9'5.026"N; 21°56'40.001"W) ⏱ 30 ～ 40 分鐘 ℹ 該地區停車位不多，有可能需要花點時間找車位 🗺 P.105、106

=== 島民小提示 ===

順遊Grandi藝術區

Grandi 區位於舊港口旁邊，原是一個非常大的港口，有很多漁業倉庫、工業用品，也是漁民的家。隨著時間的變化，越來越多博物館、冰島獨立品牌設計師店、藝術家工作室都選址在租金較為便宜的Grandi區，開創他們的事業。在這裡發跡的品牌包括：OmNom巧克力、Valdís雪糕、Farmers & Friends本地時尚品牌等等，也因此逐漸變成了本地人口中說的「藝術區」。現在除了可以看到漁船、港口之外，還可以在這裡逛博物館、購物，體驗本地藝術文化。

跳蚤市場 Kolaportið
寶藏等你來尋覓

冰島唯一的跳蚤市場，只有週末營業。位於室內，即使颱風下雨也不會影響市場的生意。市場內有賣各種古著、古書、古玩、毛衣、玩具等等，市場內也有一些賣食物的攤位，可以在這裡找到非常有特色的冰島「美食」，例如魚乾、傳統臭鯊魚，對於想要挑戰新鮮事物、品嘗道地「冰島味」的朋友來說，應該會充滿趣味。個人認為如果你不太喜歡古著或者古董，有可能會覺得這裡都「髒髒」的，不會非常著迷，但本身對這方面比較感興趣的話，這裡會是你可以在冰島「尋寶」的好地方。

✉ Tryggvagötu 19, 101 Reykjavík ☎ +354 562 5030 🕐 週六、日 11:00 ～ 17:00，週一～五關門 💲 根據貨品而定 ➡ 沿 Pósthússtræti 街到達，座標參考(64°8'55.406"N; 21°56'16.901"W) ⏱ 45 分鐘 🌐 kolaportid.is ℹ 部分攤位只收現金，雖然市場內有ATM可以提取現金，但通常排隊的人都很多，建議準備冰島克朗現金備用 🗺 P.106

❶Kolaportið跳蚤市場正門／❷冰島的特色食品也可以在這裡買到

郊區景點

🚩 小白宮 Höfði House
具有象徵意義的小房子

見證了歷史進程的「小白宮」

這座小房子建於 1909 年，它之所以特別的第一個原因，是這裡曾經是冰島著名詩人 Einar Benediktsson 的故居，這座房子 (如果你面向它) 的右手邊，就是 Einar Benediktsson 的雕像。第二個原因，也是令這棟房子具有指標性歷史意義的關鍵，就是 1986 年美國總統雷根 (Ronald Reagan) 和前蘇聯領導人戈巴契夫 (Mikhail Gorbachev) 曾經在此會晤，象徵冷戰的結束，因此也讓這座小房子有了十足代表性的意義。現在小白宮並不對外開放，只作為高級會議的舉辦場所。

✉ Borgartún, 105 Reykjavík ⏰ 全年 ➡ 沿 Sæbraut 旁邊的海旁人行道步行到達，座標參考 (64°8'47.413"N; 21°54'22.894"W) ⏱ 15分鐘 ℹ 只能在房子外觀看，無法入內 MAP P.105

🚩 Grótta 燈塔
只適合遠觀的燈塔

Grótta 燈塔位於雷克雅維克的邊緣，自 1897 年以來，Grótta 就已經有一座燈塔存在了，但目前看到的燈塔並不是原版的老燈塔。現在的燈塔歷史最早可以追溯到 1947 年，於 1956 年與電網連接後開始工作，自那以後一直保持不變。

夏天時，這片地區會聚集很多鳥類，是賞鳥的好地點。冬天時，這裡是雷克雅維克市區內人為光害最少、最適合看極光的地點。如果你在雷克雅維克住宿的當晚，查看了天氣和極光指數都不錯，可以過來這裡碰碰運氣。缺點是只適合自駕遊的朋友來，否則就只能根據公共巴士的時間表出行。如果極光出現的時間比較晚，回程沒有巴士可以回市區，約需 1 小時的步行時間，才能從燈塔區走回市中心。

✉ Grótta, Seltjarnarnes, Iceland ⏰ 全年 ➡ 不建議步行前往，建議乘坐大眾交通工具或自駕，座標參考 (64°9'52.197"N; 21°1'17.718"W) ⏱ 40分鐘 ℹ 6月鳥類保護期間會封閉沙灘區域 MAP P.106

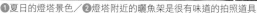
❶夏日的燈塔景色／❷燈塔附近的曬魚架是很有味道的拍照道具

Esja 山 (Esjan 山)
為雷克雅維克海岸創造美麗背景

Esja 也經常被稱為 Esjan，距離雷克雅維克大約 10 公里，位於雷克雅維克海岸線的正對面一直延綿數十公里。沿著貫穿哈爾帕音樂

冬季的 Esja 山在雪的映襯下格外迷人

廳、太陽航海者雕塑和舊港口的海傍大道步行，沿途都可以看到 Esja 山的蹤影。

如果你是夏天 (5～9 月) 前來的話，還可以考慮爬 Esja 山。爬上山頂之後，可從另一個角度看到雷克雅維克的全貌。不過，如果是冬天，我並不建議你在這個時候挑戰登頂 Esja 山。因為冰島冬天冷，上山會更冷，加上風比較大，登山的路也不好走，對於平日不常登山的遊客來說相對危險。

◉ 全年 ➡ 乘坐 1 號巴士前往山腳開始健行，或者自駕沿 1 號公路向北行駛即可到達 Esja 停車場，座標參考 (64°12'31.894"N; 21°42'57.063"W) ⓘ 若想登頂再返回，需要 6 小時左右 ⓘ 建議夏季登頂，登山中心 Esjuraetur 提供山路地圖、登山路徑等資料 ᴍᴀᴘ P.142

天空之湖 Sky Lagoon
冰島首都地區新興的無邊界溫泉

天空之湖可算是同時最受本地人和遊客歡迎的新興溫泉了。除了設施很新之外，還有無邊界的溫泉池，能看到廣闊的大西洋海景和遠處的雷克雅維克市景，而且地理位置非常便利，即便從首都市中心出發，也只需要開車 10～15 分鐘就能抵達。

最大特色是特有的七步水療體驗 (seven-step ritual)，不但能消除疲勞，同時讓皮膚獲得一次「煥膚」機會。7 步驟按序為泡溫泉、跳冷水池、蒸桑拿、去冷霧房、塗抹溫泉自家產的身體磨砂膏、濕蒸蒸汽房、最後到淋浴室沖身結束。過程中，部分房間還看得到一望無際的海景，身心靈都能完全放鬆。

七步水療體驗僅限購買 Pure Pass 或 Sky Pass 的旅客體驗，若能停留一個小時以上，我個人推薦 CP 值較高的 Pure Pass，不但能體驗七步水療，價錢也不會太貴。Sky Pass 和 Pure Pass 差別只在於 Sky Pass 有私人更衣室以及溫泉自製的身體乳液可用。如果停留時間較短，

❶溫泉內有很多可用來作為拍照背景的岩石，和其他溫泉的景色面貌十分不同／❷只需要用手環就可以在溫泉內記帳購買飲品，離場時可以一併結帳

買最便宜的 Pure Lite Pass，在有「海洋與天空相遇的地方」之稱的大溫泉池看看風景和泡個溫泉，也是行程忙中帶靜的好選擇。

✉ Vesturvör 44-48, 200 Kópavogur ☎ +354 527-6800 ◉ 每日 10:00～23:00 💲 入場門票分為 3 個級別，Pure Lite Pass：每人 6,790 ISK 起；Pure Pass：每人 9,790 ISK 起；Sky Pass：每人 12,790 ISK 起，大小同價。未滿 12 歲兒童不允許入場，12～14 歲兒童必須有 18 歲 (含) 以上監護人陪同方可購買入場 ➡ 可搭乘公共巴士前往，步行約 10 分鐘即達，自駕座標參考 (64° 6' 59.544'' N; 21°56' 43.908'' W) ⓘ 1～2 小時 http www.skylagoon.com ⓘ 根據購買的門票級別不同，可體驗的溫泉項目及服務也有所不同，建議你根據個人需求來衡量購買 ᴍᴀᴘ P.14

維迪島 Viðey
愛與和平之島

位於雷克雅維克的海邊，距離雷克雅維克只有大約15分鐘左右的行船時間。島面積只有1.6平方公里，幾小時的時間就可以逛完島上的鳥類保護區和沙灘，是一個不錯的休閒地點，如果已購買雷克雅維克城市卡 (City Card)，就可以直接憑卡乘船登島，無需額外付費。

島上最大的亮點是藝術家小野洋子 (Yoko Ono) 為紀念亡夫約翰・藍儂 (John Lennon) 而設計的「Imagine Peace Tower」(想像和平之塔)。這座燈塔每年都會在約翰・藍儂冥誕當天 (10／9) 點亮，在他的忌日 (12／8) 熄滅，每年小野洋子都會來這座島上主持「Imagine Peace Tower」的點燈儀式。這不但代表了洋子對藍儂無限的思念，也代表她對世界和平的祈願，每年都會有大量的冰島人聚集在這裡，和小野洋子一起參加點燈儀式。

❶乘船即將抵達維迪島時，就能遠觀到島上的建築物／❷被點亮的「Imagine Peace Tower」

✉ Viðey, 104 Reykjavík, Iceland ☎+354 411 6360 💲僅需要付往返船費，可於網上購票：elding.is/videy-ferry-skarfabakki ➡️船由Skarfabakki碼頭往返，碼頭參考座標(64°9'22.127"N; 21°51'53.131"W) ⏱1小時 http borgarsogusafn.is/en/videy-island 🅿5/15～9/30之間船班較多、較密，10/1～來年5/14只有週一～五13:15～16:30之間有船 MAP P.105

珍珠樓 Perlan
山頂的「珍珠」

珍珠樓位於 Öskjuhlíð 山上面，由於最頂部的外形是一個半圓拱型玻璃罩，長得很像半顆珍珠，所以被稱為珍珠樓。珍珠樓的「珍珠頂」是在1991年才建成的，最早的珍珠樓只是一個很大的熱水儲水池。珍珠樓也有方便俯瞰雷克雅維克全景的平台。自從2024年珍珠樓更換營運公司後，即規定進入內部皆須購買門票，其中包括僅前往珍珠樓內的咖啡店或到觀景台觀景。

珍珠樓的頂樓是咖啡廳，可以在這裡吃東西、喝咖啡，透過玻璃頂看外面的風景，也是一個不錯的休閒選擇。

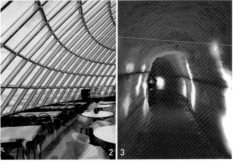

❶珍珠樓正門入口／❷頂樓的咖啡廳／❸ 樓下的人造冰洞展覽

✉ Öskjuhlíð, Reykjavik 105, Iceland ☎+354 566 9000 🕐每日09:00～19:00(最晚18:00入內) 💲參觀展覽成人4,990 ISK，6～17歲兒童2,990 ISK；僅去觀景台18歲以上成人1,990 ISK，6～17歲兒童990 ISK，0～5歲免費 ➡️從哈爾帕音樂廳搭乘免費的市中心、珍珠樓小巴往返，座標參考(64°7'45.165"N; 21°55'8.582"W) ⏱1小時 http perlan.is MAP P.105

人工地熱沙灘 Nauthólsvík

一到夏天就人山人海的沙灘

Nauthólsvík 是位於雷克雅維克首都地區內的一個「人工」地熱沙灘，也是冰島本地人消遣娛樂的場所，比較少遊客會特意到這裡游泳、泡溫泉。冬天的時候人比較少，但是夏天、天氣好時則人滿為患，很多本地家庭都會帶著孩子在週末來此玩耍。

之所以說是「人工」，是因為 Nauthólsvík 是有系統管理的沙灘，不像其他的沙灘是全天然、沒人管理的「野生」沙灘。同時這裡

也修建了不少設備，還有幾個人工建造的地熱溫泉池，供給沙灘的遊客們使用，但是沙灘本身的存在，是天然、非人工製造的。

✉ Nauthólsvík, Iceland ☎ +354 551 3177 🕐 週二～五每日 11:00～19:00，週六11:00～16:00。週日及週一關閉 💲 單次入場費用為810 ISK，大小同價 ➡ 乘坐巴士或自駕前往，參考座標(64°7'16.624"N; 21°55'49.775"W) ⏳ 1小時 🌐 nautholsvik.is/en 🗺 P.105

❶冰島難得出現人山人海的景象／❷冰島人非常珍惜難得的陽光

Háteigskirkju 教堂

遊客較少的「冷門」教堂

教堂於 1957 年開始興建，落成於 1965 年，由建築師 Halldór H. Jónsson 設計，相比其他教堂，這個教堂更針對本地教友，網頁全是冰島文。教堂本身雖然沒有太多有趣的

從側面的角度可以一次看到教堂的4個尖塔

故事，卻有個跟設計師 Halldór 相關的小趣聞。他曾經為冰島最大的建築公司 Islenskir Aðalverktakar 設計總部，但建築外型太「獨特」，所以被冰島人取笑為「The Watergate Building」(水閘大樓)。

相比水閘大樓，Háteigskirkju 教堂優雅漂亮得多，主樓有 4 座高高的尖塔，在不同的角度看都會有不同的美態。相對熱門的哈爾葛林姆大教堂來說，Háteigskirkju 是一個小眾但又不失風格的拍照地點。

✉ Háteigsvegur 27-29, Reykjavík ☎ +354 511 5400 🕐 週一～五09:00～16:00 ➡ 沿Háteigsvegur路步行前往，參考座標(64°8'19.387"N; 21°54'21.408"W) ⏳ 15～20分鐘 🌐 kirkjan.is/hateigskirkja 🗺 P.105

Husdyragardurinn 動物園
很有「冰島感」的動物園

在雷克雅維克市中心建立一個動物園的想法始於1987年，當時的市政府為了向民眾宣傳冰島的畜牧業、讓長居城市內的人有更多和動物接觸的機會，加強兩者之間的聯繫，所以在這個動物園裡的動物大部分都是家畜——雞、豬、羊、馬等。當然，冰島特色的動物——北極狐、馴鹿、海豹、水貂也都可以在這裡看到，簡單來說，這裡聚集了所有在冰島可以看到的動物，而沒有外來動物，或許和大家心目中有長頸鹿、大象、獅子、老虎那種「常規」意義上的動物園有些不同。

動物園在1990年正式開園，至今已有快30年歷史，園內還設有兒童遊樂場，也是父母非常喜歡帶孩子去「消耗體力」的好地方。

 Múlavegi 2, 104, Reykjavík ☎ +354 411 5900 ◷ 夏季(6/1~8/20)10:00~18:00；冬季(8/21~5/31)10:00~17:00 💲 13歲以上1,550 ISK，6~12歲兒童1,090 ISK，5歲以下幼兒、退休及傷殘人士免費 ➡ 乘坐巴士或自駕前往，參考座標(64°8'20.99"N; 21°52'17.231"W) ⧖ 2.5小時 http www.mu.is/en ⓘ 動物園內的特別節目可能會根據當日天氣情況臨時調整 MAP P.105

冰島文化發現

1924～1984年間的禁狗令

禁令背後的想法非常簡單：「一個城市不適合養狗」。冰島當時主要是農村社會，居住在雷克雅維克的絕大多數人，都是來自農村的第一或二代移民。他們認為狗無法適應城市生活。

當然，總有人透過飼養狗來蔑視禁令，其中最引人注目的非法犬案件就是保守派議員兼財政部長Albert Guðmundsson和他的狗Lucy。1984年，Albert被檢舉違反禁令，當局下令他放棄養狗，這個案件引起了媒體瘋狂的追查和報導，最終政府抵受不住輿論壓力，解除部分養狗的禁令，不過要養狗依然需要提出申請。直到2006年，禁令才完全解除。

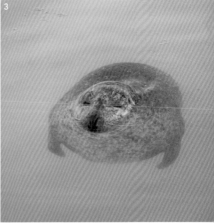

❶動物園的Logo (照片提供／Kaki Wong)／❷除了東部之外，Husdyragardurinn動物園是在冰島唯一可以近距離看到馴鹿的地方(照片提供／Kaki Wong)／❸園區內可以看到萌萌的海豹(照片提供／Kaki Wong)

博物館巡禮

藝術和音樂就像是融入了冰島人的血液中，大部分的人或多或少都和音樂、藝術有關係。平日朝九晚五的上班族，到晚上搖身變成樂團成員；看似平凡的白髮蒼蒼老人，其實是本地著名藝術家……這些情況對冰島人來說早已屢見不鮮。如果你沒什麼時間和本地人交流，無法親身感受到冰島人對藝術、音樂的態度，那麼了解本地藝術文化的最佳方式，無疑就是遊覽博物館了。

冰島國家博物館 Þjóðminjasafn Íslands(National Museum of Iceland)
一睹珍貴的「雷神索爾」

位於冰島大學的旁邊，如果散步到托寧湖，可以順便走過去看一看。館內的常規展覽「Making of Nation」展出很多非常珍貴的歷史文物，例如一進門就可以看到、維京時期留下來最重要、最珍貴的文物——Eyrarland Statue(索爾的雕塑)，也就是傳說中大家耳熟能詳的雷神。博物館內有很多不同種類的展品，從藝術工藝品到工具、家具等，從維京時期一直到20世紀中期的展品都有，可以說是親自見證冰島發展的最好途徑。

如果你喜歡文化、歷史，想要多了解冰島到底是一個什麼樣的國家、如何發展，相信這裡會帶給你很多樂趣。博物館內還有其他短期的展覽，也有咖啡廳、紀念品店，是可以閒逛、消磨下午時光的好地方。

✉ Suðurgata 41, 101 Reykjavík ☎ +354 530 2200 🕐 每日10:00～17:00，冰島公眾假期閉館 💲 18歲以上成人 2,500 ISK，18歲以下兒童、傷殘人士免費，67歲以上長者1,200 ISK (價格包含免費的錄音導覽) ➡ 沿Suðurgata步行或自駕前往，參考座標(64°8'30.044"N; 21°56'54.774"W) ⏱ 1.5～2小時 🌐 www.thjodminjasafn.is/english 🗺 P.105

❶冰島國家博物館／❷如果對冰島歷史感興趣，冰島國家博物館會是你了解冰島最好的途徑／❸小小的索爾

島民小提示

若時間充足，還可以去這些博物館

在首都雷克雅維克地區可以參觀的博物館當然遠遠不止本單元介紹的這些，還有Landnámssýningin(冰島移民定居史展覽)、Safnahúsið(國家文化屋)、Safnið við sjóinn(海事博物館)、Pönksafn Íslands(龐克博物館)等，其他地區也有值得發掘、具有本地特色的博物館。如果你準備在雷克雅維克地區逗留更長的時間，不妨打開你的Google Map搜尋，去探索這些很少人去、又有特色的博物館吧。

冰島國家美術館 Listasafn Íslands(The National Gallery of Iceland)
展出 19 ～ 20 世紀的冰島藝術作品

館內主要展示 19、20 世紀冰島藝術家的作品，也會有國際知名的藝術家作品在這裡臨時展出。博物館共有三層，同時也有咖啡廳、紀念品店，如果你喜歡傳統的藝術作品，應該會喜歡這裡。國家美術館除了有儲存珍貴藝術相關資料的圖書館，供學者、藝術家們使用，也致力於研究和傳播冰島藝術。

國家美術館的建築由 Guðjón Samúelsson 設計，他同時也設計了哈爾葛林姆大教堂、冰島大學、阿克雷里大教堂等著名的建築物。

國家美術館就位於托寧湖旁2分鐘的步行距離

✉ Fríkirkjuvegur 7, 101 Reykjavík ☎ +354 515 9600 ⏰ 週二～日10:00～17:00，週一閉館 💲 18歲以上成人每人2,200 ISK，長者及學生每人1,100 ISK，17歲以下免費 ➡ 沿Fríkirkjuvegur步行或自駕前往，座標參考(64°8'38.912"N; 21°56'21.689"W) ⏳ 1～2小時 🌐 www.listasafn.is 🗺 P.106

馬歇爾之屋 Marshallhúsið(The Marshall House)
濃厚北歐風的美術館
私房推薦

如果你上他們的網站看看，或許就可以從中發現這個博物館的風格──極其簡單。網站除了博物館和不同展廳的開放時間、相關聯繫人之外，就沒有任何資料了。沒有展品照片、沒有展覽介紹、沒有交通資料也沒有藝術館的介紹，白底黑字，一頁。或許這也正是大家心目中「藝術家性格」最貼切的表現吧。

博物館於 2017 年成立，由 4 個部分組成：Living Art Museum(Nýlistasafn ／ Nýlo)，自1978年以來就存在的展覽，只是新搬進了這裡；Gallery Kling&Bang，藝術家團體，這個區域經常會展覽來自世界各地藝術家的作品；Studio Ólafur Elíasson，冰島藝術家 Ólafur Elíasson 的工作室及展廳；以及 Marshall Restaurant&Bar，可以用餐、喝酒、喝咖啡的餐廳加酒吧。這座大樓原本是在 20 世紀 50 年代建造的魚類加工廠，有幾個高大的垂直空間，到現在它還可以看到附近有高聳的魚油罐。同樣位於 Grandi 藝術區，它外型簡單，甚至可以說是平凡，只等待有緣人發掘它的魅力。

✉ Grandagarður 20, 101 Reykjavík ☎ 沒有總機，只有管理員及餐廳的專線電話，建議到官網搜尋展覽的聯繫方式 ⏰ 週三～日12:00～18:00，週一、二閉館 💲 免費 ➡ 建議乘坐巴士或者自駕，參考座標(64°9'22.308"N; 21°56'20.204"W) ⏳ 1.5小時 🌐 marshallhusid.is 🗺 P.105

如果不專門去找，以馬歇爾之屋現在仍保持了工廠的外表這一點，其實很難發現它是一個美術館

❶以當代藝術為展覽主題的第一分館／❷博物館內的角落，也是不錯的拍照地點／❸喜歡古典油畫的人，可以在第二分館找到有趣的展品

雷克雅維克藝術博物館 Listasafn Reykjavíkur(Reykjavik Art Museum)

3 種藝術饗宴一次滿足

雷克雅維克藝術博物館共有 3 個分館，分別是位於海邊的 Hafnarhús(Harbor House) 第一分館、Kjarvalsstadir 第二分館和 Ásmundarsafn 第三分館，這 3 座分館的主題都不一樣。你只需要在任何一個分館購買一張入場門票，就可以在當天用同一張門票免費進入其他兩個分館。

第一分館 Hafnarhús

第一分館 Hafnarhús 原址是雷克雅維克最古老的港口，博物館的外型由著名建築師 Sigurður Guðmundsson 和港口大師 Þórarinn Kristjánsson 合作創作，1939 年正式建成，後期進行過多次翻修、擴建。Hafnarhús 主要展覽比較現代的藝術作品，其中包括了冰島國寶級藝術家 Erró (Guðmundur Guðmundsson) 的作品。這個藝術館除了有 Erró 的常設展覽之外，也經常會有其他藝術家的作品展覽，內容多樣化，從行為藝術、裝置藝術到畫作等等，各種種類、型態的展覽，都會根據不同的主題在這裡交替展出。

第二分館 Kjarvalsstadir

第二分館 Kjarvalsstadir 是專門展覽冰島史上最著名的藝術家 Jóhannes S. Kjarval(1885 ～ 1972) 畫作為主的博物館，也是冰島第一座專為公共藝術展覽而設計和建造的建築。Kjarval 的畫作對冰島的現代文化發展作出了巨大的貢獻，是冰島現代文化不可或缺的一部分。很多冰島的藝術家受到他的畫作啟發、薰陶，繼而創作出優秀的藝術作品，其中，大家或許比較耳熟能詳的例子——冰島國寶級音樂家 Björk 於 1977 年的第一張樂器專輯「Jóhannes Kjarval」，就是以 Kjarval 命名的。

第三分館 Ásmundarsafn

　　第三分館 Ásmundarsafn 是雕塑博物館，以冰島著名雕塑家 Ásmundur Sveinsson(1893～1982) 命名，也是他的故居，這座樓本身也可以說是作品之一，畢竟這也是他親手設計，最後由建築師 Einar Sveinsson 協助興建而成。博物館內長年展出他的雕塑作品，同時也有其他冰島藝術家的藝術作品。Ásmundur 是冰島的雕塑大師，為了秉承他認為「藝術不應該只限於貴族菁英的消遣，而是更應該面向社會大眾」的理念，大家在雷克雅維克的街道上、公園裡都可以看到他的藝術作品。珍珠樓山丘上面的雕塑也是他的作品。

❶博物館內有不少Ásmundur Sveinsson的作品／❷第三分館的建築本身就是一件藝術品

第一分館

✉Tryggvagata 17, 101 Reykjavík ☎+354 411 6400 🕐10:00～17:00，週四10:00～22:00 💲18歲以上成人2,150 ISK，學生1,320ISK，18歲以下兒童、傷殘人士免費 ➡沿Tryggvagata步行或自駕到達，參考座標(64°8'56.834"N; 21°56'27.22"W) ⏱1～2小時 🌐artmuseum.is/hafnarhus 🗺P.106

第二分館

✉Flókagata 24, 105 Reykjavík ☎+354 411 6420 🕐每日10:00～17:00 💲18歲以上成人2,150 ISK，學生1,320 ISK，18歲以下兒童、傷殘人士免費 ➡沿Flókagata步行或自駕到達，參考座標(64°8'16.512"N; 21°54'48.502"W) ⏱2.5 小時 🌐artmuseum.is/kjarvalsstadir 🗺P.105

第三分館

✉Sigtúni, 105 Reykjavík ☎+354 411 6430 🕐5～9月10:00～17:00，10～4月13:00～17:00 💲18歲以上成人2,150 ISK，學生1,320 ISK，18歲以下兒童、傷殘人士免費 ➡沿Sigtún步行或自駕到達，參考座標(64°8'29.872"N; 21°53'6.601"W) ⏱2.5 小時 🌐artmuseum.is/asmundarsafn 🗺P.105

🚩 鯨魚博物館 Whales of Iceland
讓人猶如置身海洋

　　鯨魚博物館內的展覽由23個人造的1：1大小模型組成，其中包括歷史上在冰島水域中發現的各種鯨魚。有25公尺長的藍鯨、抹香鯨、極度瀕危的北大西洋露脊鯨等等，參觀者可以親身感受牠們的巨大和壯觀。館內也有幾副完整和零碎部分的鯨魚骸骨，大家也可以從骨架了解這些在海中生活的巨人。每個模型都是人力親手繪製而成，所有細節都模仿鯨魚的真實樣貌重現，頗為逼真。館內設有錄音導覽和不同的資訊互動區，小朋友的遊樂區也會播放鯨魚的叫聲，雖然面積不大，但也是從知識層面了解鯨魚的好方法。

✉Fiskislóð 23-25 , Reykjavík 101 ☎+354 571 0077 🕐每日10:00～17:00 💲成人3,900 ISK，7～15歲兒童1,700 ISK，6歲以下兒童免費 ➡建議乘坐巴士或自駕前往，參考座標(64°9'19.415"N; 21°56'53.948"W) ⏱40分鐘 🌐www.whalesoficeland.is ❓所有分館在冰島公眾假期都有特殊營業時間，請查詢官網 🗺P.103

❶鯨魚博物館正門／❷巨型鯨魚模型／❸天花板掛著鯨魚的骸骨

❶喜歡薩迦文化的朋友千萬別錯過這裡／❷紀念品店內可以買到仿古的小玩意，如金幣、護身符

🚩 薩迦傳奇博物館 Saga Museum
走入冰島傳奇歷史

冰島的薩迦文學 (Saga of Icelanders) 主要是以散文敘事，基於發生在冰島 9～11 世紀早期 (Saga Age) 的歷史事件進行創作，是重要的冰島文學範本。

薩迦博物館裡面全部都是 1：1 製作的蠟像，每組蠟像展示了一段薩迦中記載的歷史故事，對於喜歡歷史的朋友來說，將是非常生動有趣的展示。但是如果你對薩迦完全不了解，參觀時可能會稍微沒有共鳴。

薩迦傳奇博物館提供不同語言的語音導覽 (冰島文、英文、法文、德文、俄文、西班牙文和瑞典文)，完全不認識薩迦文化的朋友也可以像聽故事一樣，跟著語音導覽參觀博物館。館內有一些仿古的道具和服裝，大家也可以親自變身為古代人物。這裡的紀念品店也有很多仿古、稀奇古怪的小玩意，作為紀念品送給喜歡維京時代的朋友們，也非常不錯。

✉ Grandagardi 2, 101 Reykjavik 📞+354 511 1517 ⏰ 每日 10:00～17:00，冰島公眾假期有特殊時間，請查詢官網 💲成人 3,600 ISK，6～12 歲兒童 1,000 ISK，學生、長者及傷殘人士 3,000 ISK ➡️建議乘坐巴士或自駕前往，參考座標(64°9'9.17"N; 21°57'4.837"W) ⏳ 1小時 🌐 www.sagamuseum.is 🗺️ P.105

🚩 冰島陰莖博物館 Hið Íslenzka Reðasafn(The Icelandic Phallological Museum)
全球最大的陽具展覽

陰莖博物館展出了將近 50 種哺乳動物、數量超過 200 件的陽具標本，是全球最大的陽具展覽。這個博物館最早位在胡薩維克，直至 2011 年才搬到現址。

基本上在冰島找得到的海洋及陸地哺乳類動物，牠們的陽具標本這裡都有，例如 55 件來自不同種類的鯨魚、36 件來自海象和海豹、甚至有來自智人 (Homo sapiens) 的標本。2011 年博物館還收到了史上第一個人類的陽具標本。值得一提的是，這裡有冰島國家手球隊員們的銀製陽具模型，是為了紀念手球隊於 2008 年北京奧運會獲得銀牌而製作的。

✉ Kalkofnsvegur 2, 101 Reykjavik 📞+354 561 6663 ⏰全年 10:00～19:00，冰島公眾假期有特殊營業時間，請查詢官網 💲成人 2,500 ISK，13歲以下有家長陪同的兒童免費 ➡️由 Hlemmur 步行 3 分鐘即可到達 ⏳40～50分鐘 🌐 phallus.is/en 🗺️ P.106

❶各種動物的陽具(照片提供／Anny Lee)／❷冰島手球隊員們的陽具模型(照片提供／Anny Lee)／❸陰莖博物館正門有醒目的標誌，非常易於辨認

露天民俗博物館 Árbæjarsafn(Árbær Open Air Museum)
農場改建而成的博物館

Árbær 原是建於 20 世紀的農場，於 1957 年開放成為博物館。這個露天博物館有 20 多座建築物，可以找到冰島最古老的小房子——用草作為屋頂的 Turf House。在這裡你可以認識古時的生活用具、家具、工藝品、交通工具等等，了解古老冰島人的生活模式與環境，夏天的時候也可以在這裡見到冰島的家畜——馬、羊等。這裡提供全年的英文導覽，開始時間在下午 1 點整，毋須預約。

✉Kistuhyl,110 Reykjavík ☎+354 411 6300 🕐9〜5月13:00〜17:00(12/25及1/1閉館)，6〜8月10:00〜17:00 💲成人2,200 ISK，17歲以下兒童及傷殘人士免費，學生憑學生證1,370 ISK ➡建議乘坐巴士或自駕前往，參考座標(64°7'7.866"N; 21°48'58.33"W) ⏱1.5小時 http borgarsogusafn.is/en/arbaer-open-air-museum MAP P.105

冰島文化發現
1個世紀內才和世界接軌的冰島

冰島一直以來都是農耕社會，靠畜牧業、漁業等傳統工業維持國家經濟發展，19世紀的時候因為貧窮，所以發明了用石頭、泥土、草製作，建造成本低的 Turf House。直到1914年，冰島人仍住在這種房子裡。直到近代與世界接軌之後，冰島才迅速發展，水泥材料建房子也是在近100年內才有的「高科技新技術」。正因此此，不難理解為什麼現在冰島很多地方仍然處於原始、未開發的狀態。

❶露天民俗博物館／❷展現冰島人古老生活面貌的展品和活動

溫泉、游泳池體驗

如果你想要在冰島體驗最道地的活動，那麼，去溫泉泳池游泳、泡溫泉絕對是首選。泳池對於冰島人來說不單只是游泳、休閒的地方，更是社交場所；與老友敘舊、認識新朋友、家庭日……甚至是面試，都可以邊泡溫泉邊進行，可以說是冰島人生活中必不可少的重要一環。

溫泉禮儀

以下這些規則都是在有更衣室、浴室的現代化溫泉必須遵守的，但如果你是在野外泡溫泉，就沒有那麼嚴格要求。

1. 進入泳池、溫泉更衣室前先脫鞋

若不想把鞋放在門口，可以拿著鞋子（最好放進塑膠袋內）放入個人儲物櫃。為了保持更衣室地面乾淨，進入泳池更衣室範圍之前，都需要脫鞋。冰島人沒有在泳池周圍穿拖鞋的習慣，所以來到了冰島，就習慣一下「赤腳」文化吧！（藍湖是特例，為了方便遊客，會提供在溫泉周圍可穿的拖鞋）

2. 自備毛巾

進入溫泉前、洗澡後，都需要擦拭身體才可以進入更衣室，因此需要自備毛巾。部分泳池也有毛巾租借服務，若有需要可以直接詢問工作人員。

3. 進入溫泉、泳池前，必須全裸在浴室更衣室洗澡

冰島雖然是非常自由民主的國家，但對於進入泳池以及溫泉之前需要洗澡這件事情，卻是非常嚴格。冰島的泳池、溫泉含氯量都很低，有一些甚至只是用鹽水代替氯氣來進行消毒，為了保持水質的潔淨，會要求所有進入溫泉、泳池的人都必須沖洗乾淨身體，再換上泳衣，以免對其他使用者造成不便。

如果大家只是打算做做樣子，隨便沖一下就入內，非常容易引起冰島人的不滿。每個有更衣室、浴室的溫泉泳池也都會有「浴室管理

員」，提醒大家要洗澡後再進入溫泉範圍。

4. 不要帶相機進入溫泉、泳池

除了藍湖、米湖這種專門為了讓遊客拍照、玩樂的景點允許帶相機、手機入場之外，冰島很多溫泉都不允許在裡面拍照，主要是為了保護其他使用者的隱私、避免為其他人帶來困擾。

如果大家想要在非旅遊景點的溫泉內拍照，最好在入場前先得到管理員的同意，以免造成不愉快。

5. 不允許在更衣室內拍照

更衣室中大家都是全裸的狀態在換衣服，即使是自拍，也有可能不小心拍到其他在場的人。因此，絕對禁止在更衣室內拍照。

雷克雅維克市中心泳池

Sundhöllin

在雷克雅維克市中心的泳池，也是著名建築師 Guðjón Samúelsson 的作品。外型設計簡約，室內外各有一個 25 公尺長的標準池，也有溫泉池。於 1937 年建成，2017 年翻新，是住在雷克雅維克市中心想去泳池的人最近、最好的選擇。

Laugardalslaug

雷克雅維克市中心最大的泳池，室內外泳池、兒童戲水池、水上遊樂設施、露天溫泉池、桑拿等設備一應俱全。泳池門口還有超好吃的熱狗、冰淇淋店。

Árbæjarlaug

雷克雅維克城市邊緣的泳池，最大的特色是有一個像溫室一樣的玻璃房子，躺在泳池裡靜靜享受溫暖的陽光透過玻璃照射，水波粼粼的溫泉泳池，無疑能讓人感覺平靜。這裡還有兒童戲水設施、淺水溫泉池、桑拿等等。若有租車，我個人會推薦你去這個略遠的泳池，沒有其他原因，僅因為感受最好。

Sundhöllin
✉ Barónsstígur 45a, 101 Reykjavík 🌐 reykjavik.is/stadir/sundholl-reykjavikur 📍P.107

Laugardalslaug
✉ Sundlaugavegur 105, Reykjavík 🌐 reykjavik.is/stadir/laugardalslaugr 📍P.105

Árbæjarlaug
✉ Fylkisvegur 9, 110 Reykjavík 🌐 reykjavik.is/stadir/arbaejarlaug

其他推薦泳池

Vesturbæjarlaug、Lágafellslaug、Seltjarnarneslaug、Sundlaug Kopavogs、Breiðholtslaug、Grafarvogslaug、Suðurbæjarlaug

❶冬日的Árbæjarlaug泳池／❷雷克雅維克市區內最大的泳池Laugardalslaug／❸Laugardalslaug旁邊有我很喜歡的熱狗店

必訪冰淇淋店

在冰島，「愛吃冰淇淋」並不只是兒童的專利，無論是中年人、老年人、年輕人……絕大部分都是冰淇淋的愛好者，所以冰淇淋店除了可以看到一堆孩子和父母之外，老夫妻、戀人、學生……也都是冰淇淋店的常客。無論冬夏，一年四季任何時候，冰淇淋店的顧客都源源不絕。如果說泡溫泉是國民運動，那麼吃冰淇淋可能也可以稱得上是冰島國民愛好之一，是體驗「冰島味」的絕佳方式。

一到夏天，經常會有冰淇淋車開到住宅區賣冰淇淋

Skúbb
真材實料的美味冰淇淋

位於雷克雅維克最大泳池 Laugardalslaug 旁邊，從店鋪設計到包裝、Logo、網站風格，都是小清新的北歐簡約風格，非常適合拍照打卡的冰淇淋店。

Skúbb 的老闆是專業的甜品師，對甜品素有研究，這點讓他在製作冰淇淋上更有優勢。Skúbb 的冰淇淋可以說是真材實料、原汁原味，如果是草莓冰淇淋，就是用草莓製作而成；如果是香草冰淇淋，也是以香草製造而成，連同冰淇淋醬也都是以這個準則製作，沒有添加人工精油，確保冰淇淋可以用最真實的狀態呈現給顧客，誠意非常。

Skúbb 另外一個值得稱讚的優點就是他們支持環保的態度，Skúbb 使用的冰淇淋勺是木製的可回收環保材料，和其他用塑膠勺的冰淇淋店相比環保得多。目前 Skúbb 只有一間店面，但他們不定時會派冰淇淋車在雷克雅維克市中心不同的地方賣冰淇淋，如果你運氣好，看到他們的冰淇淋車，不需要去總店也可以品嘗這誠意滿滿的冰淇淋了！

✉ Laugarásvegi 1, 104 Reykjavík 📞 +354 665 8805 🕐 週一～五14:00～23:00，週六、日12:00～23:00 💲 500 ISK 起 ➡ 建議乘坐巴士前往，自駕參考座標(64°8'26.789"N; 21°51'50.206"W) ⏱ 排隊平均需5～10分鐘 🌐 www.skubb.is 🗺 P.105

❶可以根據個人喜好，選擇以紙杯或甜筒裝冰淇淋／❷ Skúbb品牌標誌／❸Skúbb甜筒形式的冰淇淋

Ísbúðin Valdís
口感綿密的義式冰淇淋

發跡於 Grandi 藝術區的冰淇淋店，雖然在 2013 年才正式開業，但已經迅速打入冰島「冰淇淋圈」，成為本地最受歡迎的冰淇淋店之一。此外，2018 年更正式在雷克雅維克購物主街道開設了分店 (分店地址：laugavegi 42)，讓大家不需要山長水遠跑到藝術區裡面，才能吃到美味的冰淇淋。

Valdís 的冰淇淋是義式冰淇淋 (Gelato)，口感綿密，各種味道比例恰到好處，不會過甜也不會淡而無味。加上每日新鮮製造，冰淇淋口味都會和前一天有些不同，因此經常會有長長的人龍出現在總店內，就為了一嘗鮮味。如果不想去店鋪排隊，各大超市內也有販售 Valdís 的盒裝冰淇淋，但肯定沒有店內賣的新鮮。

✉ Grandagarði 21, 101 Reykjavík ☎ +354 586 8088 🕐 週一〜五11:30〜23:00，週六、日12:00〜23:00；公眾假期營業時間請參考官網 💲800 ISK 起 ➡建議乘坐巴士前往，自駕參考座標(63°9'12.672"N; 21°56'56.032"W) 🚻排隊需平均15〜20分鐘 🌐valdis.is/index.php/en 🗺P.105

❶位於市中心的新店／❷店內年輕化的裝修，也是不少食客愛到Valdís光顧的原因／❸Valdis 的盒裝冰淇淋

Ísbúð Vesturbæjar
營業將近半世紀的老字號

Ísbúð Vesturbæjar 是冰島本地老字號的冰淇淋店。1971 年開業至今，已經營業了約半個世紀的時間，可以說是「孕育」了新一代冰島人的冰淇淋店，非常多本地人兒時的味道都是源於這裡。從店名就可以看得出來這個冰淇淋店的起源：Ísbúð(Ice House)、Vestur-bæjar(Western Town)，源於雷克雅維克西城區，現在總店也依然是在西城區。如今除了總店之外，他們也在 Kópavogur、Hafnarfjörður 開設了分店，讓西城之外的人也可以品嘗冰淇淋的美味。

最經典的是 Gamli(Old) 冰淇淋，可以根據口味選擇加糖果、水果、巧克力、醬料等等，「客製化」自己的冰淇淋。這間冰淇淋店的冰淇淋「冰」感更重、口感更硬一點，並不

是順滑口感的風格，但對於我這種喜歡咀嚼的人來說，卻正符合我的取向。冰淇淋有濃濃的牛奶味，我最喜歡的是草莓＋原味的混合組合。Ísbúð Vesturbæjar 的冰淇淋最大的尺寸絕對可以用「巨型」來形容，作為一家四口的飯後甜點足夠有餘。如果你的「甜點胃」夠大，也可以挑戰一下。

✉ Hagamel 67, 107 Reykjavík ☎ +354 552 3330 🕐 週一〜五11:30〜23:00，週六、日12:00〜23:00。公假期營業時間請查詢官網 💲800 ISK 起 ➡建議乘坐巴士前往，自駕參考座標(64°8'44.761"N; 21°57'45.537"W) 🚻排隊需平均10〜15分鐘 🌐www.facebook.com/isbudvesturbaejar 🗺P.105

其他推薦店家

Joylato、Eldur&Ís、Brynja、Ísbúð Huppu、Ísbúðin Laugalæk、Ísleifur Heppni、Ísbúðin Herdís

❶其中一間Ísbúð分店的正門／❷中型的冰淇淋，基本上我一個人吃不完

1 | 2

精選咖啡廳

　　誇張一點來說，冰島就是一個沒有咖啡就無法生存的國家，冰島人對咖啡的依賴和喜愛從各方面都展現得淋漓盡致。99% 的冰島人每日起來第一件事就是煮咖啡；大學的課堂中間會專門為學生設立「Kaffipása」(Coffee break)，讓大家享受一杯咖啡的時刻；本地音樂人專門為咖啡創作歌曲……而首都雷克雅維克、曾經被 CNN 選為世界 8 大「咖啡城市」之一的這個地方，則可以說是半步一間咖啡廳，一步一間好的咖啡廳。

3

　　冰島沒有 Starbucks、Costa 那種全球連鎖的咖啡廳，因為以冰島的情況，根本就不需要。本地品質優良的咖啡廳、好喝的咖啡比比皆是，加上整個國家都有自己根深蒂固的咖啡文化，消費者對其他國家的咖啡品牌並沒有很大的需求 (當然，有些超市也會販售 Strabucks 的罐裝咖啡以吸引想要立刻買到咖啡、沒時間去咖啡廳的人)。

　　Te&Kaffi 和 Kaffitar 是規模較大的本地連鎖咖啡廳。相對獨立咖啡廳來說，這兩個牌子的咖啡更商業化、大眾化一些，就味道而言也可稱得上是良心之作，大可一試。除了在各個地方有分店之外，在各大超級市場的貨架，都可以找到他們烘焙的咖啡豆。

4 | 5 | 6

❶Te&Kaffi是規模較大的連鎖咖啡廳／❷❸我也會經常買Kaffitar的咖啡豆在家煮咖啡，個人覺得Koffeinlaust不錯／❹冰島受歡迎的餐廳主要集中在雷克雅維克／❺在雷克雅維克隱藏了很多適合享受私人時間的小小咖啡廳／❻在冰島排隊買咖啡是非常常見的現象

⚐ Reykjavík Roasters
自家烘焙咖啡豆遠近馳名

前身是 Kaffismiðja Íslands，被封為雷克雅
維克最好的咖啡廳之一，從選購咖啡豆到烘
焙沖泡都一手包辦，絕對是咖啡愛好者必試
的店。他們的咖啡豆主要源於埃塞俄比亞、
哥倫比亞、祕魯、巴西利亞、肯尼亞、瓜地
馬拉和哥斯大黎加，會根據季節、時令選擇
當季最好的咖啡豆，追求最高的品質和味道。

Reykjavik Roasters 最出名的，正如他們的
名字——咖啡豆烘焙。他們自家生產的咖啡
豆也經常被其他咖啡廳使用，包括 OmNom
的咖啡味巧克力都是用他們的咖啡豆加工而
成，可見其受歡迎程度。如果你喜歡喝咖
啡，在雷克雅維克一定要來這裡嘗一嘗。

📧 Kárastígur 1, 101 Reykjavík 📞+354 517 5535 🕐全年 💲
每杯咖啡約750 ISK 起 🌐reykjavikroasters.is/en 🗺️P.107

❶走在雷克雅維克街頭，隨時可能看到可愛的小貓遊蕩，
這是某一天出現在Reykjavik Roasters門前的一隻／❷店內可以
特別點用燕麥牛奶(Oat)沖泡的咖啡，味道非常不錯

島民小提示

Reykjavik Roaster 也有分店

總店因為面積小，經常大排長龍、找不到
位子，只能外帶。如果嫌排隊人太多，也可
以去位於冰島藝術學院(Listaháskóli Íslands)、
Hlemmur車站附近的分店碰碰
運氣。分店相對來說遊客少
一些，主要以本地人、學生
光顧為多，或許可以找到位置
的機會更大一點。

⚐ Stofan Kaffihús (Stofan café)
集咖啡廳與酒吧於一身

距離雷克雅維克藝術博物館第一分館
Hafnarhús 不遠，我經常喜歡在逛完博物館之
後到這裡喝杯咖啡休息一下。這個咖啡廳有上
下兩層，到了晚上，樓下就會搖身一變成為酒
吧。每天的酒吧 Happy Hour 是 17:00 ～ 20:00，

想要喝減價酒的人，可以在這個時段光顧。

咖啡廳內裝修以木頭、磚為主，陳列從各
地搜羅的古董家具，加上位於這座 1842 年
建成的古老建築內，更有一種老舊、復古的
感覺。咖啡是現點現做，咖啡豆選購自其他
咖啡廳，除了咖啡還有茶水、蛋糕、茶點等
等。Stofan 在冰島文裡是客廳 (Living room)
的意思，店如其名，在這裡享受一杯咖啡的
時光，確實有在朋友家客廳休息的感覺，寫
意、舒適。

Stofan Kaffihús的古董家具讓店內有溫馨的感覺

📧 Vesturgata 3,101 Reykjavík 📞+354 546 1842 🕐週一～
三10:00～23:00，週四～六10:00～00:00，週日10:00～
22:00 💲每杯咖啡約750 ISK 起 🌐www.facebook.com/
stofan.cafe 🗺️P.106

Kaffibrennslan
咖啡味道淡雅獨特

非常受本地人歡迎的咖啡廳，雖然位於購物主街，但因為外型不是非常顯眼，如果不是有心留意的話很容易就會忽略，所以相對來說遊客數量並不多。Kaffibrennslan 也會自己烘焙咖啡豆沖泡咖啡，味道相對淡雅，不喜歡喝重口味咖啡的人，這裡的咖啡應該會滿適合你的口味。

Kaffibrennslan 也有不少食物的選擇，除了喝咖啡，這裡也是不錯的喝下午茶、喝啤酒的地方。除了有三明治、甜品等食物之外，Kaffibrennslan 的 Draf(Draught) 啤酒選擇也很多，可以在這裡品嘗到許多不同牌子和種類

本地人也喜歡的Kaffibrennslan

的冰島本地啤酒，下午一杯咖啡、晚上一杯啤酒，圓滿一日的雷克雅維克之行。

✉ Laugarvegi 21,101 Reykjavik ☎ +354 511 5888 🕐 週一～四08:00～23:00，週五08:00～01:00，週六09:00～01:00，週日09:00～21:00 💲 每杯咖啡約750 ISK以上 🌐 kaffibrennslan101.is MAP P.107

Flóran Café Bistro
品咖啡兼賞植物園

位於雷克雅維克 Grasagardur 植物園中央，是一間可以在植物圍繞的氛圍下，享受咖啡、美食的咖啡廳。Marentza Poulsen 在 1997 年開了 Flóran，至今已經有超過 20 年的歷史。這裡的咖啡品質有一定的保證，屬於中上水平，而更為精髓的重點則是根據時令更換的菜單。他們用於料理的蔬菜，都是在植物園內溫室培育而成，其他大部分材料都是

原產於冰島本地，可以說是嘗試本地鮮味的好地方。

每週六、日早上有提供早餐，也是不少本地人會選擇週末吃 Brunch 的地方。如果你比較注重用餐環境，除了味蕾之外也重視視覺、感官的享受，這個在花園中的咖啡廳，將會是你在「首都鬧市」中找到平和的好地方。

✉ Hverfisgata 105(Grasagarðinum Laugardal), 101 Reykjavík ☎ +354 553 8872 🕐 每日11:30～19:00 💲 750 ISK 起 ➡ 建議乘坐巴士前往，座標參考(64°8'24.324"N; 21°52'7.375"W) 🌐 www.floran.is MAP P.105

❶讓食客可以坐在裡面用餐的小亭子／❷被植物簇擁的咖啡廳／❸如果喜歡植物，Flóran Café的環境應該會讓你非常滿意

其他推薦店家

● 咖啡：
Mokka Kaffi、
Kaffi Vinyl、
C is for Cookie、
Café Babalú
● 麵包、糕點：
Braud&Co
Sandholt

Braud&Co

1 2

推薦酒吧

　　對於維京後代、性情天生豪邁的冰島人來說，或許「酒」是最符合他們特色的飲品了。冰島人雖然愛酒如癡，但他們也曾經因想要脫離「丹麥式生活模式」，全民公投通過了「禁酒令」，如果有冰島人和丹麥統治者熱愛喝酒，有可能被人冠上「不愛國」的頭銜。在 1915 ～ 1989 年這 70 餘年中，冰島禁止販售酒精濃度 2.25% 以上的酒。

　　但這也沒有阻礙冰島人對酒的熱愛，甚至有人製造了一種類似啤酒又不是啤酒的「Bjórlíki」來減少他們對啤酒的想念。直到 1989 年 3 月 1 日禁酒令正式廢除，冰島人又可以光明正大地追求他們熱愛的啤酒，每年的 3 月 1 日也被訂為「啤酒日」，慶祝等了 70 多年才獲得的喝酒自由。

3

　　現在在冰島可以喝酒的地方只有酒吧或餐廳。如果想要購買到住宿地點喝，酒精含量超過 2.25% 的酒只能在冰島國營的 Vínbúðin(Vín：酒、búðin：店) 內購買，普通超市內只販售酒精含量低於 2.25% 的「淡酒」。冰島法律規定年滿 20 歲才允許買酒，如果你長得比較童顏、年輕，最好準備有出生日期的身分證明文件，以便售酒工作人員查看。

①冰島酒吧內經常會邀請不同的樂團來表演(照片提供／Anny Lee) ／②Viking是頗為大眾化的啤酒品牌／③冰島「酒店」的標誌

島民小提示

在機場免稅店買酒最便宜

　　冰島機場免稅店內的酒類價格是全冰島最便宜的地方，如果想要在旅行期間喝酒，不妨在下飛機之後、提取行李旁的免稅店買一點隨身攜帶，定價比冰島境內的便宜接近一半，本地人也經常會這樣省錢。

Kiki Queer Bar
冰島最受歡迎的酒吧

冰島唯一一間同性戀酒吧，是最受歡迎的酒吧，也是展現冰島性別平等、開放自由文化的最佳地點——無論是什麼性別、年紀、性取向、膚色、國籍的人，到這間酒吧裡都會被熱情地歡迎。

在 Kiki，喝酒並不是重點，重點是在於跳舞，這裡就是有一種讓你即使聽著「老土」音樂，也依然可以擺脫拘束、開心享受、跟隨節奏舞動的魔力。如果想要體驗盡情「釋放你的天性」的感覺，Kiki 酒吧將會是你在冰島絕對不應該錯過的一站。

✉ Laugavegur 22, 101 Reykjavík ☎ +354 571 0194 ⏰ 週四20:00～01:00；週五、六20:00～04:30，週日～三休 💲酒精飲品800 ISK起、無入場費 ➡ 沿Laugavegur步行到達，參考座標(64°3'43.268"N; 21°57'52.545"W) 🌐 www.kiki.is 🗺 P.106

❶Kiki 旁邊也有另一間酒吧，氣氛也不錯／❷Kiki 的牆身塗上了彩虹色，從遠處就可以一眼辨認

Húrra
擁有最佳 Live 音樂

曾經被冰島本地媒體選為「Best for Live Music」和「Best All-Around Bar」的酒吧。單單由網站和 Facebook 就可以看出他們的風格——「酷」。幾乎找瞎了眼，才簡單地發現了一句由他們寫的自我介紹：「雷克雅維克首屈一指的現場音樂表演場地，以及度過美好夜晚的地方。」就是如此簡單、隨意。

Húrra 作為酒吧來說，啤酒品質絕對過關；而作為欣賞音樂的場地，則正如他們自己所說：首屈一指。這裡可以聽到各式各樣的冰島本地音樂人表演，表演類型也非常多樣化，Techno、Rap、folk、Hip-Hop、Jazz⋯⋯至於前往時會聽到什麼類型的音樂，就隨遇而安

Húrra 門口只有一個小小的標記，一不留神很容易錯過

吧，反正會很好玩的。推薦給喜歡濃厚音樂氣氛、喜歡熱鬧、喜歡流行文化的人。

✉ Tryggvagata 22, 101 Reykjavík ☎ 使用Facebook聯繫 ⏰ 週一～六11:00～18:00，週日13:00～17:00 💲酒精飲品800 ISK起、無入場費 ➡ 沿Tryggvagata步行到達，座標參考(64°8'55.161"N; 21°56'24.998"W) 🌐 hurra.is 🗺 P.106

Bryggjan Brugghús
精釀啤酒朝聖地

位於 Grandi 藝術區內、雷克雅維克最新的精釀啤酒 (Craft Beer) 酒吧，最大的特色就是釀造啤酒的酒桶就在酒吧裡面！建築物前身也和大多數在 Grandi 內的建築物一樣，是魚類加工、冷藏廠。

島民小提示

酒吧裡購買的啤酒需當場開瓶

雖然酒吧內都有賣瓶裝啤酒，但根據規定，這些啤酒都需要在酒吧內飲用，店員不會讓你把未開瓶的啤酒帶出酒吧。如果想要買沒有開封的瓶裝啤酒，需要去Vínbúðin購買。

冰島本地產的啤酒品牌

酒吧、餐廳都有販售不同種類的手工啤酒、精釀啤酒，這些都是本地的品牌：Einstök、Kaldi、Bríó、Thule、Boli、Gull、Víking、Úlfur、Bjartur、Surtur。我個人喜歡的是Einstök White Ale，味道淡雅飽滿，容易入口，對不習慣喝啤酒的人來說，也是不會抗拒的味道。

和其他精釀啤酒酒吧一樣，Bryggjan Brugghús 內提供的酒類以愛爾啤酒 (Ale) 為主，當然一般的拉格啤酒 (Lager)、雞尾酒 (Cocktail)、紅酒也可以在這裡找到。由於酒吧內就有釀酒設備，因此經常會根據時令，推出不同的特色釀酒，冬、夏、復活節等都有。曾經被專家讚賞過的是 Hop Dylan，這款以諾貝爾獎得獎者 Bob Dylan 命名、向他致敬的 IPA (India Pale Ale，印度淡色愛爾啤酒)；而 Brugghús 其他的 IPA 也值得一試，果味、麥芽味兼具，顏色也是漂亮的金黃色、銅色。如果你喜歡 Ale，也可以試一試他們的 Red Ale，是很多本地人、遊客都喜歡的類型。

✉ Grandagarður 8, 101 Reykjavík 📞 +354 456 4040 🕐 週一、二17:00～23:00；週三～日11:30～23:00 💲 酒精飲品800 ISK起、無入場費 🚍 建議乘坐巴士前往，自駕參考座標(64°9'11.222"N; 21°56'57.705"W) 🌐 bryggjanbrugghus.is/?lang=en 🗺 P.105

❶Bryggjan Brugghús週日晚上9點時有Jazz樂隊表演／❷旁邊有一個相對小眾的海事博物館(Maritime Museum)／❸店內可以看到許多釀酒的酒桶

其他推薦酒吧

Mikkeller&Friends、MicroBar、Skúli Craftsbar、Kex Hostel、Loft Hostel、Kaffibarinn、Lebowski、Bar Ananas、Prikið、Dillon、Slippbarinn、Kolabrautin、Hlemmur Mathöll

超市與購物

超級市場

　　冰島最便宜的超級市場是 Bónus(粉紅色小豬 Logo)，其次是 Krónan、Nettó，Bónus 和 Krónan 的定價其實沒有差很多，雖然 Bónus 會再略微便宜一些，但如果你附近有 Krónan，就不需要特意跑去 Bónus 了。而商品種類較多、部分門店 24 小時營業但是略貴的是 Hagkaup，如果在其他小超市找不到的貨物，都可以嘗試去 Hagkaup 找；Nóatún、Samkaup、Kjarval 也算是中高價位的超市。最不值得購買食材的地點是 10-11 便利商店，除了定價貴之外，雷克雅維克市中心的某幾間門店，每天晚上以及週末還會默默加價，

1

冰島文化發現

糖果日買糖有折扣

　　冰島比較大的超市內都設有糖果部，主要是因為冰島每個週六是「Nammidagur」(糖果日)，在當天，這些秤重賣的糖果都會有折扣。

2

如非必要，絕不要在 10-11 買食材。少部分的大型超市，例如 Krónan，會在遊客完全沒有 ISK 或者信用卡的情況下，破例接受歐元或美元付款，並以 ISK 找錢。但還是建議大家在冰島旅遊時，多少準備可以使用的信用卡或現金，以免付款時造成不便。

基本的米、麵等食物都可以在超市內找到，如果需要特別的亞洲食材，必須在雷克雅維克就購買齊全，離開雷克雅維克之後，就找不到專門賣亞洲食材、調味料的超市了。

購買亞洲食材的地點，我個人首推 Dai Phat Asian Market，除了有新鮮進口的亞洲蔬菜，還有來自亞洲各國的調味料、速食、零食、冷藏食品，有時候甚至還可以找到新鮮的豆腐！如果想買新鮮製作的豆腐，可以私下問老闆，一般他們都不會放在顯眼處販售。

http Bónus：bonus.is	Hagkaup：www.hagkaup.is
Krónan：kronan.is	Samkaup：www.samkaup.is
Nettó：netto.is	Kjarval：kjarval.is
Nóatún：noatun.is	10-11：10-11.is

Dai Phat Asian Market
✉ Faxafeni 14, 108 Reykjavík ☎ +354 822 3508 ⏰ 週一～六 11:00～20:00，週日12:00～20:00

❶冰島各大超市品牌／❷❸❹Nettó、Bónus、Krónan都是相對便宜又好逛的超市／❺冰島人非常重視聖誕，會在這個節日和家人朋友相聚，因此在節日當日都會回家過節，不會有人為了賺錢而繼續營業／❻對小孩子來說，一年最開心的節日莫過於聖誕節

島民小提示

特別節日店家營業時間會有不同

聖誕節、新年這兩個重要的節日(有時還有復活節)，冰島本地的商店、超市都會更改營業時間，一般來說是在24、25、1日這幾天會有變動。打算在這些期間出遊的朋友，建議先去超市的官網查看該年的實際營業時間，再前往採購。

伴手禮與紀念品

　　冰島雖然人少，但藝術家、設計師、各類人才從不缺乏，只要你有心，肯定可以找到質感好、有設計感、實用性強、有代表性、在冰島生產製作的特色紀念品。以下介紹一些適合送禮、自用的冰島本地品牌以及特殊商品，如果是可以在 KEF 機場免稅店買到的，會在品牌名後面加 KEF 作為標示。若想減少在機場辦理退稅手續的麻煩，可以直接選擇在免稅店內購買。

來到冰島，不妨把握時間為親人朋友挑選禮物

▶ 服飾

66°N ·········◀ KEF

　　冰島國民戶外活動服裝品牌，幾乎每個冰島人家裡都有這個牌子的衣服。66°N 由 Hans Kristjnnsson 於 1926 年創立，最初是為了幫漁民和工人對抗嚴峻的工作環境和天氣。現在已經發展成冰島本地戶外活動服裝品牌中，最潮、實用性也很高的牌子。

═ 島民小提示 ═

推薦前往66°N的Outlet

　　66°N在雷克雅維克市中心有一間面積不小的Outlet，相對其他店鋪，這裡的定價比較低，如果在冰島期間需要添購戶外用的保暖衣物，可以考慮去66°N的Outlet買。

✉ Faxafen 12, 108 Reykjavik ▶ Dai Phat Asian Market 亞洲超市正對面 📍P.105

Lopapeysa 毛衣

　　這款毛衣源於 20 世紀早期，是冰島傳統的毛衣風格。Lopapeysa 是一個複合字，Lopa 源於「Lopi」這個字，是用來做這種毛衣的衣料，而 peysa 則是「Sweater」(毛衣) 的意思。

　　Lopi 這種毛料混合了冰島羊的「風毛」和「羊毛」，是冰島獨特的毛料。它最大的特點就是絕緣性高、非常保暖，但有一個缺點：質地很硬，如果直接和皮膚接觸，會有刺刺的感覺。Lopapeysa 一直以來都保持人手編織的傳統，直至近來冰島成為旅遊勝地，越來越多人購買，需求量大增，所以開始出現機織的 Lopapeysa。如果想要找人手編織的 Lopapeysa，只要認明店內掛有「Hand Knitting Association of Iceland」標誌，就是手工毛衣店。

● 護膚保養品

BIOeffect ·····◀ KEF

創辦人是 3 位冰島遺傳學家，他們開發出一種在植物中製造、無生物素的重組蛋白質，能夠促使皮膚代謝，因此讓 BIOeffect 聞名世界。

BlueLagoon ·····◀ KEF

藍湖自家護膚品品牌，主打有去角質、美白、增加皮膚彈性等功效的矽泥面膜，和有保濕鎮靜作用的海藻面膜。

Taramar ·····◀ KEF

以手工製造作為主打，於 2005 年成立，產品精華提煉自冰島的海藻，有抗氧化的功效。

Geysir

Geysir 這個品牌源於雷克雅維克，是年輕時尚的品牌，非常有「冰島」的感覺——略為冷淡、率性，衣服版型比較乾淨利落。如果你喜歡北歐的衣著風格，可以考慮去逛逛。目前這個品牌唯一的店就在 Geysir 間歇泉 (P.140、P.147) 旁邊，如果你對這個牌子感興趣的話，不妨在逛黃金圈的時候也順便去逛逛。

 **GEYSIR**

✉ Geysir, Haukadalur 806,Iceland，geysir 間歇泉景點旁 MAP P.142

Farmers Market

品牌成立於 2005 年，由年輕藝術家夫婦 ——設計師 Bergthora Gudnadottir 和音樂家 JóelPálsson 共同建立。Farmers Market 的設計理念和靈感來自於冰島的自然，將經典的北歐元素與別致的現代風格結合在一起。門店的設計也很有「Farm House」的風格，給人一種很自然、舒適的感覺。

LYSI 魚油

冰島本地老牌的保健品，主要生產魚油產品。成立於 1938 年，是冰島首屈一指的專家、權威品牌。冰島本地不少魚油產品都是以 LYSI 的原料製造而成，其中包括 Bónus 超市推出的魚油。所以如果覺得 LYSI 的魚油售價太高，也可以選擇購買 Bónus 的魚油。

OmNom 巧克力
····◀ KEF

2013 年才成立卻足以在冰島巧克力界稱王。OmNom 是冰島小量手工巧克力生產商，無論是包裝、味道，都適合送人或自用。原料主要是馬達加斯加、坦尚尼亞或尼加拉瓜的可可豆和蔗糖，味道非常多樣，獲獎無數。Grandi 區的巧克力工廠開放參觀，也可以買到特價的巧克力，平均之後單價甚至比機場還便宜。我參觀過 OmNom 的工廠，學到了很多有關巧克力的新知，如果在雷克雅維克逗留的時間比較多，推薦將參觀工廠列入行程。

酒
····◀ KEF

KEF 機場離境免稅店內有賣各類冰島本地產啤酒以及其他烈酒，如果你對烈酒感興趣，可以買有「冰島國酒」之稱的傳統烈酒：Brennivín。Brennivín 是白蘭地，直譯應該是 Brenni(Burnt)、vín(Wine)──燃燒酒，也有「Black Death」的稱號，酒精濃度達 37.5 ～ 40%。

其他推薦品牌

● 護膚保養品：Una、Sóley Organics、Skyn Iceland(皆可在KEF機場購買)
● 服飾：ICEWEAR、Cintamani、ZO-ON Iceland、KRON by KRONKRON、Inklaw、Myrka、KIOSK、Another Creation、Hildur Yeoman、STEiNUNN Boutique、Herrafataverzlun Kor-máks&Skjaldar(機場皆無販售)

特色人氣商品

Enjoy Our Nature 保險套

Enjoy Our Nature 由 2 位從冰島美術學院產品設計系畢業的本地設計師所創立，這個以冰島自然風景為主題的保險套受到了不少好評，主張「人是自然的一部分，自然也是人的一部分」，是一個完全可以展現冰島人幽默感的紀念品。

The Healing Hands 頸巾

這條圍巾出自冰島品牌 Vik Prjonsdottir，同樣以冰島羊毛製作，質地稍硬，但是輕、暖、防水。設計靈感來源於冰島的傳說和故事，設計也獲得了冰島設計獎。

Pyro Pet 蠟燭

這款蠟燭是由一位冰島女設計師所設計的作品。特別之處是在於蠟燭燃燒後，裡面的鐵製動物骨架會展露出來。設計理念源自設計師看見蠟燭融化，進而聯想到死亡的過程，於是她把蠟燭做成動物的形狀，藉由蠟燭融化後只剩鐵製骨架的型態，來展示自然生命流失的過程。這款蠟燭也把「燃燒自己，照亮他人」的概念，以新的方式重新展現了一遍。

冰島救援隊 (ICE-SAR) 周邊商品

冰島救援隊全國有超過 4,000 名隊員，他們都有正職工作而身兼救援隊義工。為了籌集救援隊資金，他們偶爾會發行鑰匙圈或紀念品販售 (聖誕節時會販售煙火，收入作為營運資金)。如果你願意支持救援隊，讓他們持續接受專業訓練，拯救遇難的遊客，可以購買這些小商品，會是別具意義的冰島紀念品。

島民小提示

選擇紀念品店家小提醒

推薦大家在「Rammagerdin—Iceland Gift Store」內買紀念品。這間歷史接近80年的連鎖紀念品專賣店在機場也有免稅店，賣的都是冰島本地設計師的設計品，品質、外型、設計感等方面都有一定的保障，我個人覺得這間店內的小禮物也是我比較能「送得出手」的類型。

在雷克雅維克有一些專門針對遊客營業的紀念品商店。有些門口會放著巨星的Puffin或者是北極熊。主要販售磁鐵、鑰匙圈、杯墊這種略為大眾化的商品，最大的優勢就是便宜，但我個人並不推薦大家去這裡選購紀念品。主要原因是這裡的商品很多品質並不好，而且絕大部分都不是冰島製造的！有一些本地人甚至認為這裡「專騙遊客錢」，提醒大家購買前多多衡量。

南部地區

　　南部可謂「經典、著名、大牌」景點的聚集地，由於距離雷克雅維克很近，加上經典景點都可以藉由道路狀況非常良好的「1號環島公路」到達，且相對其他分區來說，天氣情況最好，一年四季都適合自駕或者參加旅行團前往。不過，冬季自駕時也需要駕駛4WD、底盤高的車輛出行。

　　沿海一帶本地人會稱為南岸(South Coast)，而整個大範圍的地區則以南部(South Iceland)統稱。

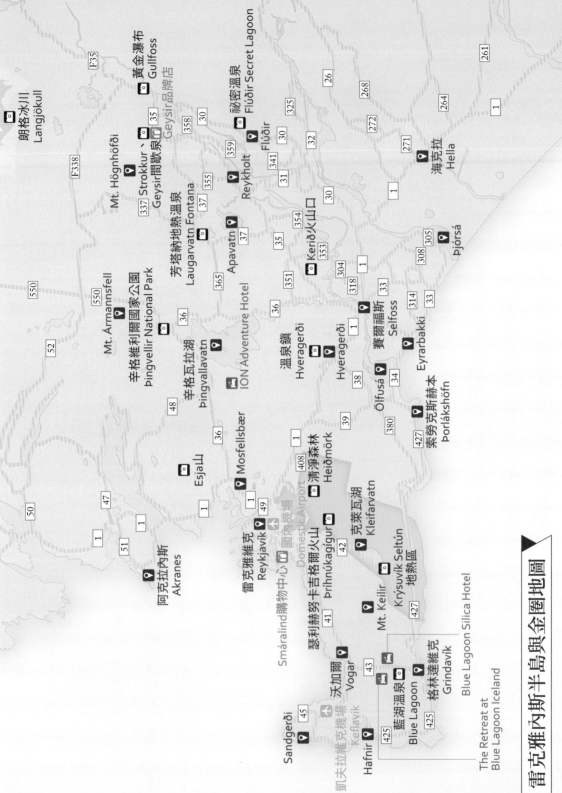

朗格冰川
Langjökull

F35

黃金瀑布
Gullfoss

祕密溫泉
Flúðir Secret Lagoon

261

Mt. Högnhöfði

Strokkur、
Geysir間歇泉

Geysir品牌店

祕密溫泉

26

268

35

30

358

30

341

Flúðir

海克拉
Hella

264

1

芳塔納地熱溫泉
Laugarvatn Fontana

Reykholt

359

31

325

32

272

271

辛格維利爾國家公園
Þingvellir National Park

37

355

Apavatn

1

Mt. Armannsfell

550

365

37

36

35

Kerið火山口

354

353

304

308

305

Þjórsá

辛格瓦拉湖
Þingvallavatn

ION Adventure Hotel

36

温泉鎮
Hveragerði

351

1

318

33

314

33

賽爾福斯
Selfoss

Eyrarbakki

550

48

Hveragerði

1

52

Esja山

36

Mosfellsbær

1

Ölfusá

38

34

索勞克斯赫本
Þorlákshöfn

427

國內機場

408

清淨森林
Heiðmörk

39

380

427

50

47

51

1

1

1

克萊瓦湖
Kleifarvatn

雷克雅維克
Reykjavik

Smáralind購物中心

Domestic Airport

瑟利赫努卡吉格爾火山
Þríhnúkagígur

42

阿克拉內斯
Akranes

49

Mt. Keilir

Krýsuvík Seltún
地熱區

427

41

沃加爾
Vogar

43

Sandgerði

45

凱夫拉維克機場
Keflavik

格林達維克
Grindavík

425

藍湖溫泉
Blue Lagoon

425

Hafnir

Blue Lagoon Silica Hotel

The Retreat at
Blue Lagoon Iceland

雷克雅內斯半島與金圈地圖

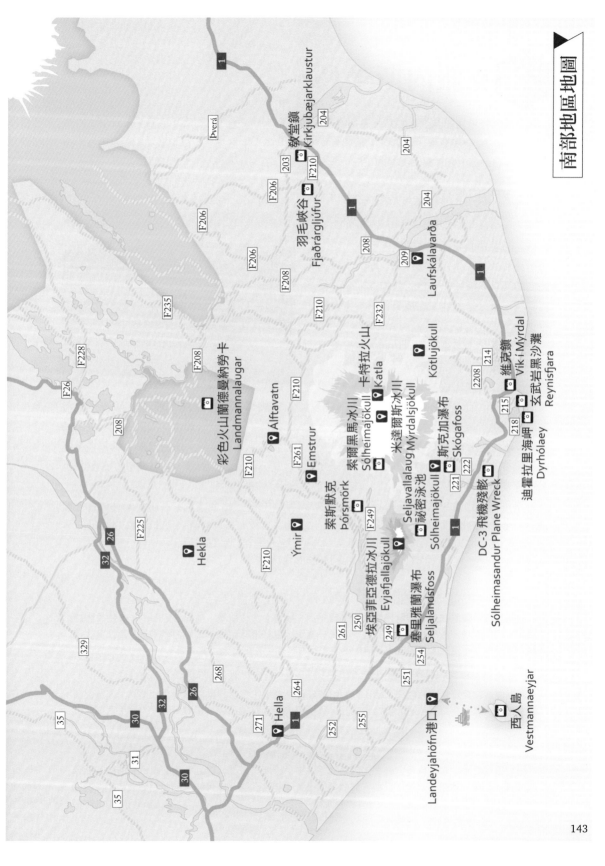

南部地區地圖

1

Þverá

敎堂鎭
Kirkjubæjarklaustur

204

203

F210

羽毛峽谷
Fjaðrárgljúfur

F206

F206

F206

F208

204

1

204

F210

208

209

Laufskálavarða

F235

1

F232

F228

維克鎭
Vík í Mýrdal

F26

彩色火山蘭德曼納勞卡
Landmannalaugar

卡特拉火山
Katla

F208

Álftavatn

2208

214

F210

Kötlujökull

208

索爾黑馬冰川
Sólheimajökull

米達爾斯冰川
Mýrdalsjökull

215

F261

Emstrur

218

迪霍拉里海岬
Dyrhólaey

玄武岩黑沙灘
Reynisfjara

索斯默克
Þórsmörk

221

斯克加瀑布
Skógafoss

222

Hekla

Ymir

F249

Seljavallalaug
祕密泳池

索爾黑馬冰川
Sólheimajökull

F210

埃亞菲亞德拉冰川
Eyjafjallajökull

249

1

DC-3 飛機殘骸
Sólheimasandur Plane Wreck

F225

32

26

塞里雅蘭瀑布
Seljalandsfoss

261

250

254

F210

26

32

268

251

264

Hella

1

30

329

271

252

Landeyjahöfn港口

35

32

31

35

30

255

西人島
Vestmannaeyjar

143

雷克雅內斯半島

冰島國際機場和知名的景點藍湖溫泉都位於雷克雅內斯半島 (Reykjanes) 之上，距離雷克雅維克市中心約 40 分鐘車程。如果你在離開冰島當天還有不少的時間，又已經逛完雷克雅維克，也可以選擇到半島上的景點走走看看。

藍湖溫泉 Blue Lagoon
醉人的藍色仙境

冰島的藍湖溫泉以天然的藍色聞名，從一開始只有冰島人才知道的仙境，變成了舉世聞名的天堂。藍湖的水是天然地熱加熱之後的海水，所以是鹹的，水溫全年平均會保持在 37 ～ 39℃左右。

藍湖的溫泉水本身是乳白色的，會呈現藍色主要是因為水中有大量矽土 (Slica)，矽土折射陽光後反映出藍色。水也有一些礦物質及海藻。夏天時，有時候藍湖的水會呈現出偏綠的藍色，這是因為海藻在陽光充足的夏季生長速度極快，它們的綠色會折射陽光。

入場後沒有時間限制，可以根據個人喜好及行程安排，自由決定停留時間。入口處設有行李寄存儲物櫃，如果準備從藍湖直接去機場，可以把行李寄存於入口處。

提醒大家，需要先裸體洗完澡後，才可以換泳衣進入溫泉範圍。浴室內有藍湖出品的沐浴乳和護髮乳，由於溫泉水內有大量礦物質、氯、鈉、鉀等，會讓頭髮在泡溫泉後變得又硬又難打理。如果想避免這個情況，記得在浴室裡多塗抹一些護髮素後再進入溫泉，泡溫泉時儘量避免頭髮接觸到溫泉水。

島民小提示

安排行程，務以個人安全為首要考量

藍湖溫泉距離潛在火山爆發頻生地區距離頗近，請務必謹慎斟酌，如果決定前往，請提早聯絡藍湖，詢問緊急疏散的相關措施。且一定要先查看冰島最近該地區火山爆發機率是否高。島民建議：請避免在不確定因素困擾下安排藍湖溫泉行程，以個人安全為首要考量。

建議把藍湖行程安排在抵達或離開冰島當天

藍湖位於雷克雅維克和機場之間，只要離開或前往機場，都會經過藍湖所在的地區。因此最順路的方法，就是在抵達或者離開冰島當日，從機場或雷克雅維克先去藍湖泡溫泉，然後再繼續前往目的地。

可以帶妝進入藍湖嗎？

出於確保泉水水質，會規定所有人都要洗澡洗頭之後才可以進入藍湖，但如果你想要帶一點點淡妝進入拍照，也是可以的。只要洗頭的時候盡量不要洗到臉，確保臉上的妝不會太花，一般情況下工作人員都會允許你進入，不會特別刁難。

藍湖內還有桑拿、蒸氣房等設施，大家除了泡澡之外，也可以盡情享受這些設備。如果喜歡按摩，可以在官網預訂藍湖內的水上按摩服務，請記得提早預約。溫泉範圍內設有飲料亭，只需要使用入場時藍湖提供給你的手環，即可買飲料。所有在溫泉範圍內的消費都會一併紀錄於手環，離開藍湖溫泉時再結算；記住千萬不要把手環弄丟，否則需要賠款。藍湖範圍內可以拍照，記得事先準備防水手機套，以免溫泉水弄濕手機。

雖然藍湖溫泉的泉水確實很美，但以我個人來說，我不會選擇付昂貴的費用進去泡溫泉，主要是遊客數量太多，且商業氣息很濃厚。個人認為藍湖屬於「雞肋」景點，CP值並不高，要不要支付高額門票入內，建議大家可以多多衡量。

●藍湖溫泉／❷利用不同的相機模式拍出不一樣的藍湖／❸藍湖溫泉門外也有可以拍出美照的地方，不需買門票也可以在這裡拍照／❹藍湖越來越受歡迎，很難拍到一張背景裡面沒有人的照片

1

瑟利赫努卡吉格爾火山 Þríhnúkagígur(Thrihnukagigur)

不可錯過夏季限定的火山內部遨遊

冰島擁有目前世界唯一一座可以深入火山內部岩漿房 (Magma Chamber) 探險的休眠火山：瑟利赫努卡吉格爾火山，每年只有夏季前後 (5～10月期間) 才可以進入內部遊覽。全冰島只有一個營運商 (Inside the Volcano) 負責經營火山內部探險的旅行團，因此無需比價。

瑟利赫努卡吉格爾火山的內部不僅是世界上同類型火山中最深的，也是世界第三大，火

山最底部的岩石層預測年齡有 3,000～4,000 歲，是目前人類可以到達的、接觸到的「地心」最深處。它最迷人也是最大的特色就是：五顏六色的火山內壁和內部巨大的空間。根據推算，目前火山內部的空間足以放下冰島哈爾葛林姆大教堂，或者美國自由女神像。

火山內部顏色繽紛的奧祕

瑟利赫努卡吉格爾火山和其他火山的爆發過程一樣，但是冷卻過程卻非常不同。一般來說，火山爆發的岩漿都會迅速冷卻並形成火山岩，冷卻的位置通常是在火山喉部，冷卻的岩漿會立刻把火山口堵住；但瑟利赫努卡吉格爾火山的岩漿卻一直向下流入底部的「火山室」之中，因此我們才可以一睹它巨大的內部空間。這些岩漿的熱力和火山爆發

＝ 冰島語小教室

瑟利赫努卡吉格爾火山命名由來

Þríhnúkagígur這個冰島文的命名源於火山系統的外型：有3個火山口，因此名為「Þríhnúkagígur」(三峰火山口)，3個火山口中最年輕的一個，大約形成於4,500年前。

所產生的各種礦物質，造就了火山內部色彩斑斕的岩石與痕跡，這裡可以找到紅、黃、橙、紫、灰等各異的色彩。

火山剛剛形成時，內部深度約 200 公尺，比現在人們可達的 120 公尺深 80 公尺左右。這是因為長年累月的火山頂部岩石鬆脫、疊加，填滿了大約 80 公尺深的底部，所以現在人類已經無法抵達當時的 200 公尺處了。

參加旅行團注意事項

火山內部長期處於 5 ～ 6 ℃的狀態，入內參觀前要做好保暖措施。營地會免費出借雨衣，不必自備。

如果是自駕前往集合地點，和導遊集合之後還需要從集合地健行單程 3 公里左右，前往火山腳的 Base Camp，在那裡穿戴好安全裝備後分批進入火山內部。對於喜歡地理、地質、大自然奇觀的人來說，火山內部體驗會是一個很值得的活動。

冰島文化發現

也許還有其他可以入內的火山

火山內部的工作人員之前告訴過我，其實世界上(甚至是冰島)估計還會有其他可以安全進入內部遊覽的火山。如果不是國家地理雜誌發現了瑟利赫努卡吉格爾火山裡面別有洞天，甚至可以進入，它對於當地農民來說就只是一個一直存在的「小土堆」。雖然不排除以後還會陸續發現可進入的火山，但目前來說，這是世界唯一。

✉ Prihnúkagígur,Iceland 📞 +354 519 5609 🕐 每年5月中～10月底 💲47,000 ISK 起 ➡ 報名參加包含接送的旅行團，或自行到集合地點的旅行團。自駕可在Google搜尋「Inside the Volcano Meeting Point」查詢集合地點，停車場座標(63°58'57.63"N；21°39'10.07"W) ⏱ 1.5小時 🌐 insidethevolcano.com ❓無論是否需要從雷克雅維克接送，旅行團都是均一價 🗺 P.142

❶壯觀的火山內部景色／❷在火山內部拍攝人像並不容易／❸乘坐升降機進入火山內部／❹火山內部旅行團集合地旁邊的滑雪場

Krýsuvík Seltún 地熱區 Krýsuvík Seltún Geothermal Area

煙霧瀰漫的五彩大地

距離雷克雅維克首都最近的 Krýsuvík 地熱區其中一個最美的區域是 Seltún，由於名氣不大，所以經常被人遺忘。如果你想要找遊客比較少的小眾地熱區，這裡是個不錯的選擇。在這片地區可以看到冒煙的山谷、冒泡的泥潭，以及由於各種礦物質影響而形成的顏色各異土地，藍、黃、紅、白……猶如被彩色粉筆塗畫過的景色。區內有建好的木製人行道，方便遊覽。

✉Krýsuvík Seltún, Iceland ⏰全年 💲免費 ➡自駕參考座標 (63°53'49.064"N;22°3'17.117"W)，從雷克雅維克或者機場出發，可以行駛41號轉42號公路到達 ⌛30分鐘 ⓘ不要踏出人行道的範圍，容易發生危險、破壞地貌 🗺P.142

❶Krýsuvík Seltún 地熱區／❷地熱區附近的山間有著大小不一的火山岩石／❸不遠處還有一座別致的燈塔／❹前往地熱區沿途還會看到不同的山色、岩石／❺到達地熱區前的湖泊也是值得一拍的美景

島民小提示

Krýsuvík Seltún 地熱區周邊順遊

在Seltún附近有一個Kleifarvatn湖，周圍的景色也非常迷人。盛夏時還可以找到漫山遍野的魯冰花，在魯冰花中野餐，也是我在夏季很喜歡做的事情之一，推薦給大家。

Kleifarvatn湖

金圈

金圈 (Golden Circle) 亦稱為黃金圈、金環,是一條冰島西南部的旅行路線,由辛格維利爾國家公園、間歇泉和黃金瀑布 3 個景點組合而成。只需要一天時間,就能完成金圈的行程;可以根據個人喜好在遊玩金圈當日加入一些特色的活動,例如浮潛、騎馬、泡溫泉。

遊覽方法很簡單,參加金圈一日遊旅行團或者自駕都可以。如果你從雷克雅維克自駕出發,朝金圈方向駛去,距離最近的是辛格維利爾國家公園,從雷克雅維克開車約 40.3 公里,然後會抵達間歇泉 (距離辛格維利爾國家公園 60.6 公里),最後是黃金瀑布 (距離間歇泉 9.7 公里)。

Strokkur、Geysir 間歇泉地熱區
Haukadalur 山谷中的壯觀景色

Geysir 是在 Haukadalur 山谷中最早被發現的間歇泉,Geysir 是冰島文,有「To Gush」(湧出) 的意思。這個間歇泉也是現代歐洲最早被發現的間歇泉,英國人登陸冰島時發現了它的存在,亦把「Geysir」這個字帶回英國,演變成 Geyser(間歇泉),用以統稱因為地底壓力而瞬間爆發的地熱溫泉。Geysir 經過多次地殼運動,曾在 1935 年停止噴發,直至 2000 年冰島南部地震,才又再次活動起來,可惜它已經沒有當年的壯觀景色了。

Strokkur 間歇泉也位於 Haukadalur 谷,現在依然會持續噴發。Strokkur 在冰島語中有「攪拌」的意思,直譯成中文的話就是「攪拌間歇泉」。 Strokkur 間歇泉是 Geysir 地區最活躍的一個,噴發頻率大約 6 ～ 8 分鐘左右一次,噴發水柱可達 20 ～ 40 公尺高,近距離觀看十分壯觀。

✉Geysir, Iceland ⏰全年 💲免費 ➡行駛35號公路轉入停車場,座標參考(64°18'49.512"N;W20°17'58.160"W) ⏳1小時 MAP P.142

預備

爆發

辛格維利爾國家公園 Þingvellir National Park
首遊冰島不可錯過的景點

辛格維利爾國家公園之所以成為必去的景點，有兩個理由：文化重要程度以及地理奇特程度。

先說文化方面，辛格維利爾國家公園是冰島歷史上最重要的地方之一，冰島人把這裡形容為「最能完美展示冰島歷史和冰島這個國家的地點」。冰島文「Þingvellir」從字面上來解釋是「議會平原」，因為這裡是冰島史 (也是世界歷史) 上第一個議會成立的地方。最早的議會 Alþing 始於約西元 930 年，一直持續到 1798 年為止。冰島史上大大小小、重要的歷史事件都在這裡發生，因此所有冰島人都非常重視這個地方。Alþing 議會舉行地點是在一塊巨石的周圍，這塊巨石名為 LÖGBERG (英：The Law Rock)，當你進入國家公園後順著步道向下走，會看到插有冰島旗幟的巨石，就是當年舉行會議的區域。

時至今日，辛格維利爾國家公園早已成為冰島和世界的重要文化財產，除了被列入世界文化遺產，1982 年冰島也通過法律，把這裡定為冰島永久的國家重要財產。

再說地理方面，它處於北美板塊與歐亞板塊的接合處，這兩個板塊以每年 2 公分的速度繼續向外擴張，本地人也經常拿這點開玩笑說：「如果在這裡買地肯定超值，因為每年領地都會變大。」

浮潛或潛水穿越歐美

北美板塊與歐亞板塊之間有一個水底能見度高達 100 公尺的裂縫 —— 史費拉大裂縫 (Silfra)。 裂 縫 是 在 1789 年 由 Divergent Boundary(分離板塊邊緣) 的板塊運動形成，也是世界上唯一可以在兩塊板塊之間浮潛、潛水的地點。這片水域曾經入選世界最佳淡水潛水地點之一，這裡的水都是由朗格冰川 (Langjökull) 融水而成的。在距離 60 公里之外的融水需要經過約 30 ～ 100 年流過地下熔岩區，才會慢慢到達裂縫。經過重重過濾之後，抵達裂縫的水非常純淨，即使直接飲用也完全沒問題。

水溫長年介於 2 ～ 4℃之間，遊客一年四季都可以跟團在這裡浮潛或潛水；如果自駕參團，營運商會告訴你集合地點，一般來說都是在國家公園 5 號停車場 (P5) 附近。

浮潛、潛水團對於參加者的能力和身體狀況有一定的要求，條件大致如下：浮潛，必須會游泳，身高 ≧ 150 公分、體重 ≧ 45 公斤 (上限 120 公斤)、年齡 ≧ 14、可以適應較緊及拘束的潛水衣、身體狀況良好、若患有長期疾病需出示醫生許可，無需相關經驗。潛水，除了必須滿足浮潛所需條件之外，還要持有 PADI 開放水域潛水員認證或其他證件，2 年內有過乾衣潛水經驗、年齡 ≧16(18 歲以下必須出示監護人同意書及簽名)。如果有心

臟病或相關病歷、不會游泳、懼水、懷孕、身體不適等，都不能參加。可能過輕或過重者，需在報名前向業者查詢確認，以免去了才發現不能參加，遭致損失。

雖然要求不少，但是水底的世界讓人甚是驚豔，超清的能見度幾乎連板塊上所有石頭的紋理都看得一清二楚。如果你喜歡戶外活動，浮潛是值得考慮的。

私房推薦

Öxarárfoss 瀑布

很多人在遊覽完主要的議會平原之後就會趕往下一個景點，但其實在公園內、距離觀景平台步行 15 ～ 20 分鐘左右，就可以找到一個瀑布：Öxarárfoss。它的源頭是 Öxará 河，在 Almannagjá 峽谷從上而下飛瀉，高約 13 公尺、寬 6 公尺，瀑布的底部有大小不一的石頭，純白的瀑布和深色的石頭互相輝映，引人入迷。

✉Thingvellir National Park 801 Selfoss ☎+354 482 2660 ⏰全年 💲免費 ➡行駛36號公路轉入停車場，座標參考(64°15'18.315"N;21°7'58.824"W) ⏳1.5小時 🌐www.thingvellir.is(可選英文) ❓使用停車場需付費；若想參加浮潛、潛水活動，務必提早上網報名 🗺P.142

島民小提示

浮潛應該怎麼穿？

浮潛旅行團都會為所有參加者提供乾式潛水衣，若你想要濕式潛水衣，需先特別提出。如果怕冷，最好多穿幾層保暖內衣褲、羊毛襪；戴眼鏡的人需要準備隱形眼鏡。到達集合地點之後換上潛水用內搭衣、潛水衣、手套等裝備後，基本上就不會冷了。但由於頭套和手套並不防水，浮潛完畢後頭髮、手都會濕，可以準備一條毛巾使用。

浮潛參團人數有限，需提早預訂

國家公園對於浮潛、潛水的規定隨時都在變更，目前的規定是每個導遊每次只能帶6人下水，加上每天可參團的時段不多，如果太遲訂很有可能沒位置。

❶❸從觀景台上看到平原不同季節的變化／❷行走於歐美之間／❹Öxarárfoss／❺❻奇幻的水底蔚藍世界

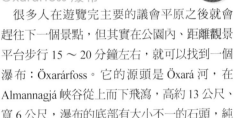

Öxará 河的神祕傳說

傳說在很久之前，一個寒冷的新年前夕，有兩個牧師在平格維爾熬夜準備元旦要用的演講稿。到了午夜時分，比較年輕的牧師覺得口渴，就拿了一個空水樽跑去Öxará河盛水喝，等回來之後他突然發現樽裡的水居然是紅色的。猶豫再三，最終兩人還是鼓起勇氣喝了一口，卻發現裡面盛的居然是紅酒。兩人開心喝了酒，就把水樽放在窗台上然後入睡了。但第二天起床，太陽升起後卻發現夜裡的紅酒已經變回了普通的水。之後新的一年，平格維爾農作物大豐收，當地人也身體健康，一切都好。

之後的一年，兩位牧師為了重現去年的好事，又再次於元旦前熬夜，在午夜去Öxará河盛水。但這一次拿回來發現水雖然也是紅色，卻比去年濃稠許多。較年長的牧師喝了一口，才發現裡面裝的居然是血。隔天太陽升起後，這瓶血也變回了普通的水。但接下來的一年，冰島議會爆發了一場慘烈的戰事，田野中血流成河，屍橫遍野。自此之後，就有了Öxará河中的水在新年時變成紅酒，來年就會風調雨順；若變成鮮血，就會遭遇大災難的傳說。

🚩 黃金瀑布（古佛斯瀑布）Gullfoss
閃耀著金光的斷層瀑布

根據非正式統計，這是冰島有紀錄以來最多遊客到達、入鏡率最高的瀑布。金圈就是因為其中包含了這條黃金瀑布，才如此命名的。它是冰島第二大瀑布，也是最大的斷層瀑布，當陽光正好灑在瀑布之上，瀑布的水會閃爍著如黃金般的金光，這就是黃金瀑布的常態。

遊客可以使用旁邊的小徑走到瀑布旁，近距離感受瀑布的震撼。冬天時由於道路非常滑，出於安全理由，絕大部分時間都不會對遊客開放。走近瀑布，你會感受到非常強的水霧，除了衣服會沾溼，地上也很滑，最好穿著防水的衣服以及防滑功能較強的鞋。

✉Gullfoss, Iceland ☎+354 486 6500 ◎全年 💲免費 ➡行駛35號公路轉入停車場，座標參考(64°19'38.220"N; 20°7'8.135"W) ⏱1小時 🌐gullfoss.is ❓共有上下兩個停車場，實質上沒有分別(兩者僅約3分鐘距離)，下面的停車場距離瀑布更近 MAP P.142

黃金瀑布命名小傳說

第一個說法是有人曾經把自己的黃金扔進瀑布，他死後便沒有人可以找到屬於他的黃金，因此稱作「黃金瀑布」；另一個說法則是由於冰川融水的沉澱物，會讓瀑布在黃昏時分染上金黃色，因此得名。

黃金瀑布差點變成發電廠

20世紀初，有投資者渴望利用黃金瀑布的能源發電，想在此興建發電廠；但地主的女兒知道瀑布是神聖的，不應該被「玷汙」，所以她用自己的性命威脅投資者，如果他們執意開發，她就跳瀑布自殺。最終在她捨命捍衛之下，開發工程並沒有成功，黃金瀑布也維持了原狀，讓現在來自世界各地的遊客見到它的美。

❶冬天時，瀑布周圍被白雪覆蓋，多了一份溫柔的氣息／❷夏天時，滿布水氣的瀑布周圍經常會掛著迷人的彩虹、霓虹

金圈周邊順遊

芳塔納地熱溫泉 Laugarvatn Fontana
邊泡溫泉邊瞭望湖景的療癒之處

芳塔納地熱溫泉是一個以療養、休閒為主的天然地熱溫泉，位於 Laugarvatn 湖邊、辛格維利爾國家公園和間歇泉地熱區中間。

Laugarvatn 地區的居民早在 1 個多世紀之前，就發現這裡的地熱蒸氣有很好的療養功效，為了可以和更多人分享他們找到的寶藏，因此興建芳塔納地熱溫泉。這裡同時設有一些淺水戲水池給小朋友們玩耍，如果你有足夠的勇氣，也可以挑戰從溫泉中走到冰冷的湖水裡游泳。

✉Hverabraut 1,840 Laugarvatn, Iceland ☎+354 486 1400 ⏰6/1～9/30每日11:00～21:00，10/1～5/31每日10:00～21:00 💲67歲以上長者2,500 ISK，17歲或以上4,500 ISK，13～16歲 2,500 ISK，0～12歲(有成人陪同)免費 ➡行駛37號公路轉入停車場，座標參考(64°12'52.943"N;20°43'48.619"W) ⏳1.5小時 http www.fontana.is MAP P142

❶芳塔納地熱溫泉是相當受當地人歡迎的溫泉(照片提供／Xiaochen)／❷剛從冰涼的湖水中上岸的「勇者」們(照片提供／Xiaochen)

2

祕密溫泉 Flúðir Secret Lagoon

冰島最古老的天然游泳池

建於 1891 年，是冰島的第一個游泳池。1909 ～ 1947 年間非常受當地居民歡迎，當時這是此區唯一的游泳池，孩子們都在這裡學游泳。但 1947 年以後，越來越多新的泳池興建，這裡也漸漸被人遺忘。事隔多年，泳池的更衣室等設備進行了翻新，並在 2014 年重新開放給公眾使用。整修過後的祕密溫泉本身依舊保留了「原始風」的面貌，水溫長期保持在 38 ～ 39℃。祕密溫泉所在地距離黃金瀑布不遠，只有約 30 分鐘車程的距離，可以考慮從黃金瀑布回程時前往。

✉HHvammsvegur, 845 Flúðir ◕冬季(10～5月)10:00～19:00，夏季(6～9月)10:00～20:00 $成人3,300 ISK，67歲以上長者、傷殘人士2,300 ISK，14歲以下兒童有家長陪同免費 ➡行駛30號公路轉入停車場，座標參考(64°8'15.936"N;20°18'36.485"W) ⏱2小時 🌐secretlagoon.is ℹ️需自備泳衣 🗺P.142

❶遊人對於原始的古老溫泉泳池總是樂此不疲(照片提供／Xiaochen)／❷陽光明媚的夏季是適合體驗戶外溫泉的季節(照片提供／Xiaochen)

朗格冰川 Langjökull

冰川上騎雪地摩托車享受快感

黃金瀑布旁有朗格冰川，推薦報名旅行團玩雪地摩托車 (Snowmobile)，一覽朗格冰川。雪地摩托車團的集合地點是 Gullfoss Cafe，雖然可現場報名，但還是建議大家事先上網預訂。

雪地摩托車規定兩人一車，有車輛駕照的人可以當駕駛者，參團需備合法 (有英文註釋) 的駕照，業者可能會要求出示。如果想要

體驗在朗格冰川「飆車」的樂趣

單人駕駛一輛車或聘請導遊幫忙開車，需要額外加錢。旅行團會提供保暖衣物和安全設備，到達冰川下的集合營地，穿戴好裝備後就能乘車出發了。

冰島是世界上少數可以在冰川上玩電動摩托車的地方。朗格冰川的表面很平坦，非常適合「飆車」，眼前一片白茫茫，耳朵裡只聽得到引擎和風聲，會有自己在拍電影的錯覺。2 個導遊會一頭一尾帶著車隊在冰川上飛馳，一整列「飛車小隊」非常帥氣。如果你追求刺激，這個活動很適合你。

Gullfoss Cafe

✉Gullfoss, 801 Selfossi ☎冰川沒有專設的管理員電話，請直接聯繫旅行團營運商 ◕全年 ➡行駛35號公路轉入停車場，集合地點座標參考(64°18'52.027"N;20°8'58.4"W)

Kerið 火山口
孫燕姿 MV 拍攝地

在35號公路旁邊，一個岩壁十分平緩的火山口湖。支付門票之後可以直接繞著火山口湖走一圈，從上而下看風景；也可以沿著火山口湖建的小徑向下走到湖邊，從下而上體驗火山口的奧妙。由於地勢很平坦，即使走一圈也不會特別辛苦，無論是年長的旅客還是小朋友，都可以應付。

✉ Kerið, Iceland ⏰全年 💲入場門票450 ISK起 ➡行駛35號公路前往，停車場座標參考(64°2'30.678"N; 20°53'11.631"W) ⏳1小時 http kerid.is MAP P.142

可以繞著上面或下面的路線遊覽

═══ 島民小提示 ═══

朗格冰川另類玩法

冰川上還有一個可以進入內部的人工隧道，也可以報名旅行團，前往冰川內部，了解冰川的祕密。

Friðheimar蕃茄農場順遊推薦

結束金圈主要景點遊覽後，可以考慮前往35號公路會經過的Friðheimar番茄農場飽餐一頓，品嘗有機種植的番茄和蔬菜。這裡可以找到所有用番茄製作的料理，冰淇淋、酒、湯、醬料、番茄派、義大利麵……喜歡番茄的人可別錯過。

Bruarfoss祕境瀑布正式開放

過去曾因為糾紛而關閉對外開放，然而這個情況最近得以解決。現在地主正式在瀑布旁邊步行5分鐘處建了一個正規的收費戶外停車空地，讓有興趣的自駕人士可開車前往參觀。(Google地圖輸入「Bruarfoss Parking」搜索即可導航至停車場，座標參考64°15' 46.351"N；20°31' 19.883"W)

根據車型的不同，收費價格也不一樣，基礎價格為每輛車750 ISK。前往這個停車場的道路均為不平整的石路，因此我個人只建議有租用高底盤SUV類型汽車的人士前往，小型車在這類路上行駛，很容易會剐蹭車輛底盤而造成租車人需要自行賠付租車公司的情況發生。

Bruarfoss祕境瀑布

南部人氣景點

塞里雅蘭瀑布 Seljalandsfoss
可以從後穿行的瀑布

　　冰島必到的經典瀑布之一，也有人形象化地把它稱為水簾洞瀑布。塞里雅蘭瀑布高約60公尺，是 Seljalands 河的一部分，在古代曾是冰島的海岸線。瀑布的源頭是埃亞菲亞德拉冰川火山 (Eyjafjallajökull)，這座火山曾經在 2010 年大爆發，嚴重癱瘓了當時歐洲的航空交通。相傳瀑布下方的水塘中有海精靈居住，迷惑那些走得太近的人。

　　遊覽塞里雅蘭瀑布的最佳方法就是沿著瀑布旁的小徑到瀑布後面遊玩，但這條小道在冬季時經常因為太危險而被臨時封閉，冬季到訪的話極有可能只能在瀑布前方觀景。如果沿著小徑走到瀑布後面遊覽，要記得做好防濕防滑的準備。

夏天和冬天截然不同的塞里雅蘭瀑布

✉ Seljalandsfoss, Iceland ⏰ 全年 💲 自駕需繳停車費 ➡ 沿 1 號環島公路向南行駛，座標參考 (63°36'54.714"N; 19°59'17.799"W) ⏳ 3小時 🗺 P.143

=== 島民小提示 ===　　　　私房推薦

順遊 Gljúfrabúi 祕密瀑布
　　如果你背對塞里雅蘭瀑布，在它的右手邊步行約10～15分鐘的不遠處山洞中，隱藏了一條祕密瀑布Gljúfrabúi，是一個拍帥氣照片的好地點！

溫泉鎮 Hveragerði
煙霧中的迷你小鎮

　　溫泉鎮是距離雷克雅維克只有約 40 分鐘車程的迷你小鎮，人口約 2,300 人，雖不是一個著名的旅遊景點，卻有很多值得探索的地方。溫泉鎮有豐富的地熱資源，山谷間可以看到冉冉升起的地熱，找到很棒的野溫泉。除了「溫泉鎮」之外，也有人會叫它「花房鎮」，這是因為市內有很多溫室，培養了各式各樣美麗的花朵、植物。這裡可以找到種類最多、最齊全的本地植物，算是冰島園藝的基地。

　　這個小鎮裡面有馬場，如果想要在這裡騎馬，需要先上網報名參團，一般來說馬場都只接受提早預約的客人，絕大部分無法臨時報名參加。

石頭博物館

石頭博物館在 N1 加油站裡面，面積不大，最多 15～20 分鐘就可以把整個館看完。雖說面積很小，但是各種奇異珍石都可以在這裡找到，如果對地質、地理感興趣，這裡或許會是你的天堂。

溫泉河 Reykjadalur

溫泉河隱藏在溫泉鎮的山谷之間，從健行起點的停車場 Parkplatz Reykjadalur(64 1'20.684"N;21°12'41.618"W)，往返溫泉河的路程大概需要 3 個多小時，如果加上泡溫泉，一趟大概要 5 小時。可以帶著泳衣到溫泉河再換，雖然周圍有一些隔板供大家更衣，但是從很多角度看依然是無遮無擋的狀態，如果你比較害羞，可以帶著大毛巾在換衣服時稍作遮擋。

前往溫泉河的一段路途涉及上下坡的山路，難度不大，只是需要體力，夏天的時候不少老人、小孩都會前往。夏季的時候會有很多小飛蟲，提醒大家多多注意。我個人並不推薦大家在冬季時前往，冬天山上的路會因為冰雪而溼滑，容易發生危險，而且徒步時間不短，長時間待在野外會很冷。

在到達溫泉河之前，除了會經過峽谷外，也會經過不少天然的地熱泉眼，這些泉眼的水溫度非常高，不宜用手觸摸，更別說跨越安全繩去近距離觀察了。

✉ Hveragerði, Iceland ➡ 沿 1 號環島公路向南行駛，座標參考(63°59'58.037"N;21°10'46.994"W) ⏳ 3～6 小時 http www.hveragerdi.is MAP P.142

❶鎮上的溫室養了可愛的多肉植物／❷石頭博物館／❸地熱公園／❹除了彩色照片，也可以嘗試黑白模式，或許會有不一樣的驚喜／❺在煙霧繚繞的山谷中做一個安靜的攝影者／❻溫泉河

島民小提示

到達溫泉河的方法

● 參團：溫泉鎮的 Eldhestar 馬場在夏季(5～9月)有騎馬旅行團，可以騎馬去溫泉河。
● 自駕：把車停在 Reykjadalur Hot Sping Trailhead Parking Lot 後，沿著登山小徑步行前往。

西人島 Vestmannaeyjar(Westman Islands)
登島享受遺世獨立

西人島群島一共由15座火山島組成，但是只有面積最大的Heimaey島還有人居住，大約有4,300人左右。現在一般說到西人島，都是指最大的Heimaey島。從距離維克鎮不遠處的Landeyjahofn碼頭搭乘渡輪到西人島的話，也是在Heimaey島上登陸。如果想要遊覽其他小島，需要報名遊船旅行團，乘快艇在船上遠觀其他小島。

西人島以蓋爾族奴隸(Gaelic Slaves)命名，這座島曾經是古代挪威人(Norseman)流放奴隸的地方，而「Vestmenn」(Westman)也是古挪威的字，用來形容奴隸的詞語。因為對於那些最早在雷克雅維克登陸的古代挪威人來說，這些被流放的奴隸身處這個「島」就是在西邊，所以會把他們稱為「西人」(Vestmenn／Westman)，這就是西人島得名的由來。

每年夏季，會有很多海鸚聚集在此，甚至島上還有一個傳統：夏天時，島上的孩子們會去找被城市燈光迷惑的海鸚，並將牠們安全地扔回海裡。最適合到這裡的季節是盛夏的6～8月，除了可以看到大量的海鸚，也可以在這裡爬山、坐船遊覽附近小島、去看在海中央的「大象岩」，或是參觀島上的博

冰島文化發現
西人島最盛大的節日「露營節」

Þjóðhátíð露營節是西人島每年最重要的節日，就在每年8月的第一個週一之前的週末。這個週末全國各地都會有各式各樣的音樂文化節日：北部的Ein með öllu節、雷克雅維克的Innipúkinn音樂節、東部的Neistaflug、西部的Swamp Soccer等等，而西人島的露營節也是趁著夏季結束之前，最後狂歡的週末期間舉行的盛大活動之一。

露營節期間西人島熱鬧非凡，成千上萬的人會湧去西人島參加這場盛大的音樂露營節，除了有音樂、美食之外，還有篝火晚會和大型聚會，也是本地人認識新朋友的大型社交活動。如果想要參加露營節，建議提早訂票，否則很容易售罄。

物館和水族館等等。

✉全年 💲船票成人1,380 ISK，12～15歲及67歲以上690 ISK，12歲以下免費。車輛、單車等價格請上網查閱：www.seatours.is/excursions/the-westman-islands ➡沿1號公路自駕至Landeyjahofn碼頭乘船前往，座標參考(63°31'51.029"N;20°7'2.74"W) ⏱6小時或過夜 🌐visitwestmanislands.com ❓如果要連車一起前往需要提早預訂船票；若只有人前往，可以到碼頭再買票 🗺P.143

❶Landeyjahofn碼頭／❷位於海中央的大象岩(照片提供／Tony Wang)／❸夏日的西人島港口渡輪來來往往接送遊客登島

到此的遊客都享受到最「純樸、原始」的游泳體驗

Seljavallalaug 祕密泳池
冰島最古老的人工泳池

Seljavallalaug 位於塞里雅蘭瀑布附近的山野中，是一個長 25、寬 10 公尺的人工泳池，建於 1923 年，是冰島目前依然在使用的「最古老的人工泳池」。泳池依山而建，雖說是人工建造，但是這個泳池裡的水卻是 100% 真材實料的溫泉水。不過有潔癖的各位要注意，由於泳池的維護主要是靠志工來維持，乾淨度並沒有絕對的保障，每年夏天才會換一次水，來這裡玩需要抱著體驗「原生態」的心理準備。

✉ Seljavallalaug, Iceland ⏰ 全年 💲 免費 ➡ 沿 1 號公路轉 242 號公路，停車場座標參考 (63°33'31.166"N;19°37'21.06"W)，步行前往泳池 (63°33'55.817"N;19°36'28.608"W) ⏱ 1.5小時 ❓ 由停車場需步行15～20分鐘才會抵達泳池，需穿著舒適、方便走路的鞋 🗺 P.143

島民小提示

農場觀景點欣賞埃亞菲亞德拉冰川

Þorvaldseyri是位於埃亞菲亞德拉冰川 (Eyjafjallajökull)火山下的農場，遊客無法直接開車進入農場的私人領地內，但是可以在路邊的觀景點欣賞埃亞菲亞德拉冰川的美景。停車處就位於1號公路旁，只要行駛1號公路，一定都會經過這個觀景點。

農場與火山一同入鏡，有種安靜的美

斯克加瀑布 (彩虹瀑布、森林瀑布) Skógafoss
令人驚歎的漂亮彩虹

斯克加瀑布寬 15、高 60 公尺，在 1 號環島公路邊，是南部另一個必去的經典瀑布。它也被稱為彩虹瀑布、森林瀑布，經過塞里雅蘭瀑布後繼續向東走約 25 分鐘車程就會抵達。

斯克加瀑布同時也是通向內陸高地 Þórsmörk 健行路線 Fimmvörðuháls 的起點，如果喜歡長時間的健行旅行，可以挑戰這條很長，但也很美的登山徑。即使不健行，如果你有比較多的停留時間，可以沿瀑布旁的樓梯爬上觀景台，從高處俯瞰瀑布及周邊風景。

斯克加瀑布產生的噴霧量很多，陽光明媚的日子有很大機會可見彩虹或霓虹。根據冰島古老的傳說，這個地區的第一位維京定居者 ÞrasiÞórólfsson 曾經將寶藏埋在瀑布後面的洞穴中，不知道你會不會在這裡找到他藏的寶藏呢？

✉Skógafoss, Iceland 🕐全年 💲免費 ➡沿1號公路轉入停車場後步行，停車場座標參考(63°31'46.2"N;19°30'47.38"W)
⏱1.5小時 MAP P.143

冰島文化發現

Sólheimasandur黑沙灘和斯加克瀑布的傳說

它們之間的關連來自於一個冰島古老的傳說。相傳兩名北歐定居者Prasi和Loðmundur住在Sólheimasandur兩側鄰近的農場內，當時這裡還不是沙灘，而是田野和農地。但在他們倆的農場之間有一條散發著極重硫磺味的Fúlilækur河，為了不讓這條河靠近農田，Prasi和Loðmundur輪流施魔法，把這條河移去其他地方。

沒想到河被移走之後，那片土地變成了寸草不生的黑沙地，也就是現在的Sólheimasandur黑沙灘。

Prasi和Loðmundur為了補救，於是再次施了強大的魔法，把這條河移去了離海不遠，本來就是黑色平原的地方，因此創造了斯克加瀑布。

❶❸斯克加瀑布的冬夏對比／❷利用斯克加瀑布旁邊的樓梯登高眺望

DC-3 飛機殘骸 Sólheimasandur Plane Wreck

沙灘上的美軍痕跡

這架 DC-3 是 1973 年美軍遺留在冰島的飛機殘骸,據說當年飛機墜落的原因是因為沒油,才讓美軍機師被迫停降於冰島南岸的 Sólheimasandur 黑沙灘上。而美國海軍們離去前只回收了飛機裡面的儀器,這架 DC-3 Wreckage 飛機的殘骸則被留在了冰島。

該海灘為私人領土,地主於 2016 年開始正式封路,不可以再駕車進入。如果不參加旅行團,只能步行前往,但沙灘地區風非常大,長時間走路必然會非常寒冷;加上目前的遊客數量非常多,早已經和以前仍是「祕境」的情況相差甚遠,如果一定要走路去的話,可能會有點不值。若實在不想參加旅行團,當地地主目前唯一允許在沙灘上行車的 Arcanum Glacier Tours 有提供現場購票的接駁巴士服務 (10:00 ～ 17:00 間每小時一班),每人 2,900 ISK 往返飛機殘骸及停車場,划不划算就見仁見智了。

駕駛 ATV 前往更有趣

我曾經參加過駕駛 ATV(All-Terrain Vehicle,沙灘車、全地形車) 前往飛機殘骸的旅行團,反而覺得比看殘骸更有趣。其實從體驗上來說,玩 ATV 和玩雪地摩托車的感覺差不多,最大的分別只是一個在冰川上、另一個在地面。相對來說玩 ATV 的樂趣會更多一點,畢竟可以在導遊的帶領之下嘗試不同的路線,沙丘山脈的高低起伏也會比平坦的冰川更豐富。必須持有英文註釋的合法駕照,才能駕駛 ATV,否則可能會被罰款。

黑沙灘上的 ATV 旅行團都是和當地地主協議過後才被允許營業的,對於駕駛路線、人數等都有一定的限制,參團時需要留意導遊的指示,盡量保持對沙灘地貌最低限度的破壞。

✉ 無,參考座標(63°27'32.73"N;19°21'52.963"W) 🕐 全 年 ➡ 沿 1 號 公 路 前 往,停 車 場 座 標 參 考 (63°29'26.334"N;19°21'46.013"W),步行單程約2小時,可參加旅行團騎單車或ATV;亦可選擇購買往返車票,乘坐停車場出發的班車拜訪 ⌛4小時 ❗飛機殘骸入口處立有「禁止攀爬」標誌的指示牌,請不要爬上飛機殘骸拍照 🗺 P.143

❶想要拍出一張完全沒有人的飛機殘骸照現在已經非常困難,只有清晨或深夜時分才有可能了/❷整齊的車隊/❸被遺留在沙灘上的鯨魚骸骨,只有當地人才知道確切位置

索爾黑馬冰川 Sólheimajökull

冰川健行值得體驗

　　索爾黑馬冰川名字的意思直譯是 Sól(Sun)、heima(Home)、jökull(Glacier)——「太陽的家冰川」，是冰島第四大冰川 Mýrdalsjökull(米達爾斯冰川) 的分支。它位於米達爾斯冰川的西南出口，面積不大，但因為布滿黑白相間的火山灰，給人一種格外「帥氣」的感覺。

　　由於全球暖化的影響，這個世紀以來索爾黑馬冰川已經大幅後退，而且逐年變薄。自有紀錄開始，索爾黑馬冰川已經向後縮短了整整 8 公里 (正在以每年 25 公尺的速度融化)，如果按照這個速度，索爾黑馬冰川將於 120 年後完全消失。

✉ Sólheimajökull, Iceland ⊙ 全年 💲免費 ➡ 沿 1 號環島轉 221 號公路到達停車場，座標參考 (63°31'49.552"N;19°22'13.496"W) ❓冰川健行必須報名旅行團，跟隨導遊 MAP P.143

❶❷黑白相間的「酷」／❸行於冰上

🚩 迪霍拉里海岬 Dyrhólaey
登高眺望黑沙灘景色

迪霍拉里海岬分為兩部分，高山和平地。若駕駛到218號公路盡頭，會看到兩個選擇，直走或者右轉。如果直走，會一路開往Kirkjufjara黑沙灘；如果右轉，會一直開往山上，可以從山上俯瞰整個黑沙灘。

Dyrhólaey在冰島文裡有「The Hill Island with The Door Hole」(有門洞的小山島)的意思，就是因為它獨特的自然地貌而得名。這裡最大的特色是夏季可以近距離觀海鸚，平時則可以俯瞰黑沙灘全貌。沙灘上有一塊特別醒目的巨石矗立在中央——Arnardrangur(Eagle Rock，鷹石)，以前經常有老鷹在這塊石頭上築巢因而得名。

在迪霍拉里海岬還可以看到與其同名的巨大火山熔岩海蝕拱門，山頂還有一座城堡外形的燈塔孤傲地坐落在那裡，像是守護者一樣默默地看守著這片景色。

✉Dyrhólaey, Iceland ⏰全年 💲免費 ➡沿1號環島轉218號公路，座標參考(63°24'25.168"N;19°7'16.344"W) ⏳3小時 ❓在候鳥築巢保護時期(5～8月)每日都會有時段性封路；海邊風大，注意保暖 MAP P.143

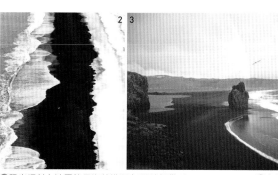

❶陽光照射在迪霍拉里海蝕拱門上(照片提供／Iurie Belegurschi)／❷在迪霍拉里海岬可以俯瞰黑沙灘的全貌／❸矗立於黑沙灘中央的鷹石／❹位於山頂的白色燈塔

維克鎮 Vík í Mýrdal(Vik)
冰島最南端的小鎮

維克鎮是冰島唯一沒有港口的海濱城鎮，在 1939 年公路通路之前，維克鎮的居民都靠出海獲得資源；換句話說，在有公路之前，維克鎮的居民都是被「困」在維克鎮內的。由於冰島很多海灣都是「Vík」，本地人為了更準確表明維克鎮，都會以「Vík í Mýrda」(Vík í Mýrdal) 來稱呼。

維克鎮對於遊客來說是一個很優質的中轉站，附近可以到達的景點很多，也可以讓人休息一晚之後繼續前往冰河湖或環島的旅程。

推薦前往全年都可以到訪的黑冰洞

這個全年都可以去的黑冰洞位於冰島南部的米達爾斯冰川 (Mýrdalsjökull)，距離維克鎮不遠；由於米達爾斯冰川下藏著卡特拉 (Katla) 活火山，也因此這個冰洞又被稱為卡特拉冰洞。

黑冰洞上覆蓋了一層非常厚的火山灰，隔絕了冰洞和空氣直接接觸，因此在較為「炎熱」的夏天，冰洞也不至於完全消失融化；當然，相對冬天來說，夏天的黑冰洞面積會比較小。

需要報名旅行團才能到訪黑冰洞，前往的路上要走的路程不多，但也會需要穿旅行團提供的冰爪，最好是穿登山鞋或高筒厚底的鞋，平底球鞋並不是很適合。黑冰洞地區除了位於冰川內的黑色冰洞之外，還可以看到冰牆。黑色的主要來源是火山灰，每一層代表了每年冰川的「生長」高度；和冰島其他

冰川一樣，米達爾斯冰川每年也正在以驚人的速度融化，根據推算，它也許將在 150 年後全部消失。

✉Vík í Mýrdal, Iceland ◷全年 $免費 ➡沿1號公路自駕，座標參考(63°25'15.205"N;19°0'31.996"W) ⏱1小時或過夜 ❓維克鎮面積不大，飯店、民宿數量有限，建議儘早預訂住宿地點 MAP P.143

❶黑冰洞周圍的環境也值得一觀／❷黑冰洞內部／❸享受維克鎮片刻的寧靜

冰島文化發現

卡特拉火山有女巫？

相傳，1169年時女巫Katla在南海岸的一座修道院擔任管家，她是一個脾氣暴躁又殘忍的人，所有人都怕她。她有一條神奇的馬褲，穿上之後無論怎麼跑都不會累。

Katla手下有一個牧童Barði，經常受Katla的氣，只要羊有一點閃失，Katla就會暴跳如雷。有一次Katla命令Barði要在她回去之前把所有的羊隻圈回羊圈，可是Barði無論如何都找不到所有的羊，於是他只好偷了Katla的馬褲以加快圈羊的過程。當他圈完所有羊回去，才發現Katla已經在羊圈等他。Katla一氣之下就把Barði淹死在一桶用來保存食物的酸(Whey acid)中。牧童的屍體在冬天被找到，正當村人要問罪Katla時，她就穿起馬褲跑到了冰川，消失在火山中。

Katla進入火山後，火山便開始爆發。冰川洪水直衝向Katla曾工作的修道院，所有人都認為這是Katla的復仇。自此以後，每當火山爆發，冰島人都會說：「邪惡的女巫又回來了！」

玄武岩黑沙灘 Reynisfjara
世界最美沙灘之一

Reynisfjara 是一個可以找到巨型玄武岩石壁和石洞的黑沙灘，也是冰島最出名的沙灘之一。這些黑黝黝的沙子源於火山玄武岩，經過風與海浪的多年打磨才變成如今的模樣。

在 Reynisfjara 正對的海中央有幾塊巨大的石頭，它們名為 Reynisdrangar。有關它們為何會矗立在海中央，在冰島流傳著多個不同版本的民間傳說。其中最廣為流傳的有兩個：第一個傳說是，這些石頭曾經是非常巨大的巨人，邪惡的他們會把海中的船拖到岸邊使其擱淺，但有一次因為他們出發得太晚，導致沒有辦法在日出之前回家，所以被第一道陽光照射，變成了海中的巨石；第二個傳說是，有一個男人的妻子被巨人綁架並殺害，

為了不讓這兩隻怪物再害人，他一直追到了 Reynisfjara，並把他們變成了海中的巨石。

需要留意的是 Reynisfjara 黑沙灘和維克鎮前方的沙灘其實並不相連，想要在經典角度觀看海中的巨石和找到玄武岩石群，必須利用 215 號公路前往。

✉ Reynisfjara,Iceland ◷ 全年 💲 參觀免費，停車場需繳費，停車費用每次750 ISK 起 ➡ 沿1號環島公路轉215號公路，座標參考(N63°24'10.512"N;19°2'36.422"W) ⏳ 1小時 ⓘ 切勿走近海邊，巨浪曾造成多宗人命傷亡事故；海風時常強勁，注意保暖 MAP P.143

❶高低錯落、亂中有序的六角形玄武岩石柱／❷穿顏色鮮艷的衣服拍照，別有一番風味／❸像怪獸般呼嘯著的玄武岩石洞❹空拍的Reynisdrangar岩石(照片提供／Balazs Busznyak)

羽毛峽谷 Fjaðrárgljúfur
如畫的遼闊風景

私房推薦

Fjaðrárgljúfur 直譯為英文是 Fjaðr(Feathers，羽毛)、á(River／Stream，河流)、gljúfur(Canyon，峽谷)。峽谷深度約 100 公尺，長約 2 公里，兩側有似蛇形、狹窄、彎彎曲曲的石頭壁，上面滿布苔蘚，綠色的苔蘚配上中間緩緩流過的水，形成了恍如油畫的畫面。

羽毛峽谷的基岩主要是從冰河時期就存在的玄武岩，大約有 200 萬年的歷史。峽谷中

的 Fjaðrá 河源頭位於 Geirlandshraun 山上，經過峽谷之後最終抵達 Skaftá 河。在這裡，你可以沿著規畫好的路線由下向上慢慢走到峽谷的最頂端，俯瞰延綿的峽谷景色。

📧 Fjaðrárgljúfur, Iceland ⏰ 全年 💲 免費 ➡ 沿1號公路自駕，座標參考(63°46'16.026"N;18°10'19.506"W) ⏱ 1.5小時 ❓ 峽谷曾因遊客數量眾多而需要暫時封閉，讓當地生態得以喘息，若臨時發現無法進入該地區請勿硬闖 🗺 P.143

❶平視一樣美得過分／❷俯瞰峽谷(照片提供／Iurie Belegurschi)

教堂鎮 Kirkjubæjarklaustur
維克鎮與赫本鎮中介點

安逸寧靜的教堂鎮

Kirkjubæjarklaustur 在冰島古代被稱為「Kirkjubær」，直譯為 Kirkju(Church，教堂)、bæjar(Farm，農場)，直至 1186 年本篤會修道院的修女在那裡定居時，小鎮的名字才被加上 klaustur(Convent，修道院)。小鎮內不少景觀都是為了紀念修女 Systra 的貢獻而命名：例如 Systrastapi(姐妹石)、Systrafoss(姐妹瀑布) 和 Systravatn(姐妹湖)。

小鎮非常安逸寧靜，如果從維克鎮出發準備向東繼續行駛，可以在這裡略為停歇，補充旅程所需品。如果想要在這裡吃午餐，我個人推薦 Systrakaffi 這間餐廳，食物價格適中，而且非常用心製作，值得一試。

📧 Kirkjubæjarklaustur, Iceland ⏰ 全年 ➡ 沿1號公路向東行駛，座標參考(63°47'39.632"N;18°2'24.433"W) ⏱ 1小時或過夜 ❓ 此鎮是維克鎮和東部赫本鎮(Höfn)之間唯一規模比較大的鎮，如果需要加油、儲備糧食，建議在這裡進行 🗺 P.143

島民小提示　私房推薦

順遊Foss á Síðu 絲雨瀑布

經過教堂鎮之後，路邊有一條很容易被忽略的瀑布Foss á Síðu，它的外觀細長，像一條細細的絲帶掛在山點的中央，是一條充滿詩意的瀑布。

斯卡夫塔山 Skaftafell

冰川火山一次滿足

斯卡夫塔山整片區域是一個自然保護區，成立於 1967 年；而從 2008 年起，它也被納入歐洲第二大的國家公園「瓦特納冰川國家公園」(Vatnajökull National Park) 的一部分。

保護區內有瀑布、高山、冰川、火山，在區內也設有健行小徑，你可以沿著小道遊覽保護區內的風景。比較著名的景點是一條被玄武岩石環繞的瀑布 Svartifoss(斯瓦蒂瀑布)，它也同時被稱為黑色瀑布、魔鬼瀑布。另一個值得花時間逗留的地點是 Sjónarnípa，在這裡可以俯瞰冰川、從高角度把斯卡夫塔山冰川健行地點 Svínafellsjökull 盡收眼底。

《權力遊戲》、《白日夢冒險王》場景

位於斯卡夫塔自然保護區內的 Svínafellsjökull(斯維納冰川) 是冰島另一個非常熱門的冰川健行地點。這個冰川曾經被多個著名的影視作品作為取景拍攝的地點，其中包括了很受觀眾喜愛的《權力遊戲》以及《白日夢冒險王》。

斯維納冰川是歐洲最大冰川「瓦特納冰原」(Vatnajokull) 的第一支冰舌，冰川最大的特色就是被高山包圍，冰川表面也充滿了不少稜角，在這裡體驗冰川健行會是視覺上的饗宴。

❶流淌而下的冰舌／❷瓦特納冰川國家公園一景／❸在國家公園內的露營營地看著雪山入眠／❹冰川健行會提供的大冰爪

索爾黑馬冰川健行 vs.
斯卡夫塔山斯維納冰川健行

不少準備來冰島參加冰川健行的人，都會糾結於在兩者之間如何選擇，單純論「冰川健行」這個活動來說，無論地點在哪裡都不會改變它「在冰川上健行」這個性質，主要會影響體驗的是你參加的旅行團長度。

如果想要更深度體驗冰川的樂趣，時間越長的旅行團會越有趣。但這項活動並不適合年紀太小的孩子或者身體狀況不好的年長者，家長想要帶孩子一起體驗的話，需要留意每個團不同的最低年齡要求。

萬一你的時間只夠參加 3 小時的冰川健行活動，我建議選擇索爾黑馬冰川 (詳見 P.160)。索爾黑馬冰川健行開始的一段路需要攀爬，向上走的部分比較多，相對一開始地勢比較平坦的斯維納冰川來說，會更有挑戰性，也較為特別。

✉ Skaftafell, Iceland 🕐 全年 💲 參觀免費，自駕停車需繳費，每次750 ISK 起 ➡ 沿1號公路向東行駛，座標參考 (63°47'39.632"N;18°2'24.433"W) ⏰ 若要在區內健行，需預留4～5小時 🗺 P.174

❶斯卡夫塔山斯維納冰川上／❷冰川健行

索爾黑馬冰川與斯卡夫塔山斯維納冰川比較表

	索爾黑馬冰川(Sólheimajökull)	斯卡夫塔山斯維納冰川(Svínafellsjökull)
位置	米達爾斯冰川Mýrdalsjökull 分支	瓦特納冰原的第一支冰舌
距離首都	距離雷克雅維克約158公里	距離雷克雅維克約320公里
長寬	冰川總長度約8公里，寬約2公里	冰川總長度約10公里，寬約2公里
周邊景點	距離冰島南部其他景點 (例：斯克加瀑布、塞里亞蘭瀑布) 近	位於斯卡夫塔山自然保護區內，附近的著名景點：傑古沙龍冰河湖、鑽石沙灘、赫本鎮
視覺效果	索爾黑馬冰川大部分冰體參雜了火山灰，多呈現黑白相間的視覺效果。冰川沒有被高山包圍，視野較開闊，可以在冰川上體驗「一覽無遺」的視角	冰川顏色以白色為主，少部分參雜了火山灰而呈現灰白色。冰川被山包圍，在冰川上可以欣賞山景
特點	索爾黑馬冰川融水量非常大，每年融水可以填滿一個奧運會標準泳池	《權力遊戲》及《星際效應》等影視作品取景拍攝地點

(製表／劉月丹)

傑古沙龍冰河湖 & 鑽石沙灘 Jökulsárlón&Diamond Beach
純淨的冰藍世界

傑古沙龍冰河湖位於瓦特納冰川國家公園內，湖深約 200 公尺，是冰島第二深的湖。它是瓦特納冰川東南部邊緣入海口處天然形成的冰瀉湖，冰湖的湖水也會逐漸匯入大海，同時把湖內的碎冰帶到附近的沙灘，該沙灘因常有大量的碎冰而被稱為「鑽石沙灘」。

傑古沙龍冰河湖最出名的莫過於它那冰藍無垢般的美，大塊的浮冰漂浮在藍色湖面之上，為到訪的人們拼湊出一分冷冽又不失溫柔的美感。其實冰河湖在歷史上原本不存在，直至大約 1935 年開始才真正形成。關鍵的轉折點在 1920 年，由於 Breiðamerkurjökull 冰川以驚人的速度融化、萎縮，冰川融水便開始形成了傑古沙龍冰河湖。如果你比較如今的冰河湖面積和 1975 年冰河湖的面積就會發現，在這 40 多年間擴大了 50% 以上。

冰河湖遊船團

幸運的話，還可以看到以冰河湖為家的頑皮野生海豹們在浮冰中穿梭、躺在冰上休息的可愛景象。如果天時、地利、人和配合得好，有機會看到北極光在冰河湖上飄舞，是一個絕佳的拍照地點。夏季時 (5～9 或 10 月) 還可以坐船在冰河湖內遊覽，船上會有導遊為大家介紹冰河湖，也會讓遊客嘗一口在冰湖內撈起來的千年「老冰」。遊船在浮冰中穿梭，更能近距離觀賞自然的鬼斧神工。夏季是冰島的旅遊旺季，遊客數量非常多，想要搭乘遊船的人，建議事先上網購票訂位。

鑽石沙灘

因遊船有季節限制，對於想要在冬季來冰島看極光、遊覽的人不是很適用；但是鑽石沙灘一年四季都可以進入。鑽石沙灘位於冰河湖一橋之隔的對面，有兩邊，從冰河湖停車場走到比較近的那邊 (64°2'39.622"N;16°10'39.606"W) 只需要約 7 分鐘；如果要去比較遠的那邊 (64°2'32.556"N;16°10'56.369"W)，步行則需要約 15 分鐘，開車約 2 分鐘就能到達。

島民小提示

切勿踏上浮冰

冰河湖內的大塊浮冰都看似凍結牢固，實際上卻藏有隨時移動、側翻的危機，一旦落入水中，很可能因為體溫驟降甚至是溺水死亡；加上冰湖與海洋相連，湖內很可能有暗湧會把人捲入海中。提醒大家，千萬不要因為拍照或者好奇而踏上任何冰面，容易發生危險。

❶遠看冰河湖中漂浮的浮冰，會有一種時間靜止的錯覺／❷鑽石沙灘／❸冬季的傑古沙龍冰河湖

行程安排與推薦住宿

雷克雅維克與冰河湖之間距離約372公里，自駕需要約5小時。我不建議大家一日之內來回兩地，主要因為行車時間太長，沿途的美景、小鎮都沒有辦法好好停下來欣賞、遊覽；冬季時更因路況不好和日照時間短，讓長途駕駛更加危險。建議可參加2～3日左右來回的小巴團，從景點遊覽時間的長度、舒適程度等各方面來說，都比1日來回的大巴團CP值更高。

若打算安排1～2日時間，從雷克雅維克慢慢邊玩邊開到傑古沙龍冰河湖，可以考慮在維克鎮、斯卡夫塔山或者赫本鎮住宿。維克和赫本兩個小鎮距離冰河湖車程都在2個半小時之內，而且住宿的選擇比較多。至於推薦住在斯卡夫塔山則是因為那裡環境非常好，同時也方便去參加冰川健行或者到斯卡夫塔國家公園內的其他景點遊覽，不過該地住宿選擇非常少，建議及早預訂。

島民小提示 　私房推薦

順遊純白冰河湖Fjallsárlón

推薦順遊距離傑古沙龍冰河湖10分鐘車程，較鮮為人知的純白冰河湖Fjallsárlón(64°0'51.645"N; 16°22'21.787"W)。如果說傑古沙龍冰河湖的主題色是冰藍，那Fjallsárlón的主題色就是潔白。由於面積不大，冰舌距離會更近，浮冰、湖水主要是毫無雜質的白色，遊客較少，適合喜歡祕境的旅人。

必訪冬季限定的藍冰洞

冰河湖附近的冰川每年冬季都會形成大小不一、形狀各異的天然藍冰洞，是大自然建構的冰藍世界。冰島本地有非常多不同的冬季旅行團會帶遊客前往藍冰洞遊覽，但基於在這之前需進行一系列安全檢查和探勘，每年藍冰洞旅行團只有在 11～3 月期間營運，實際開團、關團時間會根據該年情況有所調整。

每年夏天的冰川融水流過冰川的底部，建構出一個地下的通道，在冬季氣溫足夠低時就會凝固成為藍冰洞。每年藍冰洞的形狀大小、位置、數目都會不同，即使是持續穩定在某一些位置形成的冰洞，也會有所差異；加上全球暖化、氣溫變動等因素，不要說每年了，其實藍冰洞每天都在變，你所看到的藍冰洞的每一個瞬間，都是錯過了就永遠回不去了。

至於藍冰洞為何是藍色？主要原因有兩個：(1) 藍冰洞的冰塊比普通冰塊更厚、更緊實；由冰川融水形成的冰塊和普通水不同，特殊質地的冰塊會把除了藍色之外的其他顏色吸收，導致顏色看上去特別藍。(2) 冰內氣泡含量非常低；藍冰洞內的冰塊因為沒有過多氣泡折射光線，可以讓光線在不受干擾之下直接進入冰塊內部，呈現出更透徹的藍色。

✉ Jökulsárlón, Iceland ⏰ 全年 💰 自駕停車需繳費，每次 1,000 ISK 起。夏季(5～9 月)的冰河湖遊船團需收費，不同船型、人數收費不同，可於網站查看價格 ➡ 沿 1 號環島公路到達傑古沙龍冰河湖 (64°4'42.405"N;16°13'49.993"W)；鑽石沙灘位於冰河湖對面 (64°2'34.3734"N, 16°10'56.2490"W) ⏱ 2.5 小時 🌐 icelagoon.is ❓ 千萬不要踏上浮冰，容易發生危險；只有夏季湖面沒有結冰的時候才有冰河湖船可搭，通常水陸兩用船營運時間 5～10 月，快艇遊船營運時間 5～9 月，實際營運時間會根據每年冰河湖結冰情況稍有不同 🗺 P.174

島民小提示

夏天看到藍冰洞不是絕無可能

目前冰島唯一發現到在夏季也會存在的藍冰洞，是位於瓦特納冰川深處的 Sapphire Blue Ice Cave(藍寶石冰洞)，只不過面積會比冬季小許多。由於天氣暖化及氣候轉變，讓這個冰洞充滿非常多不確定性，隨時都會消失不見、無法造訪，建議大家還是以冬季作為遊覽藍冰洞的最佳季節。

藍冰洞＋冰川健行，一天之內可行嗎？

幾乎不可能，即使能趕上也不建議這樣安排。藍冰洞和冰川健行團大多在早上，即使你挑選最早出發的冰川健行團搭配最晚出發的藍冰洞團，途中的路程還是會很趕，而且需要在路況非常良好的情況之下才有可能趕到。但是冰島冬天的路況不佳，如果為了要趕行程而開快車，很有可能發生危險。

❶這張讓「冰島藍冰洞」聞名於世的攝影作品，就是出自 Guide to Iceland 首席攝影師之手(照片提供／Iurie Belegurschi)／❷穿著紅色衣服與冰河湖合影，形成強烈對比／❸有光線的藍冰洞

東部地區

　　東部主要以峽灣組成，有不少位於峽灣內的小鎮，如果只行駛平坦的1號環島公路，是無法到達的，小鎮的少部分路段是盤山公路。而東部峽灣也有峽灣天氣的特色——下雪的時間比較早，通常在每年9月下旬開始就有機會下雪，10月開始有機會積雪，直至來年5月左右才會全面融雪。

175 東部人氣景點

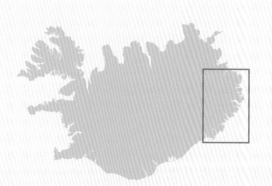

雷札爾菲厄澤 Reyðarfjörður
塞濟斯菲厄澤 Seyðisfjörður
Neskaupstaður
福斯克魯斯菲厄澤 Fáskrúðsfjörður
神山小鎮 Djúpivogur
Hvalnes沙灘 Hvalnes Nature Reserve Beach
Vök溫泉
埃伊爾斯塔濟 Egilsstaðir
拉加爾湖 Lagarfljót
火山瀑布 Hengifoss
斯特茲瓦厄澤 Stöðvarfjörður
西角山&蝙蝠(俠)山 Vestrahorn&Brunnhorn
赫本鎮 Höfn
Þrándarjökull
電影道具維京京村莊 Viking Village Prop For Movie
Snæfell
傑古沙龍冰河湖&鑽石沙灘 Jökulsárlón&Diamond Beach
Litlafell
Snæfell
Kverkfjöll
斯維納納冰川 Svinafellsjökull
阿斯奇亞火山 Askja
米湖 Myvatn
Fjallsárlón冰川 Fjallsárlón
斯卡夫塔山遊客中心 Skaftafell Visitor Centre
Hvannadalshnúkur
Hverfisfljót
瓦特納冰原國家公園 Vatnajökull National Park
Grímsvötn
842
Tungnafellsjökull
Hestur
Kirkjubæjarklaustur
Laugafell
F26
Sprengisandur
Lakagígar
Þórisvatn
Fjaðrárgljúfur
Hofsjökull

94
93
92
1
1
1
1
95
95
99
1
1
1
1
1
1

東部人氣景點

如果是冬天自駕，在沒有雪地自駕經驗的情況下，建議大家抵達赫本鎮之後就掉頭回雷克雅維克。冰島東部峽灣的路比較難走，而且路況比南部差、容易有很厚的積雪，因惡劣天氣而封路的機率比較高，對於雪地自駕新手來說，是非常大的挑戰。如果你堅持要在 9 月底、10 ～ 5 月期間自駕遊東部峽灣，建議務必租用 4WD、底盤高的車輛，小心慢駛。

如果不想要遊覽東部峽灣內的小鎮，夏季可以在 Breiðdalsvík 轉入 95 號公路直接前往東部最大城鎮 Egilsstaðir，可以省卻很多在沿海 1 號公路兜兜轉轉的時間。但由於 95 號公路並不全是柏油路面，因此在有積雪時容易遇到臨時封路，冬季期間建議大家要有必須使用 1 號公路沿海慢慢行駛的心理準備。

赫本鎮 (霍芬鎮) Höfn í Hornafirði(Hofn)
著名的冰島龍蝦鎮

赫本鎮 (亦稱霍芬鎮) 最精確來說應該是位於冰島的東南部，在 Hornafjörður 峽灣附近，本地人會把它視為冰島東部起始點。小鎮的總人口大約 2,100 人左右，是東部比較大的城市。Höfn 在冰島文裡是 Harbor(港口)，赫本鎮是著名的漁港之一，與維克鎮一樣。但因為冰島很多地名中都有 Höfn 這個字，因此本地人會以「í Hornafirði」準確表示「赫本鎮」。這裡是大多數漁船停靠冰島東部的首選港口，也讓當地的漁業發展比其他地方迅速。

赫本鎮在漁獲捕撈的種類上，比起其他漁港有更多樣化的優勢。其中包括了新鮮的、數量眾多的挪威 (小) 龍蝦 (Nephrops Norvegicus)，當地政府看到了赫本鎮在海產

上的優勢，也決定把龍蝦作為當地代表性的標誌，從而極力向外推廣「冰島龍蝦鎮」這個形象。每年夏季約 6 月底～ 7 月初，赫本鎮會舉行「龍蝦節」(Humarhátíð)，以慶祝這個小鎮的特色。

❶赫本鎮中央的Hafnarkirkja教堂／❷Hornafjarðarmáninn峽灣月亮雕塑

島民小提示

東部可選的住宿地點
● 東部最大城：Egilsstaðir(埃伊爾斯塔濟)
● 其他主要小鎮：Höfn、Djúpivogur、Breiðdalsvík、Stöðvarfjörður、Fáskrúðsfjörður、Reyðarfjörður、Eskifjörður、Neskaupstadur、Seydisfjordur

冰島東部旅遊：www.east.is/en

品味「冰島龍蝦」

　　說到赫本鎮最著名的活動，非「吃龍蝦」莫屬。赫本港口 (Höfn Harbour) 聚集了大大小小的龍蝦餐廳，其中最出名、我的冰島朋友最推薦的是 Humarhöfnin Veitingahús；而在遊客之間口碑不錯的是 Pakkhús Restaurant，兩間都有原隻龍蝦可品嘗。

　　不過根據我個人的經驗，赫本鎮的龍蝦餐廳定價昂貴，就口感而言，這裡的龍蝦並不是像波士頓龍蝦那種肉多、分量充足的類型，而是屬於小巧玲瓏又新鮮、味道更重一點的類型。如果你完全不在乎旅遊預算、一定要嘗試本地味道的話，一試無妨；但如果你預算比較吃緊，不確定要不要花錢嘗試原隻龍蝦，我反而建議可以選擇比較便宜、以龍蝦肉作為食材的比薩或湯，既可以嘗到「冰島龍蝦」的味道，又比較經濟實惠。

赫本鎮內遊覽景點

　　除了龍蝦餐廳之外，在赫本鎮內的特色景點其實很少，主要是以觀景為主。大家可以選擇去位於小鎮中心地帶、由 Guðmundur Jónsson 設計的 Hafnarkirkja 教堂看看，算是鎮內比較有代表性的小建築；或去位於赫本酒店 (Hótel Höfn) 旁邊的 Hornafjarðarmáninn 峽灣月亮雕塑拍照，在日落的襯托下會更為好看；又或者可以去港口靜靜地吹吹海風、看看海，度過一個平靜又浪漫的下午。

✉ Hofn, Iceland 🕐 全年 ➡ 沿1號環島公路即可到達，參考座標 (64°15'29.050"N;15°12'28.904"W) ⏳ 2～3小時或過夜 🌐 www.south.is/en/inspiration/towns/hofn 🗺 P.174

❶赫本鎮內可以品嘗到新鮮的原隻龍蝦／❷赫本港口經常停泊著許多漁船，也可以找到一些報廢的船隻

西角山 & 蝙蝠（俠）山 Vestrahorn&Brunnhorn

如夢似幻的天空之鏡

這座山並沒有正式的官方譯名，但從冰島文直接翻譯過來的意思就是 Vestra(西)、horn(角)，所以翻譯為「西角山」也不為過。Vestrahorn 有時候會被稱為 Vesturhorn，位於需要付過路費的 Stokksnes 海灘之上。但凡要前往最佳角度觀看 Vestrahorn 的旅客都需要繳付過路費，Viking Cafe 營業時可以去櫃檯購買門票；若是在非營業時段前往，也可以使用 Cafe 旁邊的自助售票機刷卡購票。

西角山是一座約 454 公尺高的卵石山，主要由輝長岩和花崗岩組成，其西側的 Stokksnes 半島與海相連，所以風平浪靜的時候，有可能可以拍出「天空之鏡」效果的攝影作品。緊鄰西角山的就是蝙蝠山，基本上能找到西角山，就同時可以看到蝙蝠山。由於蝙蝠山 3 座山峰的外型，看起來很像一隻展開雙翼的蝙蝠，也是蝙蝠俠的標誌，因此當地人也暱稱這裡為 Batman Mountain(蝙蝠俠山)。

這兩座山遇到天氣不好、起霧的時候，有可能會隱藏在雲霧後面，讓人無法看到。如果想要拍出「天空之鏡」，需要在沙灘上等海浪沖洗沙灘，呈現反光時才能拍出「鏡面」效果。

✉ Horn 781, Höfn ☎ +354 892 0944 ☀ 全年 💲 過路費每人 900 ISK 起 ➡ 自駕前往，座標參考 (64°15'10.277"N;14°59'50.6"W) ⏱ 1～1.5小時 http litlahorn. is ℹ 逆時針環島的話較容易找到轉入西角山的分岔路口 (路口有明顯的標記)；順時針的話則需要在出隧道之後左轉進入分岔路，但由於在對向路段沒有巨型指示牌，最好輸入GPS導航找路 MAP P.174

❶門票／❷Viking Café／❷被海浪沖刷過的海灘呈現出如鏡面的倒影，可以拍出「天空之鏡」的效果(照片提供／Iurie Belegurschi)

🚩 電影道具維京村莊 Viking Village Prop For Movie
逼真的人造維京村落

位於 Viking Cafe 左方，建於 2010 年的電影拍攝場景，並不是遠古就存在的維京人村莊，卻因為十分逼真，讓很多人都誤以為真的是遠古維京人居住過的村落。如果想要前往，需要把車停在 Viking Cafe 前面然後步行進入。經過長久的風吹雨打，現在村落已經變得比較破舊，如果趕時間、趕行程的話，建議沒有必要特地造訪。

🕐 全年 ➡️ 自駕前往，座標參考(64°15'38.055"N; 14°59'7.221"W) ⏱️ 30～40分鐘 🅜P.174

❶在山前顯得非常「渺小」的道具村莊／❷在雲霧繚繞的環境中，讓道具村莊呈現出古代遺跡般的效果

🚩 Hvalnes 石灘 Hvalnes Nature Reserve Beach
黑色石灘上遠眺伊斯特拉霍恩山

石灘上可以眺望「角」系列的最後一座山：Eystrahorn(伊斯特拉霍恩山)。停車場位於 1 號公路旁邊，根據 GPS 定位就可以開車前往；不過若想要踏上石灘，只能下車步行，無法在石灘上行車。需要走路的時間其實很短，大約 3 分鐘左右就可以踏上這片充滿黑色石頭的石灘。

🕐 全年 ➡️ 自駕前往，座標參考(64°24'20.398"N; 14°33'8.75"W) ⏱️ 30～40分鐘 ❓需停車至停車場後步行前往石灘 🅜P.174

在石灘上欣賞伊斯特拉霍恩山之雄偉

神山小鎮 (都皮沃古爾) Djúpivogur
坐落峽灣間的悠閒小漁村

神山小鎮是一個位於 Búlandsnes 半島的小型沿海漁村，坐落在風景如畫的 Hamarsfjörður 峽灣和 Berufjörður 峽灣之間。小鎮常住人口只有約 400 人，幾個世紀以來，這裡的居民都靠捕魚維生；直至冰島旅遊業飛速發展之後，小鎮裡才有了飯店和幾間餐廳、小咖啡廳。

鎮內最大的特色就是有一個貌似金字塔、四角錐體的山──Búlandstindur，這也是有人暱稱這個小鎮為「神山小鎮」的原因。根據當地傳說，只要在夏至日向神山許願，願望就會成真。

小鎮的面積非常小，最吸引人的是它神秘、淡雅又不失溫度的感覺。步行大概 5 分鐘就可以把「鎮中央」逛遍，這裡只有一兩個用餐的選擇，通常不是飯店內就是在 Við Voginn 餐廳吃飯。鎮內最古老的建築是位於海邊的 Langabúð，建於 1790 年，翻修過後已成為文化中心，展示小鎮的傳統文化。

如果不趕時間，我非常推薦大家在這裡過夜。在下午時分悠閒地去小鎮內唯一的泳池游泳、泡溫泉，幸運一點還可以自己坐擁整個泳池。天氣好的話從泳池內就能看到「神山」的身影。看著太陽漸漸落下、海浪輕輕拍打著岸邊的小船泛起波紋、峽灣內的景色盡收眼底，享受從忙碌的日常生活中抽離的感覺，找回失落的平靜與祥和。

✉ Djúpivogur, Iceland 🕐 全年 ➡ 沿 1 號環島公路自駕即可到達，參考座標(64°39'37.558"N;14°16'53.171"W) ⏱2～3小時或過夜 http djupivogur.is ⁉ 小鎮大霧時有機會看不到標誌性的「神山」 MAP P.174

❶ 呈金字塔形狀的「神山」／❷ 小鎮內的泳池(拍照需要先徵求管理員同意)

冰島文化發現

Búlandstindur 被稱為神山的原因

Búlandstindur 又被稱為 Goðaborð(God's Rock)，約800萬年前形成。相傳在西元1000年，冰島把基督教封為官方宗教，當地部落的首領為了表示他們擁護新教的態度，於是爬上了 Búlandstindur 的山坡，把以前信奉的舊神神像扔下來。自此，Búlandstindur 就有了 Goðaborð 的別稱。

1 2

島民小提示

途經布雷茲達維斯克小鎮

行駛 1 號環島公路的話，沿途還會經過布雷茲達維斯克(Breiðdalsvík，座標參考64°47'32.078"N; 14°0'33.819"W)這個小鎮。根據官方數字統計，小鎮的總人口只有139人，同樣是一個沒有著名景點，但可以用自己的節奏品味的小鎮。

小鎮內第一座房子建於1883年，自此之後也開始逐漸發展，成為了現在的小小村落。這裡可以看到海拔超過1,100公尺的 Breiðdalur 山谷，景色壯麗宜人，遼闊的景色讓人心曠神怡。小鎮內基本的設施都有，飯店、加油站、咖啡廳、郵局等，推薦經過這裡時去喝杯咖啡，體驗這個迷你小鎮的魅力。

斯特茲瓦菲厄澤 Stöðvarfjörður

石頭收藏博物館別具一格

斯特茲瓦菲厄澤小鎮位於與其同名的 Stöðvarfjörður 峽灣內，以漁業、鋁工業、旅遊業和藝術維持經濟發展。與多數峽灣小鎮一樣，斯特茲瓦菲厄澤被高山(Stedji、Hellufjall、Súlur)環抱，擁有別樹一幟的峽灣景色。

鎮內較有特色的景點是石頭收藏博物館 (Petra's Stone Collection)，這裡展出了石頭收藏家 Ljósbjörg Petra María Sveinsdóttir 自 1946 年開始收集的各式各樣石頭收藏品，這些藏品主要來自冰島東部及 Stöðvarfjörður 峽灣內。

✉ Stöðvarfjörður, Iceland ⏰全年 ➡行駛1號公路自駕前往，參考座標(64°50'18.002"N;13°52'51.972"W) ⧖1小時或過夜 🌐en.visitfjardabyggd.is/fjardabyggd/stodvarfjordur 🗺 P.174

鎮內唯一的教堂可以算是小鎮內最「指標性」的建築

福斯克魯斯菲厄澤 Fáskrúðsfjörður

法式風情的峽灣小鎮

福斯克魯斯菲厄澤算是東部峽灣的中心小鎮，位於 Vattarnes 和 Hafnarnes 半島之間。小鎮最早在 1880 年是一個貿易經商地點，從 19 世紀下半期開始至 1935 年，這個鎮成為冰島東部法國漁民的主要集散地。不少由法國漁民遺留下來的傳統被完整保留，至今仍以保有法國傳統而聞名，與法國的市鎮格拉沃利訥 (Gravelines) 有密切的聯繫。

除了鎮內的法國博物館，這裡還可以看到曾有法國領事、法國醫院和法國小教堂的痕跡。細心留意的話，你會發現村莊的路標有不少是法文，非常有趣。

✉ Fáskrúðsfjörður, Iceland ⏰全年 ➡行駛1號公路自駕前往，參考座標(64°56'3.775"N;14°1'0.837"W) ⧖1小時或過夜 🗺P.174

冰島文化發現

現代發展歷史極短的冰島

冰島在二次世界大戰(1940年)以前，其實是歐洲最封閉的國家之一，主要的轉折點是由英軍、美軍駐軍冰島開始。由於冰島的地理位置正好處於歐洲大陸與美洲之間，二戰期間英軍、美軍先後以「保護」冰島為名進駐冰島這個中立國，非但沒有人命傷亡，反而帶來了先進的技術和建設，冰島第一座機場也是由駐軍建設的。戰後，冰島受到美國大量的經濟援助得以迅速發展，對於冰島現代文化的塑造，有一定程度的影響。

小鎮幾乎很少遊客造訪，一年四季都散發著濃厚的「生活」感

雷扎爾菲厄澤 Reyðarfjörður (Búðareyri)
冰島東部的工業小鎮

Reyðarfjörður(Búðareyri) 小鎮位於冰島東部最長、最寬的 Reyðarfjörður 峽灣內，長居人口大約有 1,102 人。古時挪威人曾經沿著峽灣設立捕鯨站，經常在這裡捕魚、釣魚。峽灣內的小鎮有自己獨立的名字「Búðareyri」，但通常只要說 Reyðarfjörður，都可以搜尋到相關資訊，大家也會理解你所指的是雷扎爾菲厄澤。

Búðareyri 位於峽灣的深處，而峽灣的獨特結構為這個小鎮提供了先天地理優勢——天然的避風港，也讓這個小鎮在 1909 年東部道路完成建設之後，成為這個地區的貿易中心。隨著時代發展，現在的雷扎爾菲厄澤主要以鋁冶煉廠來維持經濟發展，當地人也非常支持這項工業，和普遍冰島人認為「不應支持重工業而導致環境破壞」的觀念不盡相同，是一種有趣的現象。

✉Reyðarfjörður, Iceland ⏰全年 🚗行駛1號公路轉入92號公路前往，參考座標(65°2'8.692"N;14°13'26.553"W) ⏱1小時或過夜 MAP P.174

❶夏季的小鎮山坡上可以找到盛開的魯冰花／❷小鎮經常散發著偏遠的「遺世」感

島民小提示

順遊埃斯基菲厄澤登山留名

如果你在冰島的逗留時間比較多，還可以行駛95號公路前往埃斯基菲厄澤(Eskifjörður，座標參考65°4' 45.539"N;14°1' 3.346"W)。它是冰島東部第二大貿易站，主要的經濟來源是漁業，這裡同時有東部最主要的警察局。現在常居小鎮的人口約1,050人，相比其他只有幾百人的東部小鎮來說，已經算是「人口爆炸」的鎮了。最有挑戰性的事是攀登高985公尺的高山 Hólmatindur，據說這座山的山頂有一本留言簿，讓成功登頂的勇士們留下大名。

1

2

埃伊爾斯塔濟 Egilsstaðir
冰島東部最大城鎮

Egilsstaðir 最直接的翻譯是「The Place of Egill」，Egill 是已知最早在這片土地上耕種的農夫，也因此 Egilsstaðir 便以他命名。埃伊爾斯塔濟是冰島最年輕的大城市之一，正式成立於 1947 年，總人口超過 2,200 人，稱得上是東部難得一見的繁華大城。

埃伊爾斯塔濟的機場也是連結冰島東部和冰島其他地區的主要城市，如果想要乘坐飛機到冰島東部遊覽，絕大部分起飛降落的機場都是埃伊爾斯塔濟機場。鎮內可以找到多樣化的服務，修車場、餐廳、飯店、露營地、咖啡廳、商店、超市、加油站一應俱全，如果你準備繼續前往北部旅行，這裡是一個非常優良的物資補給站。

✉ Egilsstaðir, Iceland ☎ 當地旅遊局：+354 470 075 ⏰ 全年 ➡ 行駛1號公路或1號公路轉95號公路前往，參考座標(65°16'17.650"N;14°23'36.758"W) ⏱ 2～3小時 🌐 www.visitegilsstadir.is/en 🗺 P.174

埃伊爾斯塔濟教堂(照片提供／Tony Wang)

島民小提示　私房推薦

冰島東部私藏祕境：Stuðlagil峽谷

如果在夏季6～8月期間自駕到訪冰島東部，還可以考慮位於埃伊爾斯塔濟城不遠的Stuðlagil峽谷。這個峽谷由數量眾多且方向各異的玄武岩石柱組成，一直延伸至河流下游，十分壯觀。

最佳觀賞為東面方向，Google地圖輸入「Stuðlagil (East side parking)」，即可找到停車場。需要注意的是，從東面停車場往返瀑布觀景點遠足大約2～2.5小時，而且923公路為碎石路，推薦駕駛底盤高的4WD車。

Vök 溫泉 Vök Baths
冰島唯一能「喝」且漂浮在湖面的溫泉

Vök 溫泉坐落於 Urriðavatn 湖，是冰島東部最大的溫泉，距離冰島東部最大的城鎮埃伊爾斯塔濟 (Egilsstaðir) 僅 5 公里。Vök 與著名的藍湖溫泉由同一位設計師所設計，完美結合了冰島原始風光與富現代感的溫泉。冰島文 Vök 一詞意為「冰上的孔洞」，取名源於 Urriðavatn 湖冬季結冰時，冰封的湖面上有幾處地方總會融化，追根溯源才發現了隱藏於湖底的地熱溫泉。溫泉水由天然地熱能源直接加熱，其水體中的硫、矽等礦物含量較少，所以沒有冰島其他地熱區特有的「臭雞蛋」味。一汪清澈的泉水直接取自 Urriðavatn 湖，時時從泉眼湧入湖心，因此這裡的溫泉水十分乾淨、純淨，是冰島唯一被認證可飲用的地熱水。

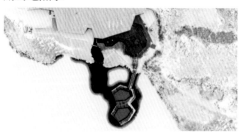
冬季時只有Vök溫泉所在湖域不會被冰封

Vök 溫泉浴場的設施十分完善，兩座漂浮的溫泉池建於湖心，另有一組水池建於岸上，水池間鋪設了原木步道。此外，還設有餐廳、茶吧與酒吧，Soups & Bistro 餐廳提供北歐創意料理，大量使用當地新鮮時令有機食材，不妨預留時間在此用餐；在茶吧可品嘗由冰島植物與天然泉水沏成的草藥茶；這裡的自製啤酒也是一大特色，與當地一家小型啤酒廠合作，生產了兩種獨特的 Vök 精釀啤酒：窖藏啤酒 Vokiv，以及加了當地檸檬香蜂草的啤酒 Vaka。啤酒是用湖泊的熱水釀造而成，非常值得一嘗。

✉ Vök við Urriðavatn 701 Egilsstaðir 📞 +354 470 9500 🕐 6/15～9/15每日10:00～23:00，9/16～6/11每日12:00～22:00，冰島公眾假期有特別營業時間，請查詢官網 💲 成人6,490 ISK起，長者、學生及傷殘人士4,690 ISK起，6～16歲兒童3,090 ISK 起，5歲以下有家長陪同之幼兒免費 ➡ 自駕參考座標(65° 18' 12.676'' N; 14° 26' 48.226'' W) ⏱ 1～2小時 🌐 vokbaths.is/en ❓ 0～5歲兒童可以入場，但須由監護人陪同，並與監護人共用儲物櫃。泡溫泉時必須使用溫泉提供的兒童游泳用安全氣囊。有提供泳衣及毛巾租賃服務 MAP P.174

❶浮在湖面的兩個溫泉池／❷運氣好的話，還能在冬天偶遇極光，夏天時看到午夜陽光

拉加爾湖 Lagarfljót
小心水底的蟲怪！

Lagarfljót 又稱 Lögurinn，總面積大約 53 平方公里，最深的地方大約 112 公尺。這裡最神祕的地方在於相傳湖內住著一隻像蛇一樣的水怪 (Lagarfljótsormurinn)，正如尼斯湖水怪一樣，是世界聞名的怪物；也有人直接根據冰島文的直譯 Lagarfljóts(Lagarfljót's)、ormurinn (Worm) 把這隻怪物稱為「拉加爾湖蟲怪」。自古以來已經有不少人號稱在湖內見過牠，甚至拍到牠的影片。如果你到了這個湖，可以打起十二萬分精神留意湖內，或許下一個因為發現水怪而成名的人就是你。

✉ Lagarfljót, Iceland 🕐 全年 💲 免費 ➡ 自駕參考座標 (65°11'5.255"N;14°35'58.713"W) ⏱ 30～40分鐘 ❓ 拉加爾湖面積很大，從埃伊爾斯塔濟城市邊緣就可以看到湖 MAP P.174

傳說中住了水怪的拉加爾湖(照片提供／Iurie Belegurschi)

火山瀑布（亨吉瀑布）Hengifoss
紅黑玄武岩間奔流而下的潔白瀑布

火山瀑布高 128 公尺，是冰島第三高的瀑布。最大的特色就是它是一個從黑紅相間的玄武岩岩石壁之間，飛流直下的瀑布，潔白的瀑布水和黑紅色的岩石形成了顏色上的對比，顯得更為奇妙。岩石地層之間的紅色是黏土，一種被稱為「古土壤」(Paleosol) 的土壤，遠看還有種夾心蛋糕的感覺。

從停車場走到火山瀑布單程距離約 2.7 公里，途中還會經過另一個特色瀑布——被玄武岩石柱包圍的 Litlanesfoss(或稱 Stuðlabergsfoss)。如果加上停留、慢慢走、拍照的時間，單程步行需要 1.5 小時左右，往返大概需要 3 小時，沿途會有指示牌，不需要擔心會迷路。建議穿著舒適的登山鞋以及適合該季節的衣物。

Hengifoss

✉ Hengifoss, Iceland ◐ 全年 $ 免費 ➡ 自駕參考座標 (65°4'24.169"N;14°52'49.749"W)，抵達距離瀑布最近的停車場 ⏱ 3 小時 http www.hengifoss.is/en MAP P.174

塞濟斯菲厄澤 Seyðisfjörður
白日夢冒險王小鎮

塞濟斯菲厄澤可以說是東部峽灣內最角落、隱密的小鎮，總人口只有約 700 人，位於同名的塞濟斯菲厄澤峽灣中，因前幾年的電影《白日夢冒險王》而聲名大噪，有非常多電影的忠實粉絲前來「朝聖」。

冰島文化發現

為什麼冰島的樹那麼少？

在冰島遊覽，你應該不難發現「冰島基本上沒有樹木，絕大部分土地都是光禿禿的平原和矮小的灌木」。根據統計，目前全冰島只有大約 1.5% 被樹林覆蓋。其實以前冰島有 30% 以上的地區都有樹木，但因為第一批定居者抵達冰島時大量砍樹、開墾農地、用木材取暖，導致樹林大片流失，土地也被強風侵蝕，成為歐洲歷史上最大的環保危機之一。目前眼見所及的絕大部分樹木、小樹都是人為種植的，以挽救古冰島人留下來的局面。

所以本地之間流傳著一句這樣的話：如果你在冰島的「樹林」中迷路了怎麼辦？答：站起來就好啦。

塞濟斯菲厄澤在 1848 年才真正開始有人定居，一直以來都是以漁業支持著小鎮的發展。

小鎮位於幽謐的峽灣中，進入小鎮之前，你就會深深感受到小鎮因高聳入雲的山峰包圍、雲霧繚繞，而有一種「仙境」的感覺。雖然這些山谷為小鎮營造出絕佳的視覺享受、提供了迷人的景色，但同時也帶來過麻煩。主要的原因是陡峭的山谷非常容易造成雪崩，最嚴重的一次雪崩事故發生於 1885 年，導致 24 人死亡，是冰島歷史上最嚴重的雪崩事件之一。

小鎮面積非常小，走路的話 1 小時之內可以繞鎮內一圈。鎮中央有一座指標性的藍色教堂，藍色教堂正對著的主街有很多有趣的手工商店、咖啡廳等等，足以讓你開暇地看著景色、喝著飲料度過一個悠閒的午後。如果你是《白日夢冒險王》的忠實粉絲，也不妨花點時間在這裡找一找「冒險王」的痕跡。

✉ Seyðisfjörður, Iceland ☎ 旅遊資訊中心：+354 472 1551 ⏰ 全年 ➡ 從埃伊爾斯塔濟行駛93號公路自駕前往，參考座標(65°4'24.169"N；14°52'49.749"W) ⌛ 2～3小時或過夜 http www.visitseydisfjordur.com ❓ 前往小鎮只有唯一一條位於山上的93號公路，雲霧低的時候這條路會被雲海淹沒，能見度非常低，自駕需格外小心謹慎 MAP P.174

❶著名的藍色教堂／❷進入小鎮之前會看到的瀑布／❸東部峽灣內的祕境雙層瀑布

私藏祕境分享

我曾在IG上分享過一張雙層瀑布的照片，非常多人問我到底是在哪裡拍的，在此就簡單地分享一下瀑布的大致位置，如果大家和這個瀑布有緣，相信你也可以找到。

抵達小鎮之前，在93號公路的中間有一座很大的石頭紀念碑，紀念碑旁邊有停車的位置。把車停好之後，通過鐵橋走去對面，然後一直向前走，就會看到圖❸這個位於深谷中的雙層小瀑布了。

這個石頭紀念碑只有在天氣好的時候才比較容易看到，且進入塞濟斯菲厄澤的方向才有停車位；所以如果你是從塞濟斯菲厄澤折返的話，是沒辦法停車的。不過，當道路被雲遮住、天氣不好的時候，基本上很難發現路旁有一座這樣的石碑。建議大家不要抱著「我一定要找到」或者「絕對要拍照」之類的心情前往尋找，隨遇而安，如果有緣的話，自然可以一睹它的真容。無論何時我都覺得，冰島是一個隨時隨地充滿驚喜的國家，有時候不刻意去找，反而會發現很多美麗的景色。

北部地區

　　冰島北部也有一條像「黃金圈」一樣的旅遊路線:「鑽石圈」(Diamond Circle),也是把比較重要、著名的旅遊景點連結在一起之後的統稱。北部地區由於特殊的氣候影響,夏天時氣溫經常比南部高,但冬季時又會比南部早下雪、氣溫低,而且更為接近北極圈,所以「永晝」和「永夜」的情況會更明顯。

　　北部也有一些峽灣小鎮,和其他峽灣地區一樣,可能需經難行或砂石路段,夏天時如果駕駛性能較好的車,可以前去看看;但冬季就不推薦了,相對來說危險性較高。

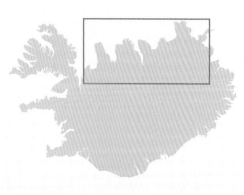

(P.184下方左邊照片提供／Kaki Wong)

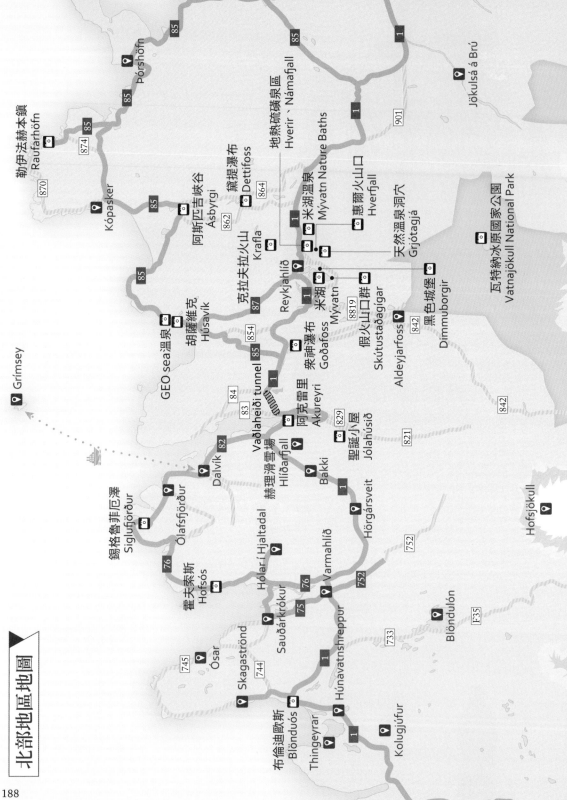

北部地區地圖

Grímsey

勒伊法赫本鎮 Raufarhöfn

Þorshöfn

Kópasker

870
874
85
85
85

阿斯匹吉峽谷 Ásbyrgi
862

黛提瀑布 Dettifoss
864

地熱硫磺泉泉區 Hverir、Námafall

米湖溫泉 Myvatn Nature Baths

惠爾火山口 Hverfjall

天然溫泉洞穴 Grjótagjá

瓦特納冰原國家公園 Vatnajökull National Park

Jökulsá á Brú

901
1
1
85

克拉夫拉火山 Krafla
87

Reykjahlíð
1

米湖 Myvatn
8819

假火山口群 Skútustaðagígar

黑色城堡 Dimmuborgir
842

Aldeyjarfoss
842

胡薩維克 Húsavík

GEO sea溫泉

85
854

Vaðlaheiði tunnel
1

眾神瀑布 Goðafoss

阿克雷里 Akureyri
84
83

赫理滑雪場 Hlíðarfjall

Bakki

聖誕小屋 Jólahúsið
829

821

Dalvík
82

Ólafsfjörður

錫格魯菲厄澤 Siglufjörður

76

霍夫索斯 Hofsós

Hólar í Hjaltadal

Varmahlíð
76

Hörgársveit
1

752
752

Hofsjökull

Blöndulón
F35

Saudárkrókur
75

Ósar
745

Skagaströnd
744

733

布倫迪歐斯 Blönduós

Thingeyrar
1

Húnavatnshreppur

Kolugljúfur
1

北部之都——阿克雷里

阿克雷里(或稱阿庫雷里,Akureyri)是來到北部的遊客們最愛的其中一個歇腳地,除了住宿、餐廳有比較多的選擇之外,大部分的北部旅行團都會從阿克雷里出發,前往周邊參與各種活動。Akureyri這個字直接翻譯成英文是 Sandbank Field(渚野),而 eyri 這個結尾有「突出海面的土地」的意思。

阿克雷里是北部最大的城市,也是繼大雷克雅維克首都 Höfuðborgarsvæðið 地區(包括Reykjavík、Kópavogur、Hafnarfjörður、Garðabær、Mosfellsbær、Seltjarnarnes 以及 Kjósarhreppur)之後最大的城市,長住人口約 18,000 多人。它是重要的港口和捕魚中心,西元 9 年開始漸漸有人居住,直至 1786 年才獲得城市憲章(Municipal Charter),成為城市。阿克雷里位於冰島最長的峽灣Eyjafjörður 的盡頭,被約 1,500 公尺長的山脈圍繞,所以在城市周圍可以看到延綿不絕的山景,是一座被峽灣、山巒包圍的城市。

阿克雷里以北 60 公里便是北極圈,所以在這裡體驗到的夏季「永晝」和冬季「永夜」的現象也會更為明顯,全年平均溫度比雷克雅維克稍低,但是夏季最高溫度偶爾可以達到 25℃,甚至

比雷克雅維克還暖和。有些本地人戲稱「雷克雅維克下雨,阿克雷里就會是完美的晴天」(反之亦然)——當然這沒有什麼科學依據,但特別的是這個現象幾乎80% 都會成立,非常神奇。阿克雷里有一條集中了主要商店的購物主街道「Hafnarstæti」,沿著這一條街從頭到尾,你可以找到各類店鋪。

🌐阿克雷里旅遊局:www.visitakureyri.is 🗺P.188

阿克雷里港口也有出發到海中賞鯨的賞鯨旅行團

▶ 島民小提示 ◀

北部可選的住宿地點

● 主要住宿:阿克雷里
● 1號公路沿途小鎮:Reykjahlíð、Laugar、Þingeyjarsveit、Einarsstaðir、Svalbarðseyri、Varmahlíð、Blönduós(除了小鎮之外,1號公路沿途也會有零星的飯店、旅店)
● 北部峽灣內主要小鎮:Húsavík、Kópasker、Raufarhöfn、Grenivík、Laufás、Dalvik、Ólafsfjörður、Siglufjörður、Hofsós、Sauðárkrókur、Hvammstangi、Borðeyri

🌐冰島北部旅遊:www.northiceland.is

自駕遊北部注意事項

建議想要自駕遊北部的遊客,無論什麼季節出遊,都需租用底盤高的4WD車輛。主要原因是不少景點不在1號公路附近,途經的砂石路數量不少,出於安全和方便,請別為了便宜而選擇底盤低的2WD小車。通常來說,進入9月之後北部就有機會下雪,深冬時分積雪、結冰路段更是不少,加上隨時都有可能因為惡劣天氣臨時封路等等,所以建議沒有雪地駕駛經驗的人不要輕易嘗試自駕;反之,可以選擇從雷克雅維克乘坐冰島國內航空飛到阿克雷里,然後以阿克雷里為據點,參加包含接送的1日遊或多日遊旅行團,相對省時、方便,也更安全。

阿克雷里大教堂 Akureyrarkirkja
阿克雷里的象徵

　　阿克雷里代表性的大教堂，是阿克雷里城市的地標，地位相當於雷克雅維克的哈爾葛林姆大教堂。它是一座路德 (Lutheran) 教堂，由 Guðjón Samúelsson 設計，在 1940 年完工。教堂建在一個小山坡上，需要走過 100 多階樓梯才可以到達，如果不想走路，也可以開車把車停在教堂旁的停車場。

　　進入教堂之後，可以看到祭壇後面的 5 塊彩色玻璃，它們最早是在英國的 Old Coventry Cathedral 裡面，輾轉之下來到冰島繼續它們的使命。教堂四周也都裝嵌了小型的彩色玻璃，陽光透過這些玻璃影射出七彩的顏色，讓教堂更為夢幻。教堂內部的天花板還吊著一艘船的模型，這是為了遵循古老的挪威傳統，目的是保佑所有出海水手的平安。

📧 Eyrarlandsvegur, Akureyri 600, Iceland 📞 +354 462 7700
🕐 週一～五10:00～16:00，但每年開放時間略有變動，彌撒、喪禮等特殊情況教堂會對外關閉，請查詢官網
💲 免費 ➡️ 抵達阿克雷里市中心後步行可達，自駕參考座標(65°40'47.55"N;18°5'26.76"W) ⏰ 30分鐘 🌐 www.akureyrarkirkja.is

轟立於山頂的阿克雷里大教堂

冰島文化發現

阿克雷里的心形交通號誌燈

　　為了鼓勵遭遇2008年冰島金融危機的冰島人，阿克雷里政府把城市內不少紅色交通號誌燈換成了紅心形狀，希望大家不要放棄、要正面思考、把精力放在更重要的事情上。雖然金融危機已經過去，但這些帶有正面意義的號誌燈則被留了下來，繼續鼓勵著看到它們的人。

極地植物園 Lystigardurinn(Arctic Botanical Gardens)
全世界最北的植物園

極地植物園是冰島第一個公園,於 1912 年建成,距離北極圈只有 50 公里,是世界上距離北極圈最近的植物園,從阿克雷里市中心步行大概約 10 ～ 15 分鐘就可以到達。除了遊客參觀、為「冰冷」的冰島北部增添一份生機外,植物園一直在做有關樹木、灌木等植物在北極邊緣生存條件的研究,因此在這裡可以看到比較多種類的植物,是冰島難得「七彩繽紛」的地方。植物園面積不小,如果在這裡悠閒地散步、放鬆、拍照,隨時有可能花掉 1 小時以上的時間。

植物園裡面有一家外型設計獨特的咖啡廳,Café Laut,最特別的地方在於落地玻璃上模仿樹枝的木頭紋理,與「植物園」這個主題完美融合、相輔相成,變成園內一道美麗的光景。

✉ Eyrarlandsvegur 3, Akureyri 600, Iceland ☎ +354 462 7487 ⏰ 6/1～9/30週一～五08:00～22:00,週六、日09:00～22:00;冬季花園設施關閉 💲 免費 ➡ 抵達阿克雷里市中心後步行可達,自駕參考座標 (65°40'43.585"N;18°5'27.662"W) ⏱ 1小時 🌐 www.lystigardur.akureyri.is ❓ 根據官方資料顯示,冬季花園內的設備會關閉,但鐵欄並不會封鎖,仍可以在公園內散步

❶Café Laut/❷園內的溫室栽培了各類植物

Hof 文化會議中心 Menningarhússins Hofs á Akureyri
地位等同北部的哈爾帕音樂廳

1999 年,冰島政府想要在首都地區之外再建一個可以促進文化及藝術發展的設施,讓藝術及音樂文化工作者有更多空間和平台展

阿克雷里海邊的Hof文化會議中心

現才華,所以選擇在北部之都阿克雷里興建了這個文化會議中心。興建的協議於 2003 年正式簽訂,2010 年文化中心正式落成。雖然說 Hof 是專為音樂和其他表演藝術而設計的建築物,但除了有大量的音樂演出之外,這裡也會舉行會議、招待會、派對和展覽,是一座多功能的建築。

✉ Strandgata12,600 Akureyri ☎ +354 450 1010 ⏰ 週一～五08:00～18:00,週六、日10:00～18:00 💲 入內參觀免費,觀看表演需要門票 ➡ 抵達阿克雷里市中心後步行可達,自駕參考座標(65°41'5.15"N;18°5'3.328"W) ⏱ 20分鐘 🌐 www.mak.is/en ❓ 售票處會在活動演出前2小時開放人工售票

聖誕小屋 Jólahúsið(Christmas Garden)

全年 365 天，天天過聖誕

距離阿克雷里市中心短短10分鐘車程，一年四季都販售來自世界各地，以及冰島本地手工製作的聖誕節裝飾品和用品，可以說是「聖誕迷」們的天堂，無論任何時間造訪，只要一踏入聖誕小屋，都會讓你感受到濃厚的聖誕節氣息。聖誕小屋外型像童話書裡的糖果屋，牆身是鮮豔的紅色，屋頂以巨型的糖果模型作為裝飾。雖說這個小屋可以全年無休地讓人感受到聖誕氣氛，但還是在冬天飄雪的時候，才可以滿足遊客們「在雪中尋找糖果屋」的幻想。

這個「糖果屋」還有全世界最大的聖誕日曆，永遠在倒數聖誕節的來臨，像是提示著大家，「年復一年、家人團聚的溫馨時刻總會來臨」。屋外的院子裡也有一些長桌、凳子，可以野餐，天氣好的時候，還會開放「蘋果小屋」(Apple Cottage)，販售好吃的鬆餅給所有到這裡玩的遊客。

✉ Sveinsbær, 601 Akureyri ☎+354 463 1433 🕐6～8月10:00～21:00，9～12月14:00～21:00，1～5月14:00～18:00 💲免費 ➡沿821號公路可達，自駕參考座標(65°34'47.780"N;18°5'30.700"W) ⏱40分鐘 MAP P.188

❶白雪襯托下更有氣氛的聖誕小屋(照片提供／Kaki Wong)／❷聖誕小屋讓你在冰島「炎夏」，也可以體驗聖誕氣氛(照片提供／Kaki Wong)

島民小提示

前往北極圈內的Grímsey小島

距離阿克雷里不遠的Grímsey島是冰島唯一一個在北極圈內的國土，居民大約只有100人，是超迷你小島。如果想要得到一張進入北極圈的證書，就必須踏足這個小島。可以坐冰島國內航空(Norlandair)從阿克雷里飛到Grímsey，或者從Dalvík坐渡輪前往。

🌐渡輪資訊：www.samskip.is/innanlandsflutningur/saefari/english

行駛新隧道需收費

阿克雷里附近開了一條需要繳費的Vaðlaheiði Tunnel，原本的1號公路已改成編號83、84號公路。使用這個隧道後，大家需要自行前往官網(🌐www.veggjald.is/en)登記車牌號碼，並用信用卡繳費；若使用隧道後3小時內沒有繳費，會被罰款。普通車輛單次收費1,500 ISK，超過3小時後提高為2,500 ISK。

鑽石圈及周邊

將冰島北部旅遊路線的景點串連後，形狀很像一個倒著的鑽石，所以被稱為「鑽石圈」(Diamond Circle)，其中主要景點包括：黛提瀑布、阿斯匹吉峽谷、克拉夫拉火山 (Krafla)、地熱硫磺泉區、米湖等。這裡會為大家介紹一些鑽石圈內主要及周邊景點，如果想要細細品味每一個景點的獨特魅力，最起碼要預留 2～3 日的時間。

阿斯匹吉峽谷 (馬蹄峽谷) Ásbyrgi
被大片樹木覆蓋的馬蹄形峽谷

阿斯匹吉峽谷是一個馬蹄形的峽谷，曾經屬於 Jökulsárgljúfur 國家公園的一部分，而這個國家公園已於 2008 年被納入瓦特納冰川國家公園範圍之內，所以現在阿斯匹吉峽谷也是瓦特納冰川國家公園的一部分。

因為峽谷被樹木覆蓋，一年四季都有顏色變化，在不同季節前來，都會有不同的感覺。根據冰島的傳說，阿斯匹吉峽谷是一個北歐神 Oðin(奧丁) 騎著祂的八足神馬 (Sleipnir)，踏過這裡之後留下的馬蹄印。

冰島著名樂團 Sigur Ros 的 DVD〈Heima〉中，就收錄了他們在阿斯匹吉峽谷舉行的演唱會。

健行前往 Vesturdalur

Vesturdalur 和 Ásbyrgi 之間有徒步路線相連，如果徒步從 Ásbyrgi 走去 Vesturdalur，大約需要 3 小時左右。在這裡徒步會看到一系列的營地，以及很多形狀各異的岩石，其中最著名的叫 Hljóðaklettar。此外，另一個你會見到的著名景點是 Rauðhólar 火山岩地貌，有一個名為 Eyjan 的池塘。

✉ Ásbyrgi, Iceland ☎ 遊客中心：+354 470 7100 🕐 全年 💲 免費 ➡ 由862號轉入861號公路，在861號公路旁即可遠觀峽谷，參考座標(66°1'3.981"N; 16°30'19.936"W) ⏱ 僅遠觀峽谷可1.5小時左右，若想要在該地區健行，需預留4小時以上 ❓ 861號公路是完全沒有鋪裝柏油的碎石路，如果天氣不好、冬季，或沒有4WD車輛都不建議前往 MAP P.188

❶俯瞰整片可徒步健行的地區／❷遠觀阿斯匹吉峽谷／❸如果你愛好地質，這些岩石都會成為你的寶藏

巨型的黛提瀑布

🚩 黛提瀑布 Dettifoss
歐洲水量最大的瀑布

黛提瀑布是瓦特納冰川國家公園的一部分，離米湖不遠，是歐洲水量最大的瀑布——每秒500平方公尺，從約45公尺的高處飛流直下，有「魔鬼瀑布」之稱，震耳欲聾的瀑布呼嘯聲，即使離瀑布有段距離也都聽得見。

瀑布高45公尺，寬100公尺，旁邊有一條大約34公里長的健行路徑，可以走到阿斯匹吉峽谷。黛提瀑布的源頭是從瓦特納冰川來的 Jökulsáá Fjöllum 河，因為水裡面含有大量從冰川流下來的沉積物，所以黛提瀑布的水呈灰白色。

該從862或864號公路前往黛提瀑布？

862號是經修葺的柏油路，推薦大家行駛這條路前往。864號則是碎石路，需要駕駛4WD且底盤高的車輛，冬天會封閉。

電影《普羅米修斯》曾在864號公路取景拍攝，如果是專門為了尋找電影的拍攝角度，或者追求和瀑布近距離接觸，應該選擇864號公路；但我更喜歡862號公路的角度，雖然遊客多，但可以看到瀑布整個形狀。

島民小提示

順遊Selfoss

黛提瀑布附近還有一個非常美的小眾瀑布，Selfoss(和南部的一個小鎮的名字一樣，別被同名混淆了)。Selfoss寬度約100公尺、高約11公尺，在黛提瀑布上游，和黛提瀑布一樣源頭都是Jökulsáá Fjöllum河。

Selfoss瀑布由多條小瀑布組成，數量眾多的小瀑布從岩石之間飛瀉而下，形成了一幅「岩石之間的壁畫」。

Selfoss瀑布

✉ Dettifoss, Iceland ⏰ 全年 💲 免費 ➡ 沿1號公路駛入862或864號公路前往觀景區，停車場座標參考(65°48'41.414"N; 16°24'0.85"W) ⏳ 1.5小時 ⓘ 瀑布周圍水氣很重，大風、陰天時都會冷，需注意保暖及防水 🗺 P.188

🚩 眾神瀑布 Goðafoss
北歐舊神的長眠之地

另一條冰島北部必去的瀑布——眾神瀑布，寬 30 公尺，高 12 公尺，屬於 Sprengisandur 高原路開始的東北地區 Bárðardalur 區，在 1 號環島公路的旁邊。如果把它的名字直譯成英文，意思是「Waterfall of The Gods」(神的瀑布) 或者「Goði」(牧師／酋長的瀑布)。

至於眾神瀑布為何得名，背後有一個動人的小故事。當冰島有首批定居者時 (9、10 世紀)，最主要的定居者都是信奉北歐的舊神——奧丁 (Odin)、索爾 (Thor)、洛基 (Loki)、弗麗嘉 (Frigga) 等眾神。但歐洲國家接二連三地把基督教定為官方宗教，這對依然信奉舊神的冰島造成了很大的壓力。

面對外國的壓力以及其他國家入侵冰島的威脅，迫使冰島需儘快決定是否要把基督教轉為官方宗教。西元 1000 年，冰島國民會議 (Alþingi) 提出將基督教奉為冰島官方宗教的動議，而這個決定的重擔就落在了當時的議會法律顧問 Þorgeir Þorkelsson(Þorgeir Ljósvetningagoði) 肩上。

據說 Þorgeir 為了做出這個決定，曾經在「神樹」下坐了一天一夜，默默祈禱、尋求舊神們的指引。最終為了保護冰島，作為法律代表發言人的他，也採納了把基督教奉為冰島官方宗教的建議。動議通過之後，Þorgeir 把家中曾經信奉的北歐「舊神」神像全部投入了這個瀑布中，此舉代表他摒棄舊神的決心，而這個瀑布也因此被命名為——Goðafoss，就像暗示著北歐神們將永久長眠於此，成為舊神的墓塚。

✉ Goðafoss, Iceland 🕐 全年 💲 免費 ➡ 自駕參考座標 (65°41'3.597"N;17°32'54.724"W)前往眾神瀑布停車場 ⧖ 1小時 ❓ 前往眾神瀑布停車場途中有一小段砂石路，駕駛難度不高，但仍須小心 MAP P.188

正面的眾神瀑布／❷眾神瀑布是一個拍出帥氣照片的好地方

Mývatn 在冰島語中，Mý 的意思是「蠓」，vatn 的意思是「湖」，因此米湖正確的翻譯應該是「蠓湖」；也有一些翻譯會把 Mý 翻譯成「蚊」或「蠅」，所以有人會把這裡稱為「蠅湖」或者「蚊湖」。Mývatn 之所以會得到這個名字，是因為一到夏天，湖附近就會有很多小飛蟲。有些人或許聽說米湖的別名是蚊子湖，其實並不完全正確，因為冰島沒有會咬人的小蚊子，只有俗稱 Daddy Long Leg 的大蚊 (Crane Fly)。

夏季期間在米湖旁邊或者周圍附近停車、下車遊覽，難免都會受到小飛蟲的「圍攻」。雖然牠們並不會對人造成實質傷害，但依然會讓人非常煩躁。如果你怕蟲，可以先準備遮住臉的防蟲頭紗，在遊覽時使用。

米湖是冰島的第四大湖，也是自然保護區，面積 37 平方公里，湖深達 3 公尺，位於歐洲和美洲地理分界的大裂縫上，火山活動頻繁。米湖是冰島北部的優養化湖，有著豐富的生態環境，是著名的觀鳥勝地，超過 15 種的鴨子在此棲息，地球上再無任何其他地方如同米湖有如此多種類的鴨子。於此同時，米湖還是釣魚愛好者的天堂，在米湖垂釣可以收穫斑鱒 (Brown trout) 和大西洋鮭鱒 (Atlantic Salmon)。

✉ Mývatn, Iceland 🕐 全年 💲 免費 ➡ 米湖面積很大，位於 1 號公路和 848 號公路中間，使用這兩條道路就可以圍繞米湖一圈，米湖的座標參考 (65°36'13.896"N;16°59'45.979"W) ⏳ 30分鐘 🌐 www.visitmyvatn.is ❓ 米湖本身只是一個湖泊，景色優美，因為周邊有許多非常有特色的自然景觀而聞名，僅在米湖觀景的話 30 分鐘左右足以，但要仔細遊覽米湖周圍景點，需要約一整日時間。 MAP P.188

島民小提示

釣魚的相關規定

在冰島淡水河或湖內垂釣都必須事先提出申請，徵得地主同意並獲得釣魚證，否則會被視為非法侵害他人財產。可以選擇購買一張釣魚卡 Veiðikortið (🌐 veidikortid.is/is)，這張卡和露營卡一樣，擁有這張卡就可以在指定的淡水水域釣魚。

以下是在淡水水域釣魚的基本規定：

● 每日合法的釣魚時間是 07:00 至日落，夜間釣魚是違法行為，且不可以持續釣魚超過 12 小時。
● 只有每年 6～9 月的週二～五可以合法捕撈鮭魚。
● 禁止把魚從一個水域中釣起，然後在另一個水域放生。
● 所有在非冰島水域中使用過的釣魚用具，都必須全面消毒清潔後才可以在冰島使用。
● 在有地主的淡水水域，必須得到其同意才可以在該水域釣魚。

海邊釣魚不受條例規管，所有人都有權利在海邊垂釣，但嚴禁自行撒網捕魚，只有具備捕魚權的人才有資格在冰島海域捕魚。

❶ 米湖內充滿了許多大大小小、由地殼運動造成的「假隕石坑」／❷ 米湖附近的羊

米湖溫泉 Mývatn Nature Baths
CP 值高的夢幻藍色溫泉

米湖溫泉是一個和藍湖溫泉雷同的藍色天然溫泉，可以說是藍湖的姐妹版。米湖溫泉內的水來自位於溫泉附近 Bjarnarflag 的冰島國家發電廠。高達 130℃的熱水會儲存在溫泉旁的巨型儲水池內，為米湖溫泉這個人工的地熱溫泉提供足夠的地熱溫泉水。

米湖溫泉內水溫長期保持在 36 ～ 40℃左右，在溫泉內不同的位置可以感受到些微的溫度變化。溫泉本身是人工建造的，底部充滿了沙子和礫石，在溫泉內行走的話，腳底會感受到沙子黏黏的觸感。米湖溫泉的水是鹼性的，其中有很多礦物質和硫磺，如果你帶含有銅、銀的飾品進入米湖溫泉，飾品會變黑，所以在進入溫泉區前最好把所有飾品都脫下收好。

在溫泉區門口買票直接進入即可。如果想要在溫泉內喝酒或飲料，需要在入場售票處向工作人員預購，付款之後會獲得一個手環，等你到溫泉裡面後，工作人員會送上飲料。溫泉區內有按摩池、桑拿房等，在這裡泡溫泉、看風景，度過一個放鬆的下午，完美。

雖然位於冰島的北部，對於以雷克雅維克為據點、沒有租車自駕或不打算環島的朋友們來

說，比較難以到達；但是若論 CP 值，米湖溫泉絕對不低，我個人反而更喜歡米湖溫泉。

米湖溫泉雖沒有藍湖溫泉設施那麼豪華、服務多樣化，卻有一種樸實的清純感。溫泉水同樣是美麗的藍色、遊客數量相對較少，而且入場門票比藍湖便宜接近一半，對於純粹想在「藍色的溫泉水」中拍出空靈感美照的朋友們來說，這裡反而是一個非常不錯的選擇。

✉ Jarðbaðshólar, 660 Mývatn ☎ +354 464 4411 🕐 每日 12:00～22:00，冰島公眾假期有特別營業時間，請查詢官網 💲 成人6,490 ISK起，長者、學生及傷殘人士 4,290 ISK起，13～15歲3,190 ISK起 🚗 自駕參考座標 (65°37'51.236"N;16°50'52.684"W)抵達溫泉停車場 ⏳ 2～3小時 🌐 www.myvatnnaturebaths.is ❓ 需自備泳衣、毛巾、洗髮精等相關用品 🗺 P.188

❶米湖溫泉也可以拍攝出像藍湖一樣的「藍色溫泉」照／❷米湖溫泉相對來說是遊客較少的溫泉／❸米湖溫泉內設有小型按摩瀑布，可以舒緩旅途的疲勞

黑色城堡 Dimmuborgir (Dimmuborgir Lava Fortress)
愛搗蛋的 13 個聖誕老人之家

Dimmuborgir 是一個因火山活動而形成的熔岩地帶，這裡可以看到各式各樣由熔岩堆積而成的熔岩塔，隨機散落、高低不一，因此有了「黑色城堡」的稱號。也有另一個說法是「黑色城堡」這個地區和地獄相連，撒旦從天堂被驅趕之後，通過這個入口進到凡間，所以也被視為「黑色惡魔之城」。除了高高低低的熔岩塔，這裡也有不少熔岩洞穴、洞窟等非常有特色的熔岩地貌，周圍有不少灌木叢、植物，夏季時這裡也是小飛蟲們喜歡聚集的地點。

建議在夏天前往黑色城堡，冬天由於路面很難走，有時候甚至會因為天氣不佳而不開放。根據冰島的傳說，黑色城堡是冰島 13 個「聖誕老人」的家，每年這 13 個聖誕老人都會從這裡出發，到各地區騷擾人類，最終再回到這裡，期待明年的搗亂行動。

13 個聖誕老人的傳說

冰島的聖誕節期是由 12 月 12 日開始至 1 月 6 日結束，之所以會有那麼長的聖誕節，和冰島的 13 個「聖誕老人」有關。相傳這 13 個聖誕老人會在聖誕節前夕的平安夜 (12 月 24 日) 前 13 天逐一來到冰島，而在聖誕節當

日 (12 月 25 日) 開始逐一離開，等 13 個聖誕老人離開後，冰島的聖誕節就結束了。

這 13 個聖誕老人 (冰島文：Jólasveinar，英文：Yule Lads) 是由一

對住在深山裡面，會吃小孩的巨魔 (Troll) 夫婦 Leppalúði 和 Grýla 所生。 Grýla 非常邪惡，她最喜歡把淘氣頑皮的小孩子抓住之後扔到大鍋裡煮來吃；而 Leppalúði 是一個生性膽小的丈夫，不敢違背妻子的命令，所以也會協助妻子下山捕獵淘氣的小孩。他們除了生了 13 個小孩，還養了一隻貓 Jólakötturinn(Christmas Cat)，這隻貓也愛吃人，專吃那些在聖誕節之前沒有收到新衣服的人！

至於他們的這 13 個「聖誕老人」孩子，雖然不至於邪惡到吃人，但還是會在不同的時候去人類家中搗亂、惡作劇，他們分別是：12/12：Stekkjastaur(Sheep Cote Clod， 騷 擾 羊棚 的)、12/13：Giljagaur(Gully Gawk，偷牛奶的)、12/14：Stúfur(Stubby， 矮 子)、12/15：Þvörusleikir(Spoon Licker，舔湯匙的)、12/16：

❶山精夫婦Leppalúði和Grýla／❷像城堡堡疊般高低錯落的熔岩岩石群／❸黑色城堡在冰島另一個傳說中，也被認為是墮天使路西法來到人間的入口❹新年倒數時冰島超級熱鬧的氣氛。請注意，冰島只有每年聖誕節期間有救援隊ICE-SAR出售煙火，也只有這段時間允許購買、施放，其他時間放煙火都屬於犯法行為(照片提供／Iurie Belegurschi)

Pottaskefill(Pot Scraper, 舔鍋的)、12/17：Askasleikir(Bowl Licker, 舔碗的)、12/18：Hurðaskellir(Door Slammer, 用力關門的)、12/19：Skyrgámur(Skyr Gobbler, Skyr小偷)、12/20 Bjúgnakrækir (Sausage Swiper, 香腸小偷)、12/21：Gluggagægir(Window Peeper, 窗外偷看的)、12/22：Gáttaþefur(Doorway Sniffer, 在門口聞的)、12/23：Ketkrókur(Meat Hook, 專門用鐵鉤勾肉的)、12/24：Kertasníkir(Candle Beggar,

偷蠟燭的)。

聖誕節開始，這13個聖誕老人會逐一回到山上，等最後一個聖誕老人回家之後，冰島的聖誕節也就正式結束了。如果你在聖誕期間到冰島旅行，很容易可以在商店內找到聖誕老人、邪惡夫婦們的周邊商品。

✉ Dimmuborgir, Iceland 🕐 全年 💲 免費 ➡ 自駕參考座標(65°35'31.385"N;16°54'28.863"W) ⧗ 45分鐘 MAP P.188

島民小提示

聖誕節前後建議前往郊外景點

聖誕節對於冰島人來說是一年一度和家人團聚的重要節日，商店都不會在這天開門、市區內景點也會關閉，城市的街上可以說是非常冷清，和亞洲地區一到節日商家繼續營運、車水馬龍的情況非常不同。

如果不想在聖誕節期間逗留市區內沒事做，可以安排去郊外玩，因為自然景點一直都是開放的。趁聖誕假期到冰島旅行的遊客人數非常多，無論是住宿還是旅行團，都必須提早至少幾個月預訂，否則一位難求。

🚩 假(偽)火山口群 Skútustaðagígar
火山爆發產生的特殊地貌

從外觀上看Skútustaðagígar，確實會讓人誤以為它們是火山，甚至像是天外來石造成的隕石坑。但實際上它們並不是火山，只不過是因為火山爆發造成的獨特地貌。在火山噴發期間，熔岩穿過Skútustaðagígar這片沼澤濕地，火山爆發產生了大量的熱量，進而導致沼澤地噴發蒸氣。當被困在地下的水沸騰並爆裂時，就形成了這些像火山口一樣形狀的「坑」了。

若只打算在遠處看一下這片地區、拍拍照，並不需要花費太長的時間；但如果想走到這些「火山」上面觀景，往返期間需要花長一點的時間。

✉ Skútustaðagígar, Iceland 🕐 全年 💲 免費 ➡ 位於1號公路旁，自駕座標參考(65°36'29.855"N;16°59'37.110"W) ⧗ 30分鐘～1小時 MAP P.188

有時間的話也可以選擇步行5～10分鐘到「火山口」上觀景

地熱硫磺泉區 Hverir、Námafjall

濃厚的硫磺味與輕煙瀰漫

　　Hverir 是一個高溫地熱區域，這裡有很多正在沸騰冒泡的泥塘、冒煙的地熱口等「非地球」的場景。由於濃烈的硫磺味和荒蕪的景象，讓這裡在冰島語中被稱為「Eldhús Djöfulsins」(地獄／魔鬼的廚房)。

　　Hverir 還有一延伸的地熱區 Námafjall，遠處有一座高山名為 Mt. Námafjall，有時間的話也可以爬到 Mt. Námafjall 的頂部俯瞰這片有裊裊輕煙緩緩而升的地熱區。

　　地熱區內專門設立了安全的人行道，危險的地方都會被警示線包圍，出於安全理由，建議不要為了拍一張照片就隨便越過警示線。沿著這條路圍繞地熱區漫步一圈，全程大約 30 分鐘，如果要邊走邊拍照，需要大約 1 小時左右。

✉ Hverir, Iceland ⏰ 全年 💲 免費 ➡ 自駕座標參考 (65°38'30.446"N;16°48'24.751"W) ⏳ 1小時 🗺 P.188

島民小提示

Hverir附近可前往克拉夫拉火山口

　　地熱區對面的小路可以前往克拉夫拉火山 (Krafla)，沿著小路走上火山，俯瞰附近的發電廠及火山口湖。

❶發電廠設施／❷土地被豐富的礦物質染色／❸克拉夫拉發電廠(照片提供／Xiaochen)／❹不斷冒出地熱的蒸氣口

惠爾火山口 Hverfjall
黑色世界裡體會人類之渺小

惠爾火山口是一個非常巨大的火山口，直徑 1 公里，深 140 公尺，形成於 2,500 年前的一次水蒸氣爆破。當已融化的玄武岩遇到地下水，發生巨大的爆炸，玄武岩在爆炸時，散落在火山口周圍，形成了現在看到的惠爾火山口。外型類似巨大比例的黑色灰燼錐，四周有清晰可見的坑紋，帥氣非凡。

惠爾火山口主要以黑色火山石、灰組成，夏天的時候整座火山口都呈現烏黑的顏色，冬天開始下雪的時候這裡也會被雪覆蓋，深冬變成全白色，直到來年夏天才會變回漆黑的顏色。這個火山口適合攀登，最短的登山道路慢慢走的話單程需要 15 ～ 20 分鐘左右，如果要在火山口頂部繞著走一圈則大概需要 1 小時以上。當在山腳看著山上的人，同時又親自攀登上山俯瞰下面的人後，才能真正體驗什麼叫作「渺小」。

✉ Hverfjall, Iceland 🕐 全年 💲 免費 ➡ 自駕座標參考 (65°36'43.8"N;16°52'40.3"W) ⏱ 至少40分鐘 MAP P.188

冰島文化發現

如何從熔岩表面看出它的年齡？

冰島有萬千的熔岩地貌，你可能會以為要看出哪個熔岩新、哪個老，是很科學性的研究才可以得知，但其實並沒有那麼難，只要觀察熔岩的表面就可以了。如果表面凹凸不平，坑紋很多，表示它被腐蝕風化的程度不大，是比較新、年紀小的；反之，光滑的熔岩則是比較老、年紀大的熔岩。

用全景模式拍攝出的火山口全貌

天然溫泉洞穴 Grjótagjá
《權力遊戲》取景地

如果你覺得這個洞穴似曾相識，恭喜你，你真的是一名《權力遊戲》的忠實粉絲。Grjótagjá 洞穴正是拍攝 Jon Snow 和 Ygritte 定情戲碼的取景場地。Grjotagja 水溫經常有變化，1970 年溫度一度過高，約有 50℃，不適合泡溫泉。之後水溫一直下降，但偶爾還是會過熱。由於水溫過高加上洞穴內石頭鬆動會有危險，現在政府已禁止在此泡溫泉。

但非常可惜的是在 2018 年，這個景點受到遊客不少破壞，有人甚至在這裡洗衣服、洗碗、洗鞋、刷牙、隨處扔垃圾……一系列不尊重環境的行為惹怒了當地地主，迫使地主決定暫時封閉洞穴。目前地主仍未回應是否

溫泉洞穴全貌

將重新開放，如果你依然想碰碰運氣，可以在米湖遊覽時順路過去一望。

✉ Grjótagjá,Iceland 🕐 全年 💲 免費 ➡ 自駕座標參考 (65°34'29.535"N;16°53'0.868"W) ⏱ 30分鐘 MAP P.188

賞鯨小鎮──胡薩維克

胡薩維克 (Húsavík) 是冰島北部 Norðurþing 市的一個小鎮，人口大概有 2,100 人，在冰島來說是一個相對「大」的鎮了，主要的經濟來源是漁業和旅遊業，還有一小部分來自零售業和小型工業。根據冰島《定居之書》(Landnámabók，Book of Settlement) 記載，胡薩維克是冰島第一個有挪威人定居的地方。

Húsavík 這個名字如果按照字面上的意思直譯是 Húsa(House)、vík(Bay)，簡單來說就是一個有很多房子的海灣，基本上和小鎮的地理位置或景觀特色沒有很大的關係。有學者認為可能對於最早在這裡定居的挪威人來說，「Húsa」這個字和現代冰島文的字義是不一樣的，估計這個詞或許可以以古挪威語來解釋，但目前來說依然沒有定論。

歐洲著名的賞鯨小鎮

胡薩維克坐擁了一個經常有各種鯨魚會進入的海灣──Skjálfandi 海灣，出海賞鯨成功率高達 99%。根據紀錄，在這片海灣生活的鯨魚有約 24 種，最常見的是小鬚鯨、鼠海豚、白吻斑紋海豚和座頭鯨；有時候藍鯨也會在這片海灣出沒。人們發現了這個海灣經常可以看到鯨魚之後 (根據我曾經在這裡連續 6 日出海做學術研究的朋友分享，他連續 6 日出海都能看到鯨魚，成功率 100%)，就開始有人駕船出海賞鯨，久而久之，胡薩維克也漸漸成為冰島乃至歐洲著名的賞鯨小鎮。

這裡有各式各樣的當地賞鯨團帶你出海賞鯨，雖然到胡薩維克之後再報名也可以 (淡季時甚至有可能在現場買到 1 小時內出發的減價賞鯨團船票)，但在旅遊旺季期間，卻很可能出現滿額的情況，建議提早上網報名。

如果你幸運地在參團期間拍到了鯨魚尾巴的照片，不妨把照片上傳到鯨魚觀測紀錄網站 (happywhale.com)，或許可以查到這隻鯨魚的姓名和特性呢！

島民小提示

冰島很多地方都有相同地名

冰島很多地方的地名都有所重複，例如 Husavik 除了在北部之外，東部也有一個名為 Husavik 的地方；首都附近有 Reykjanes 半島，而西部峽灣內也有名為 Reykjanes 的地方。建議大家在搜尋景點時，也留意一下該景點位於冰島什麼地區，以免找錯地方。

📞 當地旅遊中心：+354 464 6165 ➡️ 沿 85 號公路一直向北行駛即可到達，座標參考 (66°2'40.389"N;17°20'6.984"W) ⏳ 若要參加賞鯨團，需預留至少 3 小時 🌐 www.visithusavik.com ❓ 參加賞鯨團最好自備暈船藥，建議在參團前 15～20 分鐘到舊港口找車位停車 🗺️ P.188

❶ 海鸚漂浮在海面的景象，只有在夏季才可以看到／❷ 夏季可以看到海鸚的海中島

親身賞鯨體驗

我自己在胡薩維克參加過的賞鯨旅行團,是只有夏季才有的快艇賞鯨團,相比其他大賞鯨船體積小,距離海平面更近,所以相對來說看到鯨魚和鯨魚的距離也會更近。但由於速度飛快,對於心臟不太好的人來說會有些壓力。夏季賞鯨旅行團也會帶你去看海鸚。

胡薩維克的賞鯨公司就只有幾間,而且店面都集中在港口上方,基本上不可能找不到。你只需要找到預訂的賞鯨旅行團,到櫃檯告知工作人員姓名、訂單號碼,他們就會給你船票,並告訴你去哪裡上船。

一般的賞鯨團都會免費出借禦寒衣物給參團旅客,而像我參加的快艇類旅行團,更會給你整套連身的防寒衣服、救生衣,同時他們也提供手套、護目鏡,可說是裝備齊全。這種連身衣是連著你本身穿的羽絨外套、外衣一起穿,所以穿起來會很「腫」,一點都不好看,但是勝在保暖力,即使是參加這種行駛速度極快的快艇團,也一點都不會覺得冷。

島民小提示

GEO sea溫泉

在胡薩維克觀鯨過後,不妨前往小鎮附近新建的GeoSea溫泉暖和一下身體,感受冰島北部的無邊界溫泉池魅力。Geosea和藍湖溫泉屬於同一家公司。但由於規模不同,所以遊客人數和門票價格都相差很多,Geosea就顯得CP值格外高。溫泉池緊鄰海邊,所在地比海面高出許多,因此你也可以從溫泉池邊緣俯視海面和海灣。如果是稍微寒冷的季節,山上披著白雪,沉靜的色彩更讓人覺得放鬆。除了自然風景,溫泉旁還有一座黃色的燈塔,為周身環境全天然的自然色彩增添了一抹亮色,讓環境顯得更溫馨、可愛。

MAP P.188

❶傳統賞鯨船/❷船內儀器/❸胡薩維克小鎮港口

賞鯨團類型比較表

	快艇	傳統賞鯨船	普通賞鯨大船
特色	●速度快、刺激 ●可以第一時間根據鯨魚出沒位置去追鯨魚 ●出行人數少 ●行駛時船身較顛簸	●船身外型有特色 ●船速中等、追鯨魚速度略遜快艇，但依然不錯 ●出行人數不多 ●有一層比較高，可俯瞰鯨魚	●船體積大 ●有船艙可以避風 ●行駛時船身較穩定 ●有比較高的層數，可以俯瞰鯨魚
營運季節	冰島夏季前後 (約每年4～10月)	冰島夏季前後 (約每年4～11月)	全年
優點	✔刺激 ✔追鯨魚速度三類中最快 ✔可以最近距離看鯨魚 ✔同行人數最少	✔船隻外型好看 ✔追鯨魚速度、船身穩定度較平均 ✔同行人數適中 ✔旅行團價格適中 ✔有略高的地方俯瞰鯨魚	✔全年營運 ✔沒有年齡限制 ✔旅行團價格最便宜 ✔室內船艙比較保暖 ✔行駛船身最穩定 ✔有略高的地方俯瞰鯨魚
缺點	✘對參加者身體情況要求較高(心臟病患者不宜參加) ✘有最低年齡限制 ✘每年營運時間較短 ✘參團費用最貴 ✘沒有船艙可以避風 ✘沒有略高的地方俯瞰鯨魚	✘每年營運時間較短 ✘沒有船艙可以避風	✘追鯨魚速度反應慢 ✘同行人數多
適合什麼人？	喜歡刺激、沒有心臟病、想要和鯨魚近距離接觸的人	想要坐傳統的船、不喜歡同行人太多、希望價格適中的人	想要省錢、容易暈船、喜歡人多熱鬧、冬天賞鯨的人

(製表／劉月丹)

❶快艇賞鯨船／❷❸海中「溫柔巨人」的揮手

🚩 胡薩維克鯨魚博物館 Húsavík Whale Museum
深入認識鯨魚的好地方

胡薩維克鯨魚博物館針對「鯨魚」有很深入的介紹，除了有和鯨魚相關的歷史發展介紹之外，最特別的就是有很多鯨目類動物(例如鯨魚、海豚、鼠海豚等)的骨架。博物館內也會播放模仿鯨魚呼吸和心跳的聲音，讓你裡裡外外、方方面面、360度了解鯨魚。

如果你喜歡鯨魚，一定要來這裡看看！若錯過了這個博物館，又很想遊覽鯨魚相關的博物館，也可以選擇去雷克雅維克的鯨魚博物館參觀，兩間博物館沒有很大的分別。

有一些賞鯨團和鯨魚博物館有合作協議，參加完賞鯨團之後(記得保留船票)如果再去參賞鯨魚博物館，也許可以獲得門票折扣。

✉ Hafnarstett 1, Husavik 640 📞+354 464 2136 🕐每日10:00～17:00 💲17歲以上成人2,200 ISK，17歲以下免費 ➡由港口步行3分鐘即可到達，座標參考(66°2'48.786"N;17°20'40.469"W) ⏳1小時 🌐www.whalemuseum.is

❶保留參團票據／❷鯨魚博物館

🚩 胡薩維克教堂 Húsavíkurkirkja(Húsavík Church)
港口邊的純樸教堂

一座位於港口邊的小教堂，如果要出海賞鯨，一定會在港口看到它的身影。教堂興建於1907年，由挪威的木材作為原材料建成。教堂只有兩層樓高，面積不大，但是卻有一種純樸、可愛的感覺。大家經過這裡的時候可以花5分鐘進去裡面看看，或者在外面拍照，都是不錯的選擇。

✉ Garðarsbraut 11, Húsavík 📞+354 861 1351 🕐無特定時間，到達後可嘗試推門查看是否能入內 💲免費 ➡由港口步行3分鐘即可到達，參考座標(65°24'28.408"N;13°40'38.936"W) ⏳10～15分鐘 🌐husavikurkirkja.is

有特色的木製胡薩維克教堂

北部峽灣

勒伊法赫本鎮 Raufarhöfn
北極圈周圍的港口小鎮

勒伊法赫本鎮是冰島最北部的小漁村，位於 Melrakkaslétta 半島之上，是一個人口只有約 250 人的超級迷你小鎮。北極圈就位於小鎮的海岸邊，因此這個小鎮也是冰島本島上夏季日照時間最長、冬季日照時間最短的小鎮。Raufarhöfn 可以翻譯成 Raufar(Crevasse ／Tight)、höfn(Harbor)——裂縫／緊的港口，某種程度上和它身處的地理位置也有關係。曾經有一段時間，這個小村莊是冰島最大的出口港口所在地，在 40、50 年代，冰島漁業蓬勃發展，勒伊法赫本鎮在經濟鏈中扮演了非常重要的角色。

小鎮內可以滿足生活所需，加油站、小商店、餐廳、咖啡廳、旅店、銀行、郵局等都有。步行的話，大概 20 分鐘就可以把小鎮中心走遍，面積不大，小鎮的邊緣有一個小巧的教堂，高處有一個燈塔，是可以觀景的好地方。

❶小鎮邊緣的醒目橙色燈塔／❷從燈塔遠觀小鎮景色／❸❹充滿神祕色彩的尖石頭陣／❺山頂遇到的馬兒們

著名景點——尖石頭陣 （私房推薦）

鎮內最出名的「地標」是位於山頂上的 Heimskautsgerðið(The Arctic Henge，尖石頭陣，座標 66°27'43.322"N;15°57'46.950"W)，可以開車到石陣附近停車遊覽。尖石頭陣於 1996 年開始興建，是現代異教徒所建的紀念碑。創作靈感來源於《Eddic 詩》(冰島神話宗教詩歌) 中的 Völuspá(預言)，算是把古老的薩迦變成現實的作品。

紀念碑一共由 72 塊石頭組成，每一塊代表了 Völuspá 中提到的一個矮人 (Dwarves)，這些矮人們在詩歌中有各種不同的代表性，例如四季、東南西北 4 個方位等，這 72 個矮人也剛好可以代入一年 72 個星期的循環之中。每個尖塔都對應了古北歐信仰的設置，讓遊客可以在不同的季節與方位觀察、捕捉到「午夜陽光」(這裡所指的午夜陽光並不單指永晝現象)，是一個充滿神祕色彩的紀念碑。

✉ Raufarhöfn,Iceland ☎ +354 464 9850 ⏰ 全年 ➡ 沿874或85號公路抵達，參考座標(66°27'19.080"N;15°56'46.192"W) ⏳ 1.5小時 🌐 www.raufarhofn.is 🗺 P.188

霍夫索斯 Hofsós

戶外泳池彷彿可以游入大海

霍夫索斯是冰島北部最古老的貿易港口之一，歷史最遠可以追溯到 16 世紀。在 17、18 世紀，霍夫索斯是一個非常繁忙的貿易站，儘管有商業活動，但這個小鎮卻未能在 20 世紀成功發展，成為更大的村莊或城鎮。小鎮的沿海可以看到一望無際的大海，海邊也可以找到玄武岩，有不少海鳥在這個地區生活。霍夫索斯是屬於非常「本土」的小鎮，沒有什麼著名景點，只有濃濃的生活氣息。但如果要說到最大的亮點，就是小鎮內有一個連冰島本地人也會慕名而去、位於峽灣內海岸邊的小鎮戶外泳池。

宛如可游入大海的泳池

Sundlaugin á Hofsósi 是霍夫索斯的小鎮泳池，位於小鎮的岸邊，建於一個山坡之上，由設計藍湖溫泉的建築師設計。這個泳池的面積很小，但因為建在海邊的山坡上，海和泳池之間沒有多餘的阻擋；因此當你在泳池中游泳時，由於視角和地面平行，從視覺上感覺就像是要從泳池遊入大海一般。但如果你站在泳池邊，就會發現其實泳池和海仍有非常大的距離，所以嚴格上來說並不能算是真正的「無邊界泳池」。

池水的顏色全年都是淡藍色的，在冬季時，泳池邊的青綠色會被白色取代，變成白茫茫一片，更為浪漫。待在泳池中，可以把北部峽灣內的景色盡收眼底，即使只是在泳池內發呆，也是一件無比享受的事。有別於冰島其他地方的泳池不允許在泳池範圍內拍照的規定，這裡在經過工作人員同意之後是允許拍照的，或許是因為理解遊客們想要把這一望無際的美景永遠保存的心情吧。

由於泳池的面積很小，週末、假期的時候除了小鎮內的居民會前往之外，就連住在南部或者其他地區的冰島人也會專門跑到這裡游泳，加上遊客，有時候人會有點多。但相比其他著名的溫泉，這裡已經算是非常小眾、人少的溫泉泳池了。

✉ Hofsós,Iceland　🕐 全年　➡ 沿76和77號公路前往，參考座標(65°53'51.083"N;19°24'46.192"W)　⏳ 2小時　MAP P.188

❶鎮內的小教堂／❷泳池位於這個懸崖之上／❸在泳池中游泳可以體驗「游進大海」的感覺

3

布倫迪歐斯 Blönduós
被冰川河一分為二的小鎮

　　布倫迪歐斯是冰島西北部 Húnaflói 灣內最大的市區，人口約 895 人。由於有 1 號公路貫穿，是很多自駕環島的遊客都會途經的城鎮。布倫迪歐斯現今主要的經濟來自它作為服務中心的角色，乳製品、漁業、輕工業、旅遊業都有涉獵。地理上最大的特色，是這個小鎮被冰島其中一條最大的冰川河 Blanda 一分為二，在小鎮裡可以完成同時在河邊、海邊漫步的心願。

　　所有對於居民及遊客來說生活必須的設施這裡都有，泳池、加油站、飯店、餐廳、咖啡廳、商店，可以購買補給的物資，繼續你的環島之行。一般來說鎮內比較「著名的景點」是 Blönduóskirkja(鯨魚教堂)，但我個人覺得不是非常驚豔，畢竟在冰島有特色、美麗的教堂非常多，這樣的設計並不出奇。

　　我反而比較喜歡走到小鎮的山頂上，俯瞰整個小鎮的感覺，坐在草地上吹著風，眺望遠方，看著河流靜靜切割過小鎮，基本上很少看到來往的人群，可享受片刻的安寧。

✉ Blönduós,Iceland 🅒 市政廳：+354 455 4700 🅒 全年 ➡ 沿 1 號公路抵達，參考座標(65°39'38.055"N;20°17'1.517"W) ⏳ 1小時 http www.blonduos.is 🗺 P.188

❶ 布倫迪歐斯樸實的小鎮景色／❷ 鯨魚教堂(照片提供／Kaki Wong)／❸ 小鎮的山坡是一個非常不錯的觀景角度

冰島文化發現

為什麼冰島有那麼多魯冰花？

　　每逢夏季，在冰島都可以看到大片大片的魯冰花，這些花並非本地植物，而是阿拉斯加魯冰花，是被引入冰島的植物。當初引入它們是為了鞏固冰島鬆散的土地，保護容易流失的土壤；但由於這種魯冰花是入侵性品種，散播能力極強，一株魯冰花就有約 2,500 顆種子，因此冰島非常多地方很快都被魯冰花覆蓋。

　　至於是否應該清除魯冰花，本地也有正反兩派學者為此爭論不休；但對於非學者的我們來說，知道每當夏季都有美美的魯冰花欣賞就夠了。

錫格魯菲厄澤 Siglufjörður
每年 7 月舉辦民謠音樂節

私房推薦

　　錫格魯菲厄澤是一個位於冰島最北端 Tröllaskagi 半島的漁港小鎮，小鎮人口大約 1,300 人，小鎮被峽灣環抱，同樣具有峽灣小鎮的特點——美。每年的 7 月，這裡會有民謠音樂節，吸引不少冰島民謠愛好者聚集在這裡，節日期間也會有不少冰島音樂文化相關的活動舉行，大家會一起唱歌跳舞、展示手工藝，或舉行派對等。

錫格魯菲厄澤擁有冰島最優良的港口之一，漁業是長久以來支持小鎮經濟命脈的主要支柱，直到近幾年冰島旅遊業發展、Hedinsfjörður峽灣的隧道開通，可以更方便的抵達小鎮，鎮內的服務業、旅遊業才漸漸開始發展。

自19世紀中葉開始，這裡成為冰島最多人定居的小鎮之一，它也曾經是北大西洋捕撈鯡魚的中心，在城市內也有一個鯡魚時代博物館(Herring Era Museum)，紀錄並介紹了這個小漁村的光榮歷史。

✉ Siglufjörður, Iceland ⏰全年 ➡沿76號公路抵達，參考座標(66°9'4.232"N;18°54'40.554"W) ⏱1小時 ᴍᴀᴘP.188

❶教堂和山脈相互映襯，創造出獨特的魅力／❷完全被白雪覆蓋的小鎮(照片提供／Kaki Wong)／❸鯡魚時代博物館

🚩 犀牛石 (象形石) Hvítserkur
究竟是犀牛還是大象？

Hvítserkur 高 15 公尺，位於 Vatnsnes 半島，名稱原意為 Hvit(White，白色)、serkur(Shirt，襯衫)，會有這個名字的最主要原因是石頭上經常會有鳥類的排泄物，把石頭變成了白色，也算是當地居民對它風趣幽默的稱呼。Hvítserkur 也有另外一個別稱：Troll of Northwest Iceland，有人把它稱為象形石，但我卻反而覺得這塊巨石的外型和犀牛更為相似一些。

這個由火山活動和海水侵蝕而成的巨石，是非常多攝影師喜愛的攝影地點，在不同季節都會有不同的景色。觀看巨石的經典角度是犀牛石前面的沙灘，由於風力的作用，沙灘上會出現很多波浪形的紋路，也是觀察「風」流動痕跡的好地方。

從犀牛石停車場向海面的方向走大約 5 分鐘就可以到達觀景台，從觀景台走到海灘上需要爬下一個小山坡，山坡有些陡峭，請小心慢行。最好穿著便於行走的登山鞋，沙灘附近的風力有時頗大，需要注意保暖。另外，從停車場出發，也可以走一條比較平坦

不同角度拍攝的犀牛石

的路下去沙灘範圍，「爬山」能力不強的朋友，建議選擇這條路下去。

✉ Hvitserkur , Iceland ⏰全年 💲免費 ➡沿711號公路前往最近的停車場，參考座標(66°36'13.103"N;20°38'23.773"W) ⏱1.5小時 ❓711號公路是砂石路段，有碎石、砂礫等，夏季時也會經常有羊突然衝出馬路，需小心慢駛；小心不要走錯成717號公路，雖然兩條路最終會匯合，但717號公路路況非常差，路面有不少坑洞，非常難行 ᴍᴀᴘP.212

冰島文化發現

犀牛石的傳說

相傳Hvítserkur是一隻非常討厭基督教的巨怪，而冰島放棄舊神的信仰，轉信基督教之後建立了不少教堂，此舉惹怒了這隻巨怪。憤怒的巨怪想要拆除教堂的鐘洩憤，只可惜沒有留意黎明的陽光已經默默升起，而被陽光照射到，變成了現在這個矗立在海中的巨石。

西部地區

　　冰島的西部分為斯奈山半島以及西部峽灣，如果只行駛1號環島公路的話，是沒辦法完全遊覽這兩個部分的。斯奈山半島是地圖上左手邊、雷克雅維克以北長形凸出來的部分；而西部峽灣則是在地圖的左上角，像髮簪一樣倒插在冰島本島上的部分。

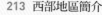

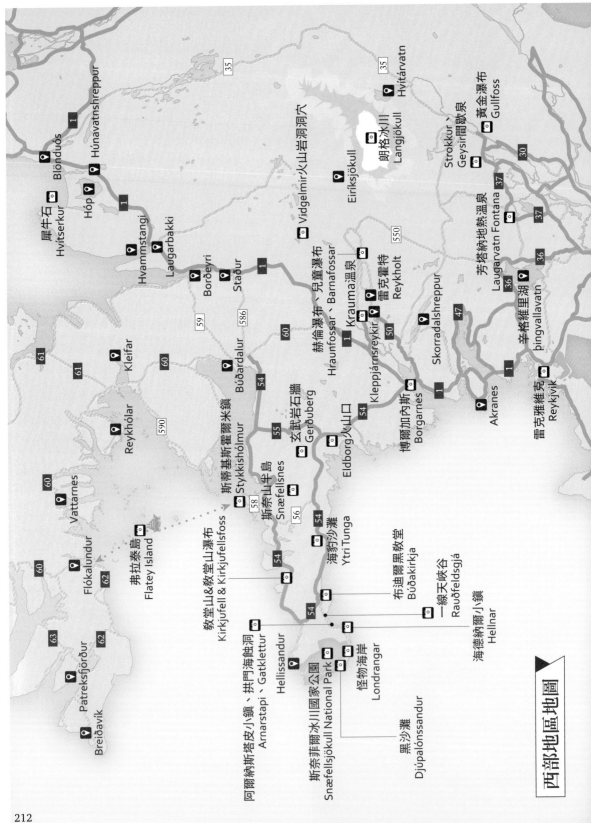

西部地區地圖

犀牛石 Hvitserkur
布隆杜斯 Blönduós
Húnavatnshreppur
Hóp
Hvammstangi
Laugarbakki
Borðeyri
Staður
Reykhólar
Kleifar
Búðardalur
Vattarnes
Flókalundur
弗拉泰島 Flatey Island
Patreksfjörður
Breiðavík
斯蒂基斯霍爾米鎮 Stykkishólmur
斯奈山半島 Snæfellsnes
玄武岩石牆 Gerðuberg
教堂山&教堂山瀑布 Kirkjufell & Kirkjufellsfoss
阿爾納斯塔皮小鎮、拱門海蝕洞 Arnarstapi、Gatklettur
海利薩德 Hellissandur
斯奈菲爾冰川國家公園 Snæfellsjökull National Park
怪物海岸 Londrangar
黑沙灘 Djúpalónssandur
海豹沙灘 Ytri Tunga
布迪爾黑教堂 Búðakirkja
一線天峽谷 Rauðfeldsgjá
海德納爾小鎮 Hellnar
赫倫瀑布、兒童瀑布 Hraunfossar、Barnafossar
Vidgelmir火山岩洞洞穴
Eiríksjökull
朗格冰川 Langjökull
Hvítárvatn
Krauma溫泉
雷克霍特 Reykholt
Kleppjárnsreykir
Eldborg火山口
博爾加內斯 Borgarnes
Skorradalshreppur
Akranes
雷克雅維克 Reykjavik
辛格維里湖 þingvallavatn
Laugarvatn
芳塔納地熱溫泉 Laugarvatn Fontana
Strokkur、Geysir間歇泉
黃金瀑布 Gullfoss

1
35
35
30
37
37
36
36
1
47
550
50
1
54
60
59
586
60
55
56
58
61
61
590
60
62
60
63
62
54
54
54
54

212

西部地區簡介

　　斯奈山半島一年四季都容易自駕，也適合參加旅行團前往，雖然冬季也有積雪、結冰的情況，但路況較好，平地很多，不太危險。租車自駕的話只需要根據遊覽的季節租用 2WD、4WD 即可。

　　西部峽灣最主要適合遊覽的季節只有夏季，如果想在冬季前往，最安全的方法是跟團；除非你有很豐富的雪地自駕經驗以及處理被困於雪地中的駕駛能力（而且旅程有 1、2 日的緩衝時間），否則我個人不建議大家冬季自駕遊西部峽灣。那片地區滿布山路，不少路段都在懸崖旁邊，且 90% 的山路都沒有護欄、路況不好，很多砂石、土路、路面上有坑的路段。

　　夏季時沒有積雪，在西部峽灣開車已經感覺很驚險，更何況有雪、結冰的時候危險程度大增。而且該區域下雪的時間很早，融雪的時間很晚，整個地區都沒有積雪的月分主要只有 6、7、8 三個月，其他月分都有遇到下雪、風暴的機會。峽灣內風很大，遇到暴風雪、惡劣天氣的機率也比其他地方高。如果想在冬季自駕遊西部峽灣，需要謹慎考慮；或者在夏季先預習一次路線再決定。無論何時前往西部峽灣，都推薦租用 4WD 且底盤高的車輛，才能安全地駕馭那片地區的道路。

🔗 冰島西部旅遊：www.west.is/en

❶Litlibær農場前方飄揚著冰島國旗／❷海怪博物館門口懸掛著醒目的海怪標誌／❸丁堅地瀑布／❹比爾德達勒村村內教堂／❺新鮮打撈的冰島生鮮／❻Valasnös懸崖

銀圈

冰島西部有一條被稱為「銀圈」(Silver Circle) 的旅行路線，主要的 3 個景點是位於西部 1 號公路旁的赫倫瀑布、兒童瀑布，和歐洲最大的溫泉地熱 Deildatunguhvr。但由於這條路線的景點名氣都不是很大，所以相對金圈和鑽石圈旅遊路線，銀圈很少被人提起。

島民小提示

銀圈可選的住宿地點

在西部 1 號環島公路附近的小鎮數量很少，一般來說 Húsafell 和 Reykholt 是兩個比較多人會選擇的住宿地點。

❶正在「竊竊私語」的冰島馬／❷冰島的教堂多不勝數，容易發現各種小巧可愛、有特色的小教堂／❸溫泉地熱 Deildatunguhvr

🚩 兒童瀑布 Barnafossar
命名原因蘊含令人難過的故事

Barnafossar 位於赫倫瀑布的上游，曾經也被稱為 Bjarnafoss，名字直譯是 Barna(Child)、fossar(Waterfall)，因此有人直接把它稱呼為「兒童瀑布」。相傳這個瀑布的命名原因是曾經有兩個小孩子掉進了瀑布失蹤、淹死，為了紀念這兩個孩子，因此將瀑布命名為兒童瀑布。

兒童瀑布的水和赫倫瀑布是同一個源頭，所以水的顏色也是偏白的乳白藍色。瀑布之間讓水通過的甬道比較窄，所以在視覺上這個瀑布的水流會更急、更澎湃一點。

由於兒童瀑布僅僅在赫倫瀑布大約 5 分鐘步行距離的上游，只需要把車輛停在赫倫瀑布的停車場，遊覽完赫倫瀑布之後，步行去兒童瀑布就可以了。由觀景台欣賞瀑布是比較經典的角度，如果你有更多時間，也可以選擇透過瀑布上方的橋前往對面，繞著瀑布走一圈，但這樣所耗費的時間肯定比 30 分鐘多。

根據太陽光線的不同，兒童瀑布的水色也會略有變化

✉ Barnafossar, Iceland 🕐 全年 💲 免費 ➡ 由赫倫瀑布步行 5 分鐘，座標參考(64°42'6.887"N;20°58'20.474" W) ⏱ 30 分鐘 MAP P.212

赫倫瀑布（熔岩瀑布）Hraunfossar

冰島最美的瀑布

赫倫瀑布經常被譽為冰島「最美瀑布」之一，位於冰島西部 Borgarfjordur 峽灣深處，最大的特色是瀑布由一大片名為 Hallmundarhraun 的熔岩地之間流淌而下，形成了一幅浩瀚的熔岩流水景象，也因為這個特色讓赫倫瀑布有了熔岩 (Hraun) 瀑布 (fossar)——Lava Falls 這個名字。這面「瀑布熔岩牆」延綿不絕，無數的小瀑布從熔岩的夾縫中、表面上奔流而下，像是一幅又一幅布幕，覆蓋著這片熔岩地。從觀景台觀看，會有種一直延伸至無盡的錯覺。

由朗格冰川 (Langjökull) 融化而來、含有大量礦物質的水呈乳白藍色，就是瀑布下的這條河——白河 (Hvítá)。在白河南部、黃金圈的附近，還可以玩激流泛舟，夏天可以考慮參加這個活動。

✉ Hraunfossar, Iceland ⏰ 全年 💲 免費 ➡ 沿 518 號公路抵達，自駕參考座標 (64°42'10.076"N;20°58'39.780"W) ⏳ 30 分鐘 ❓ 熔岩瀑布旁邊的餐廳 Hraunfossar Restaurant 主要只在夏季營業，其他季節很多時候都不營業 🗺 P.212

猶如絹布般從熔岩之間飛流而下的赫倫瀑布

邊泡溫泉邊看煙霧繚繞的蒸汽從遠處升起

Krauma 溫泉 Krauma Baths

一號公路環島途中規定西部休息站

Krauma 溫泉水源自歐洲最強大的溫泉 Deildartunguhver，原本的水溫高達 100℃，為了調節水溫，引用了冰涼清澈的 OK 冰川融水，最終匯成約 30～40℃的溫泉水。因為是由地熱和冰川水結合而成，所以水裡富含礦物質，對皮膚有不錯的療效。總共有 5 個溫度不一的戶外溫泉池，水溫從 37～41℃不等，另有 5～8℃的冷水池、桑拿房和休息室，可依個人喜好決定逗留的時間，達到充分放鬆的效果。

Krauma 溫泉坐落於 Deildartunguhver 溫泉的正前方，加上溫泉池都是建在小山丘上，沒有圍欄，所以最前端的「無邊界」池可以坐擁整片 Deildartunguhver 的景色。在 Krauma 泡溫泉，遠望可賞平頂山脈，溫泉旁還有溫室，邊飲一口冰島啤酒，好不快活。溫泉外設有餐廳，提供冰島本地特色料理，如果只是想去 Deildartunguhver 溫泉時順便用餐，Krauma 的餐廳也值得考慮。

相較於其他專門為招攬外國遊客而建造的華麗溫泉，Krauma 偏向樸實無華，但更受當地人歡迎，更能體驗道地冰島風光，而且正因為沒有太多其他設施，所以門票價格也比較親民。加上位在冰島一號環島公路的西部沿途上，實在是一個不錯的中途休息站選擇。溫泉本身面積不大，即使短暫停留 30～45 分鐘左右也很足夠。

✉ Deildartunguhver, 320 Reykholt 📞 +354 555 6066 ⏰ 週一～日 11:00～23:00，12/24 及 12/31：11:00～16:00，12/25 及 1/1 關閉 💲 17 歲以上成人 5,400 ISK，13～16 歲青少年 2,780 ISK，0～12 歲兒童 400 ISK ➡ 自駕參考座標 (64°39'56.75"N;21°24'28.762"W) ⏳ 1～2 小時 🌐 www.krauma.is/en ❓ 0～12 歲兒童可以入場，但必須由監護人陪同。溫泉提供泳衣、毛巾及浴袍租賃服務，若不想租借請自備 🗺 P.212

Vidgelmir 火山岩洞洞穴 Víðgelmir
冰島內部空間最大的熔岩洞穴

Vidgelmir 岩洞位於冰島西部 Borgarfjörður，距離 Húsafell 比較近，雖然要駛離 1 號公路一段距離，但是並不涉及 F 路 (有關 F 路說明，請見 P.244)，所以夏季 (5 ～ 9 月) 時可以使用 2WD 小車前往集合地點，但途中仍會經過砂石路段，車子容易被激起的石頭擊傷，自駕須小心。

Vidgelmir 屬於 Hallmundarhraun 熔岩地的其中一部分，形成於西元 900 年時發生的火山爆發，是冰島內部空間最大的熔岩洞穴，年齡已經超過 1,100 歲。西元 900 年，位於朗格冰川附近的火山爆發，滾燙的熔岩順著朗格冰川西翼流出，延綿約 52 公里，整體面積達到 242 平方公里 ，長度約 1,585 公尺。

最初噴湧而出的熔岩冷卻之後，就會逐漸形成堅硬的岩石 (也就是現在熔岩洞穴最開始的部分)；等最初的外殼 (Crust) 形成之後，就會因為火山的持續爆發而逐層疊加、冷卻，所以現在在火山入口的「屋頂」的部分，可以看到很多層岩石。隨著熔岩持續從火山內流出，新噴發出來的熔岩會順著已經形成的岩石外殼繼續向前流動，等到熔岩流到一定程度，火山運動停止，靜止的熔岩也會逐步冷卻變成岩石。

Vidgelmir 洞穴的形狀宛如蛇一般彎彎曲曲，也正因此，讓這個洞穴獲得了 Víðgelmir 這個名字。Víðgelmir 在冰島文中的意思是 Víð (Wide)、gelmir(古代北歐文，意思是 Worm like、Snake like)，總括來說就是「很寬、像蛇一樣的洞穴」。

洞穴內滿好玩的，可以體驗伸手不見五指的絕對黑暗，也可以看到像宮崎駿動畫裡面「木靈」的冰柱，這些冰柱的形成是由於洞內的滴水持續打在同一個位置，加上低氣溫

Snorralaug

凝結了滴水，才結成了「向上生長」的冰柱群。這裡可以親眼見到許多火山地貌，是體驗「冰島之火」的好方法。

✉ Viðgelmir,Iceland ☎ + 354 783 3600 ⏱ 旅行團全年營運 💲 根據旅行團等級而定，6,500～39,000 ISK不等 💴 根據參團時長而定 🌐 www.thecave.is/is ⁉ 洞穴內部常年處於4℃左右，進入洞內經常會感覺到寒冷，如果準備要前往洞穴參觀，記得多穿幾件衣服 🗺 P.212

瑟利赫努卡吉格爾火山內部 vs. Viðgelmir 火山岩洞洞穴

火山內部和岩洞是兩種不同的地貌，下方以簡單的表格分析兩者各自的優劣，可作為大家選擇旅行團時的參考衡量。有關瑟利赫努卡吉格爾火山，詳見 P.146。

	瑟利赫努卡吉格爾火山內部	Viðgelmir火山岩洞
優點、特色	✔世界目前唯一可以進入內部的火山 ✔火山內壁色彩斑斕絢麗、拍照好看驚豔 ✔距離雷克雅維克近、有接送服務 ✔可以學習地理知識	✔價格便宜 ✔可見多樣火山特色地貌 ✔可以學習地理知識
缺點、不足	✘團費高 ✘相對岩洞而言看到的內部特色較少	✘冰島火山岩洞數量眾多，不是「唯一僅有」的活動 ✘洞穴內部通常較黑、拍照效果欠佳 ✘基本上沒有雷克雅維克接送服務

(製表／劉月丹)

❶成群的冰柱頗有靈氣之感／❷在洞穴中的步道扶手上，可以看到「向上生長」的冰柱／❸外型很像宮崎駿動畫《魔法公主》中「木靈」的岩洞內冰柱

斯奈山半島

Eldborg 火山口 Eldborg
攻頂火的堡壘

Eldborg 這個字直接翻譯為英文的意思是「Fortress of Fire」(火的堡壘)，高約 60 公尺、直徑 200 公尺、深 50 公尺，屬於 Hnappadalur 山谷的一部分，源於 Ljosufjoll(Ljosu：Light、Fjoll：Mountain) 火山系統，是外表十分完整的火山口。大約在 5,000 ～ 6,000 年前，它曾是活躍的火山口，歷史上有紀錄的爆發有兩次，目前來說暫時沒有任何爆發的跡象，對於來這裡遊覽的遊客來說，是非常安全的。

你可以沿著小徑健行登頂火山口，平均來說，從起點往返火山口頂端一次大約需 1.5 ～ 2 小時左右。大家可以在火山口的頂部俯瞰附近周圍的景色，如果打算登頂，建議穿登山鞋以便登山。

✉ Eldborg, Iceland ◯ 全年 💲 免費 ➡ 沿 54 號公路前往最近的停車場，步行至火山口，火山口參考座標 (64°47'46.523" N;22°19'20.593"W) ⏳ 40 分鐘 (登頂需 1 小時以上) ❓ 若想要登頂需注意防風保暖 🗺 P.212

❶ 清晰可見的石頭紋理／❷ 被大雪淹沒時，附近的景色更為醉人

冰島語小教室

斯奈山半島 Snæfellsnes

斯奈山半島的冰島文 Snæfellsnes，原意是：Snæ(雪)、fells(山)、nes(海岬)，直接翻譯的話可以說是雪山海岬(半島)。而現在人們常說的「斯奈山半島」則是由「Snæ」，取其諧音而來。

博爾加內斯 Borgarnes
斯奈山半島的入口

距離冰島首都雷克雅維克約 1 小時車程、75 公里的小鎮。與其說它是一個景點，倒不如說它是一個從雷克雅維克前往斯奈山半島途中優質的中轉站更貼切，也是正式進入斯奈山半島範圍的「入口」。

如果大家使用海底隧道「Hvalfjörður 隧道」前往斯奈山半島地區，那博爾加內斯將是必經之地，也是正式抵達斯奈山半島各大景點之前規模最大、商店設備最齊全的小鎮。自駕遊的朋友可以考慮在這裡加油、購買零食、休息；絕大部分冰島本地旅行團會在此停車讓遊客下車休息、買零食。這裡也是大部分本地人去西部都會選擇停留的中途休息站，就連我自己經博爾加內斯去西部時，也經常在這裡碰到相熟的朋友。

可以選擇在這裡過夜，這個鎮的規模比較大，連悠閒娛樂設施、兒童遊樂場都有。可

進入斯奈山半島地區之後，經常可以看到這些景色

以去海邊看海景，如果有更長的時間，也可以去鎮對面的 Hafnarfjall 山爬山。

✉ Borgarnes, Iceland 🕐 全年 ➡ 自駕沿 1 號公路抵達，參考座標 (64°32'38.988"N;21°54'46.445"W)或參加旅行團 ⏱ 1小時 🅼🅰🅿 P.212

島民小提示

斯奈山半島可選的住宿地點

如果打算在斯奈山半島上過夜，希望住宿地點周邊設施相對完善的話，可以選擇半島上的小鎮：Búðir、Arnarstapi、Hellnar、Hellissandur、Rif、Ólafsvík、Grundarfjörður、Stykkishólmur；或者也可以選擇在 54 號公路沿途尋找住宿地點，只要在搜尋飯店時輸入「Snaefellsnes pen-insula, Iceland」即可。

玄武岩石牆 Gerðuberg (Gerduberg Basalt Columns)
親眼所見更為壯觀的大片石牆

Gerðuberg 也是一處可以看到許多玄武岩石柱的地方，但是不同於 Reynisfjara 黑沙灘的玄武岩石群，這裡的玄武岩沒有太多的高低錯落，反而是整齊的一整面石牆，所以拍照出來的感覺沒有親眼所見那麼壯觀。

Gerðuberg非常整齊的六角形玄武岩石柱

Gerðuberg 總長度大約 500 公尺，由於外型上不是很出眾，如果不是專程尋找，很容易就會被忽略。附近有一些可以接近岩石群的小路，可以近距離觀察玄武岩。

54 號公路旁邊有一條地圖上沒有畫出的小路，可以通向 Gerðuberg，因為沒有官方修建的公路，大家可以參考座標 (64°50'47.6"N;22°21'45.0"W) 留意轉入。Gerðuberg 距離 Eldborg 火山口只有大約 10 分鐘的車程，可以在看完火山口之後順路前往。

✉ Gerðuberg Cliffs, Iceland 🕐 全年 💲 免費 ➡ 沿 54 公路前往最近的停車場觀景，石牆參考座標 (64°51'33.243"N;22°21'59.774"W) ⏱ 15分鐘 ❓ 雷克雅維克有一個同名的Gerðuberg 車站，若使用Google map，建議不要用「Gerðuberg」這個字來搜尋，容易找錯地點 🅼🅰🅿 P.212

海豹沙灘 (海豹聚集地) Ytri Tunga
拜訪冰島野生海豹

　　冰島是很多野生動物的家，而 Ytri Tunga 海灘就是其中一個在冰島有較大機會看到野生海豹的地方，但當然，能不能確實在遊覽海灘時看到牠們的身影，還是要看大家的運氣。

　　這片沙灘的顏色是常見的金黃色沙子，在最接近海邊的地方有很多巨石、海草的區域，天氣好的時候，海豹經常喜歡攤在大石上曬太陽，比較常見的海豹是斑海豹 (Harbour Seals) 和灰海豹 (Grey Seals)。

　　沙灘海邊的石頭大多被海草覆蓋，加上海浪不停沖打岸邊，所以這個地區非常濕滑。在行走、接近海豹時，需多加小心腳下。

✉ Ytri Tunga, Iceland ⏰全年 💲免費 ➡沿54號公路前往最近的停車場，停車場參考座標 (64°48'13.658"N;23°4'52.812"W) ⌛1小時 ⓘ陽光明媚的日子看到海豹的機率會更大 ᴹᴬᴾP.212

冰島文化發現

受冰島人喜愛的海豹們

　　雖然大多數北歐國家的民間傳說中，都把海豹視為不祥之物，把牠們視為邪惡「Selkies」(海豹女)的前身，但這個情況在冰島卻正好相反。海豹在古時候就是非常受冰島人喜歡的動物，主要是因為在冰島這個與世隔絕多年的小島上，海豹為本地人提供了可以度過寒冷冬季的皮革「海豹皮」。海豹皮非常防水，對於冰島的漁民來說是再適合不過的選擇；牠們同時也提供了可以用以為食的肉和脂肪，可說是內外都滿足了冰島人的需求，因此冰島人對於牠們絕對是喜愛大於憎恨。

❶想要拍攝清晰的海豹，需要準備長焦鏡頭／❷只要仔細觀察，就能見到遠處慵懶的海豹們

布迪爾黑教堂 Búðakirkja
黑教堂默默守護大地

Búðakirkja 是位於斯奈山半島最西邊一個非常小的村莊——Búðir (布迪爾) 內的全黑色教堂。雖然說布迪爾是「村莊」，但實際上除了這一個黑教堂以及一個鄉村酒店之外，這個「村莊」就沒有其他東西了，並沒有本地居民在此居住。

當然布迪爾並不是自古以來就沒有人居住。在古時，布迪爾是一個繁華的漁村，也是一個貿易中轉站，根據考古發現，這裡也曾經是冰島主要的港口。但在 19 世紀初，由於貿易中心移至其他地區，布迪爾也失去了它往日的風采，現在只剩下這座黑色的小教

堂安靜地守護著這片土地。黑教堂正對面還有一片金黃色的沙灘，你可以步行走到沙灘上環視整個海岸線，藍天、黃沙、綠草、秋天的黃色……感受冰島西部的獨特色彩。

✉ Búðakirkja, Iceland ⏰ 全年 💲 免費 ➡ 參考座標 (64°49'18.388"N;23°23'4.378"W) ⏳ 40分鐘 🗺 P.212

❶黑教堂前方的廣袤沙灘／❷初春時分仍可以看到教堂後方山上的積雪

冰島文化發現

冰島唯一的連環殺手

Axlar-Björn(Björn Pétursson)是冰島歷史上唯一一個連環殺手。16世紀時，他在自己的農場Öxl——大概是現在的Búðir至Arnarstapi之間一帶，一共犯下(有紀錄的)18起連環殺人案，據說真實的數字遠遠不止。他專門在自己的農場裡收留想要找住宿地點的旅人，並把他們殘忍地殺害、棄屍於Búðahraun熔岩地內的池塘中。最終他的惡行被揭發，在1596年被處死，而他的妻兒也因幫凶殺人在之後被處死。

一線天峽谷 Rauðfeldsgjá(Rauðfeldsgjá Gorge)
走進裂谷看世界

由於 Rauðfeldsgjá 目前還沒有一個正式的中文譯名，所以我在這裡就姑且先稱它為「一線天峽谷」吧。Rauðfeldsgjá 按照冰島文的原意翻譯是「Red Mountain Rift」，也可以稱之為紅山裂谷。

Rauðfeldsgjá 最特別的是可以走到峽谷的裂縫裡，看到裂縫內的一線天。位於 Botnsfjall 山東側，從停車地點前往裂谷，單程步行需要大約 30 分鐘，往返需要約 1 小時。爬到裂縫之前要走一小段小斜坡，人行道就在峽谷的右手邊，到了之後會看到有人進進出出，自駕到此也不難找到進去的路。

建議大家一定要爬進裂縫中看看一線天，雖然進入前需要逆流順著一條小溪而上，但小溪水位非常淺，只到鞋底至鞋面左右的高度。小溪內有石頭，進入裂谷這條路會比較溼滑、略為難走，但真正進去了之後，你會覺得十分值得。

裂縫裡面的空間不大，親身站在裡面的感受卻很特別。裂縫內潮濕，濃濃的濕氣滲入毛孔，也因為這裡濕氣很重，所以山的表面上生長的青苔顏色都非常翠綠。在這裡抬頭看一線天，更有一種「原始」的感覺。

✉ Rauðfeldsgjá Gorge, Iceland ◐ 全年 💲 免費 ➡ 沿574號公路前往最近停車場，步行至裂谷，裂谷參考座標(64°47'57.23"N;23°38'48.549"W) ⏱ 1.5小時 ❓ 需準備防水、抓地力較佳的鞋，不推薦穿平底鞋、拖鞋進入 🗺 P.212

❶洞內有略為急湍的小河流，出入須小心／❷從外表上看不出來的「別有洞天」／❸濕潤的洞穴滋養了許多青苔

斯蒂基斯霍爾米鎮 Stykkishólmur
朝聖《白日夢冒險王》小鎮

斯蒂基斯霍爾米鎮位於 Breidafjordur 峽灣，在斯奈山半島上的北部。因為偏離了斯奈山半島主要公路，如想前往，需要多花費不少時間。基本上很少本地旅行團會去這個小鎮，所以最好選擇自駕前往。

電影《白日夢冒險王》曾經在這裡取景拍攝，電影中這裡被設定為「格陵蘭」，不少電影粉絲們來冰島，也會為了「朝聖」而專門去斯蒂基斯霍爾米鎮觀光。這個小鎮非常安靜，人口大約 1,200 人，基本設施齊全，飯店、旅館、露營營地都有，如果想要在這裡過夜，也有不同的住宿類型可選擇。鎮內其實沒有什麼稱得上是著名景點的地方，不過如果你喜歡寧靜、安逸的感覺，可以到這裡走走逛逛。

維京壽司船，好吃又好玩

這裡的港口有一個特色遊船團「維京壽司船」(Viking Sushi) 可以參加，直接在碼頭購票或提早上網訂票皆可。「壽司船」會帶遊客到海中央吃新鮮打撈的海鮮，有機會品嘗到海膽、扇貝、海參等等，但若說要吃到飽是不太可能的，最多只能讓你嘗鮮，品嘗正統冰島海洋味。

搭船前往西部峽灣

斯蒂基斯霍爾米鎮有可以乘船前往西部峽灣的港口，夏季每天有 2 班船往返斯蒂基斯霍爾米鎮和西部峽灣的 Brjánslækur 碼頭 (途中會經過弗拉泰島)；但冬季每天只有 1 班船。如果想自駕去西部峽灣玩，可以在這裡開車上船，直接抵達西部峽灣地區，不過請務必提早上網訂連車前往的船票，因為船上可裝載車輛的位置有限，不提早預訂的話，可能無法當場買到船票 (http www.seatours.is)。

✉ Stykkishólmur, Iceland 📞 小鎮市政府：+354 433 8100
🕐 全年 ➡ 沿 54 號公路轉入小路即可到達，小鎮座標(65°4'21.620"N;22°44'12.696"W) ⏳ 2小時 http www.stykkisholmur.is/forsida(只有冰島文版本) ⁉ 小鎮偏離主要公路，需要使用砂石小路到達，建議租用底盤高的車輛前往 MAP P.212

①小鎮內的教堂／②靜謐的小鎮港口停靠著不少當地人的船隻(照片提供／Xiaochen)／③正在捕撈海鮮的美食船／④有機會品嘗新鮮的海膽

弗拉泰島 Flatey Island
真正遺世獨立的峽灣小島

弗拉泰島是 Breiðafjörður 峽灣內，因火山爆發形成的小島，位於斯奈山半島和西部峽灣之間。小島上只有一間飯店、幾座小房子、一些羊、一堆鳥，除此之外就沒有更多東西了。可以說是在這個與世隔絕的冰島中，和冰島斷連、真正「被遺忘」的小島。島上唯一的飯店 Hotel Flatey 只有夏天會營業，因此若想要在島上過夜，只能在夏季 5～8 月之間通往。

弗拉泰島算是非常非常小眾的地點，這個島上幾看不到遊客的蹤影，畢竟這個小島就真的只是一個島而已，沒有任何「著名景點」。但如果你想追求「被世界遺忘」的感覺，這裡肯定可以符合你所有的想像。對於這個只能聽到羊聲、風聲、鳥叫聲的小島來說，還有哪裡可以比這裡更配得上「遺世」這個形容詞。

推薦在此過夜，在海邊看著日出日落，感受最單純、最樸實的浪漫；畢竟如果只是乘船、登島、乘船、離開這樣匆匆一瞥，很

1

難有充分的時間完全感受島上這份純粹的寧靜。如果你想要「逃離」這個世界一天，就去弗拉泰島吧。

✉ Flatey Island, Iceland ⏰ 根據船班次而定 💲 每人船票單程：成人 3,000 ISK 起，67 歲以上長者 2,000 ISK 起，12～15 歲兒童 1,500 ISK 起 ➡ 由 Stykkishólmur 或 Brjánslækur 乘船前往 🛏 夏季住 1 晚，冬季不推薦前往 🌐 渡輪：www.seatours.is ❓ 夏季船票價格會比冬季貴，冬季的船班次是新增的服務，每年都有可能會變更，如果堅持要冬季前往，建議先到官網查詢渡輪班次。外來車輛無法登島，自駕者只能把車停泊在碼頭，回程再取回 🗺 P.212

❶ 恍惚被世界遺忘的角落(照片提供／Xiaochen)／❷ 一個由天、地、海洋組成的「世外桃源」(照片提供／Xiaochen)／❸ 找找羊在哪？(照片提供／Xiaochen)

2 3

斯奈菲爾冰川國家公園及周邊

斯奈菲爾冰川國家公園 (Snæfellsjökull National Park) 成立於 2001 年 6 月 28 日，目的是保護這個地區獨特的景觀、植物、動物以及重要的歷史遺跡。對遊客來說，國家公園的成立也為區內帶來了更好的設施建設，讓遊客更容易進入，並了解這片土地。斯奈菲爾冰川國家公園是冰島唯一一個延伸至大海的國家公園，地質非常多樣，很多在遠古時期就已形成。

對於國家公園的範圍，其實沒有一個明確的劃分，但如果你從地圖 (見 P.212) 上觀察，可以看到斯奈山半島前半部分有一個綠色的區域，就是國家公園的大概範圍。

下面介紹的小鎮和景點都位於國家公園的範圍或周邊，在這些地區只要是天氣好、沒有雲的時候，都很有機會看到斯奈菲爾冰川。冰川的下方掩埋了一個同名的死火山，伴隨著覆蓋在上面的冰川，在此永遠沈睡。

斯奈菲爾冰川

🚩 拱門海蝕洞 Gatklettur(Arch Rock)
宛如海鳥展翅模樣

Gatklettur 也被稱為「Hellnar Arch」，是一個位於阿爾納斯塔皮小鎮旁邊、Bárðar Snæfellsáss 巨人雕像附近的拱門海蝕洞。Gatklettur 本來是一塊大岩石，但經過長年累月海浪侵蝕，才逐漸被雕鑿成現在的樣子。許多攝影師喜歡在這裡拍照，在日落、日出的陽光下，這座像海鳥展翅飛翔的岩石，會給人不一樣的感覺。

起始於阿爾納斯塔皮小鎮的小徑可以一直走到海德納爾小鎮，途中會經過拱門海蝕洞，全長大約 5 公里，走完全程大約需要 2 個小時。如果不想步行那麼遠，也可以直接開車前往。雖然拱門海蝕洞理論上是位於阿爾納斯塔皮小鎮和海德納爾小鎮之間，但它距離阿爾納斯塔皮小鎮更近。建議可以從阿爾納斯塔皮小鎮步行前往，再開車去海德納爾小鎮。

✉ Gatklettur, Arch Rock, Iceland ⏰ 全年 💲 免費 ➡ 沿阿爾納斯塔皮小鎮海邊的小徑步行可達，參考座標 (64°45'44.973"N;23°37'39.103"W) ⏱ 10分鐘 🗺 P.212

❶拱門海蝕洞附近的海岸／❷拱門海蝕洞(照片提供／Iurie Belegurschi)

❶小徑沿途／❷Bárðar雕像／❸紅屋頂的小房子和山色是阿爾納斯塔皮其中一個代表性的景色

🚩 阿爾納斯塔皮小鎮 Arnarstapi
半巨人雕像與神祕傳說

在 18 世紀曾經非常繁華的漁村，但隨著時間的推移，這個繁盛的漁港小鎮也變成了人們度假休閒的小鎮。不少冰島本地人在這裡有度假用的房屋，也有一些專門出租給遊客的民宿，為遊客提供了住宿地點。

阿爾納斯塔皮小鎮位於斯奈菲爾冰川國家公園的外圍，這裡的沿海有一條不是很長、已經鋪設好的小徑，大家可以順著這條小徑遊覽海岸線美景。海岸線是不少鳥類的居所，在鳥類繁殖的季節經常可以看到雛鳥。如果看到雛鳥、幼鳥，請不要走太近，以免受到成鳥的攻擊。

在阿爾納斯塔皮小鎮，還有一個由藝術家 Ragnar Kjartansson 製作的 Bárðar Snæfellsáss 巨人雕像，矗立在小鎮的邊緣。Bárðar 是冰島薩迦中的人物，根據薩迦中記載，他的母親是當時最美、最高的女人之一，他的父親 Dumbur 則是一個半巨人 (Giant)，也有人說他是半巨魔 (Troll)。Bárðar 出生在挪威、遺傳到了父母的血統，成為一個英俊、同時受到良好教育的半人半巨人。他和兩任人類妻子結婚，一共有 9 個女兒，為了逃離挪威國王的暴政，他們一家和其他親戚一起移民到了冰島，定居在斯奈山半島不同的地方。

但由於自己的女兒們受到親戚孩子極其過分的惡作劇，導致 Bárðar 最終暴走、憤怒，失去了理智，放棄所有的財產，獨自一人搬去斯奈菲爾冰川中。據說他為自己建造了一個更適合自己巨魔體型的冰洞，也因為他經常在當地居民有難時給予幫助，所以被奉為斯奈菲爾的守護神。如今 Bárðar 的石像矗立在斯奈山半島之上，繼續守護著這片土地。

或許你會覺得這個故事匪夷所思，但歷史上確實真的有 Bárðar 這個人存在，也有很多有關他的事蹟、故事被記載，至於他是不是半巨人……就留給大家自己想像吧。

✉ Arnarstapi, Iceland ⏰全年 ➡沿574號公路前往，小鎮參考座標(64°46'12.731"N;23°37'16.028"W) ⏱45分鐘 ❓必備羊毛帽，風非常大 MAP P.212

海德納爾小鎮 Hellnar
欣賞大自然創造的巨石與岩洞

　　距離阿爾納斯塔皮小鎮不遠，在古時也曾經是繁盛一時的漁港，擁有在1560年留下、最古老的航海記錄。直至現在，海德納爾和阿爾納斯塔皮一樣，已經沒有往日在漁業方面的風采，卻成為遊客們喜愛的觀景小鎮，也有很多度假小屋、旅館，不少冰島人會在夏天來這裡度假。

遠觀整個Valasnös懸崖和海岸

　　海德納爾小鎮位於山頂上，可以沿著小徑走到充滿巨石、岩洞、奇形怪狀的Valasnös的懸崖。Valasnös分為上下兩個部分，你可以爬到Valasnös懸崖之上從高角度「擁抱」整個海岸線的景色。或者，也可以沿著小路走到海邊的石灘上，石灘上有很多奇異、流線型的石頭，也可以看到巨大的石洞，欣賞自然的藝術品。

✉ Hellnar, Iceland ⏰ 全年 ➡ 沿574號公路抵達，小鎮參考座標(64°45'7.304"N;23°38'45.498"W) ⏳ 1小時 🗺 P.212

怪物海岸 Londrangar
張牙舞爪的奇岩怪石

　　從海德納爾小鎮沿著海岸線繼續走，就會抵達這個有「怪物海岸」之稱的Londrangar海岸。Londrangar是火山爆發之後形成的岩石，可以說是火山爆發的「殘留物」，被海浪逐步侵蝕，才漸漸變成了現在的樣子。這些由海水侵蝕而逐漸形成、外型獨特的海岸線與巨石，就像張牙舞爪的「怪物」，向世人展示著它的威武。

✉ Londrangar Basalt Cliffs, Iceland ⏰ 40分鐘 💲 免費 ➡ 沿574號公路駕駛即可抵達觀景台，參考座標(64°44'6.027"N;23°46'34.848"W) ⁉ 若需要走到海岸之上觀景，需要預留更多時間往返 🗺 P.212

❶晚霞中的怪物海岸(照片提供／Iurie Belegurschi)／❷嶙峋的海岸是斯奈山半島地區的一大特色／❸豔陽高照下的怪物海岸

黑沙灘 Djúpalónssandur
來一場石頭舉重大賽吧！

黑沙灘上充滿鵝卵石，沒有雲的時候可以看到斯奈菲爾冰川，在沙灘上還可以找到沉船的遺跡，以及古老的冰島漁船船員用以測試「等級」的4顆舉重石。舉重石的名字以及對應的等級分別是：Amlóði(Useless，最輕的)、Hálfdrætting(Weakling)、Hálfsterkur(Half-Strong)、Fullsterkur(Full-Strong，最重的)。以前的漁民以舉起越重的石頭，來獲得船上更高的職位，如果連最輕的石頭都舉不起來，將無法成為漁船上的一員。天氣好的時候，在石灘上面躺一躺，曬曬太陽，也是不錯的休閒活動。

黑沙灘的鬼故事

相傳在斯奈菲爾冰川周圍打漁的漁民曾經一起前往黑沙灘測試力量，所有人都可以舉起最重的石頭，除了Sigurður，因此他很快就成了眾人們的笑柄，還被戲稱為「Sigurður the Weakling」。

強壯的船員為了獲得更多的漁獲而不擇手段，甚至某一天殺了一名老婦人，把她的屍體用作魚餌，所有人都因此獲得大量的漁獲，除了拒絕參與這次殘忍行動的Sigurður。

有一天晚上，Sigurður夢到這個被其他漁民殺死的老婦人，婦人告訴他第二天不應該和其他漁夫一起出海，於是Sigurður聽了她的話，隔天就裝病留在岸上。

其他漁民啟航不久後，岸上就收到了出海的全員在一片風平浪靜的海面被淹死的消息，沒有人知道經驗豐富的漁民為何會遭此劫。過了幾天，死去的漁民屍體出現在黑沙灘西邊的洞穴中，找到屍體的人堅稱，他們聽到洞穴中傳來了女人的歌聲……從此之後，那個洞穴就被當地人稱為「Draugahellir」(Ghost Cave)。

✉ Djúpalónssandur & Dritvík, Iceland ⏱ 全年 💲 免費
➡ 沿574號公路駕駛即可抵達停車場，參考座標(64°45'7.253"N;23°54'8.142"W) ⏰1小時 🗺P.212

❶沙灘上的「天窗」／❷黑沙灘／❸連一塊石頭都舉不起的我，沒有資格成為船員

教堂(會)山 & 教堂(會)山瀑布 Kirkjufell & Kirkjufellsfoss

斯奈山半島上的超人氣景點

教堂山是斯奈山半島上耀眼的「明星」，由於外形像一頂草帽，因此也有了「草帽山」的稱呼。Kirkjufell 直接由冰島文翻譯過來是 Kirkju(Church，教堂)、fell(Mountain，山)，因此也有人稱它為「教會山」。但由於這座山的得名源於當地人覺得它尖尖的山峰很像教堂的塔尖，所以相對來說，教堂山會是比較適合的稱呼。

教堂山曾經出現過在不少影視作品之中，其中最著名的應該可以說是《權力遊戲》。在劇中，教堂山被設定於長城以北，被稱為「Arrowhead Mountain」，同時也是「森林之子」的家。

教堂山位於格倫達菲厄澤小鎮 (Grundarfjörður) 不遠處，山腳下有民宿，如果提早預訂，都有機會可以訂到。教堂山也被封為「冰島最常被拍攝的山」，可見它的人氣有多高。由於山的外型很獨特，在極光季時，這裡也是一個不錯的拍攝極光、等極光的地點。

教堂山之所以會成名，其實歸功於兩條瀑布的襯托。據說有位攝影師無意間發現了教堂山前的這兩條瀑布，並把它們當作前景，拍攝出了一張最「完美」的教會山照片。由於照片過於令人驚豔，也讓教堂山從此聲名大噪，成為人們爭相到訪的景點。

✉ Kirkjufell, Iceland ◉ 全年 💲 免費 ➡ 沿54號公路到達，參考座標(64°56'26.604"N;23°18'22.653"W) ⌛ 40分鐘 🗺 P.212

❶為自己戴一頂「草帽」／❷初冬的教堂山景色／❸被隆冬積雪覆蓋的教堂山(照片提供／Iurie Belegurschi)／❹拍攝教堂山最經典的角度

2 4

3

西部峽灣

正如本篇開篇所言，西部峽灣即使是在夏季開車也非常驚險，更不要說是積雪非常厚、道路絕大部分都是結冰狀態的冬季，主要公路也有可能因為惡劣天氣封路（情況嚴重的話，有可能封閉1～2日）。就我個人來說，實在是不建議大家冬天去冒險。想要深度遊覽西部峽灣需要5日時間，至少留有3日左右時間在峽灣內遊覽，否則行程很容易只會流於開車及匆匆過境。

憑良心講，西部峽灣內的「景點」真的是寥寥可數，如果你只想打卡，西部峽灣或許不能滿足你的要求。但對我來說，這裡最吸引人的反而是一種情懷、一種感覺、一種態度，並不在於景點有多少，而是那種閒逸、清幽、與世無爭的狀態，最讓人著迷。對我這種住在「雷克雅維克繁華大都市地區」的「城市人」來說，在這裡也可以找到「久違的清閒」。

http 西部峽灣旅遊：www.westfjords.is

❶天氣晴朗的日子，在西部峽灣山路上的休息站俯瞰景色，是一大享受／❷因為地理和天氣影響，西部峽灣地區只有在盛夏的季節才可以享有完全無雪狀態的公路／❸西部峽灣內經常藏有許多小眾峽灣溫泉，Hörgshlíðarlaug就是其中一個／❹峽灣內最迷人的元素就是無人、幽謐，又不失氣度的景色

1 2
3 4

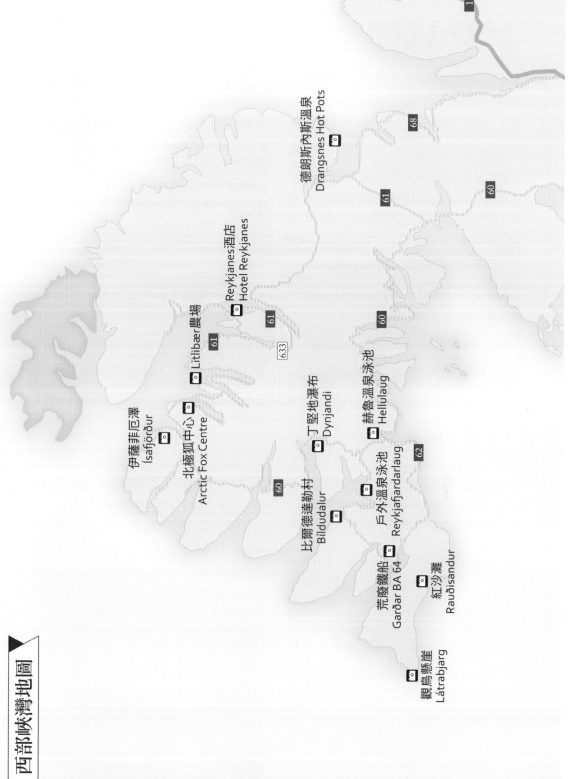

西部峽灣地圖 ▶

德朗斯內斯溫泉
Drangsnes Hot Pots

68

61

60

Reykjanes酒店
Hotel Reykjanes

Litlibær農場

61

633

61

伊薩菲厄澤
Ísafjörður

北極狐中心
Arctic Fox Centre

丁堅地瀑布
Dynjandi

赫魯溫泉泳池
Hellulaug

60

比爾德達勒村
Bíldudalur

60

戶外溫泉泳池
Reykjafjardarlaug

62

荒廢鐵船
Garðar BA 64

紅沙灘
Rauðisandur

觀鳥懸崖
Látrabjarg

赫魯溫泉泳池 Hellulaug
溫泉搭配峽灣海岸美景

私房推薦

　　赫魯溫泉泳池位置略為隱密，只有路邊一個很小的指示牌告訴你「這裡有個溫泉」，稍不留神就會錯過。這裡是一個地熱溫泉池，面積很小，最多只可以容納大概 10 人，水溫全年保持 38℃ 左右。

　　赫魯溫泉泳池位在沙灘旁邊，在這裡你可以邊泡溫泉、邊看峽灣內海灘的景色。這裡是 100% 全自助模式，沒有更衣室、沒有淋浴間、沒有毛巾，也沒有遮蔽物可以讓你換泳衣，想在這裡更衣泡溫泉，大家就需要各施其法了。

✉Hellulaug,Iceland ⏰全年 💲免費 ➡沿60號公路自駕前往，參考座標(65°34'21.357"N;23°10'17.772"W) ⏳1小時 ❓溫泉位於山坡下的沙灘上，從公路上無法看到，若不留意很容易錯過停車場 🅼P.231

❶在這裡泡溫泉可以擁抱前方的海灘景色／❷近乎原始狀態的溫泉

荒廢鐵船 Garðar BA 64
冰島最古老的鐵船遺跡

　　Garðar BA 64 是冰島最古老的鐵船遺跡，原是 1912 年由挪威造船廠製造的一艘捕鯨船，至今已有超過 100 年歷史。船上設有風帆和蒸汽機，也經過特別加工，使其更為堅固，可以承受冰島周圍海域的惡劣環境，有利於捕鯨。1981 年，這艘船被遺留在西部峽灣，至今依然在此等待有緣人來尋訪。鐵船旁有野餐用桌椅，可以在這裡野餐，享受峽灣的景色。

✉Garðar BA 64, Iceland ⏰全年 💲免費 ➡沿612號公路抵達，座標參考(65°31'0.333"N;23°50'12.56'W) ⏳15分鐘 ❓鐵船位於公路旁邊，可直接把車停到船旁邊的空地，下車遊覽 🅼P.231

❶和人相比，古船顯得非常龐大／❷船身斑駁的鐵鏽可見它的悠久歷史

觀鳥懸崖 Látrabjarg
夏季時來此拜訪海鸚

　　Látrabjarg 是歐洲最大的鳥類懸崖之一，這條海岸線上有好幾個懸崖，綿延長約 14 公里、最高的懸崖高度超過 400 公尺，都是鳥類的聚居地。在夏季時，這裡也可以找到不少海鸚，但由於這幾年氣候變化的原因，很多成年的海鸚需要飛去更遠的地方覓食，相對以前經常可以看到牠們聚集在懸崖的場景，現在的懸崖會顯得有些孤獨。

　　懸崖的高度非常高，加上懸崖邊沒有警戒線，如果走得太靠邊緣不僅危險，可能還會腳軟，建議不要走太近。走完整個懸崖區需要大半日時間，如果沒有很長的逗留時間，不建議走到太深的地方。

✉ Látrabjarg, Iceland ⏰ 只有夏季時分才有海鸚 💲 免費 ➡ 沿612號公路自駕前往，參考座標(65°30'8.760"N; 24°31'46.749"W) ⏳ 2小時 ❓ 前往懸崖的路段非常多砂石、凹陷，道路狀況不好，需小心駕駛 🗺 P.231

❶ 即使不賞鳥，這片懸崖的景色也是非常醉人的／❷ 嶙峋的懸崖／❸ 遊覽時務必小心不要過於接近懸崖邊，以免發生意外／❹ 到達懸崖之前會經過的沙灘，有時間可以去沙灘上走走

紅沙灘 Rauðisandur
陽光照射下迷人的金色大地

　　紅沙灘是西部峽灣內我個人非常喜歡的地方，由於唯一抵達紅沙灘的公路在冬天時會封閉，因此也只有夏天才可以造訪。往返紅沙灘只有一條在懸崖邊、需要攀山且很窄的公路，雖然可以允許兩輛對頭車「擦肩而過」，但因為過於危險，其中一方必須先稍

1

停讓行，等對向車過去之後再繼續行車。而且這段砂石路坡度陡峭、沒有護欄，若準備開車前往紅沙灘，請務必注意安全。

　　Rauðisandur 是一個延綿 10 公里的沙灘，在某個時間的陽光照射之下，整片沙灘都會變成金紅色，也因此有了 Rauði(Red)、sandur(Sand) 這個名字。除了金紅色之外，不同的陽光角度照耀之下，沙灘也會產生不同的顏色——白色、金色、橙色……千變萬化，百看不厭。如果想在紅沙灘過夜，就只有一個方法：露營。紅沙灘旁邊有一個露營營地 Melanes，自己準備露營用具和帳篷，繳納過夜費用後，就可以使用營地內的設施，包括煮食爐具、廁所、淋浴間等。營地內有一個由農場主人經營的小便利商店，只有販售簡單幾樣乾糧，如麵包、牛奶、雞蛋，而

2

且售價也略高，建議準備在露營地過夜的朋友務必自備食物。

如果只是準備簡單的逗留一下，我個人會建議大家不要在烈日當空的正午到達沙灘，會比較刺眼，可以選擇先到附近走走逛逛，避開最曬的幾個小時。沙灘的面積頗大，完完整整走完整片沙灘至少需要1個小時；要想節省時間，又同時欣賞整片紅沙灘的美麗，推薦大家去沙灘旁的小山坡上俯瞰眺望。

在沙灘上的小山坡眺望沙灘、靜靜地看太陽落下，雲彩由白色變成粉紅色、橙色，看著天空的粉色和海洋的淡藍色在海平面融為一體；零星幾個人、戀人、小孩牽著父母在沙灘上玩耍。這一刻唯一想做的，就是盡力把這個瞬間的感覺刻進皮膚，印到腦海裡，放在心裡。雖然冰島很多時候的天氣讓人頭疼，但還是有很多時刻會讓人覺得：活著真好。

✉ Rauðisandur, Iceland ◷ 建議夏季6、7、8月前往 💲 免費 ➡ 沿614公路前往，座標可參考(65°28'30.291"N;23°59'29.794"W) ⏳ 3小時 ❓ 前往紅沙灘之前務必先加滿油、買足夠的乾糧，因為這片地區內完全沒有加油站 MAP P.231

❶ 想要和巨型牧草合照需要先徵求地主同意／❷ 染上「日落色」的山巒／❸ 看上去顏色接近紅色的沙灘／❹ 清晨變成略偏橘色的沙灘

3

比爾德達勒村 Bíldudalur
海怪博物館一探究竟

位於 Arnarfjörður 峽灣之內，有「西部峽灣內天氣最好之都」的美譽。小鎮人口只有約 200 人，以漁業及海洋礦物加工業為主要工業。Arnarfjörður 峽灣以海怪聞名，小鎮內也有一個海怪博物館，記錄、介紹了有關在峽灣內出現過海怪的事蹟，如果喜歡獵奇，或對未知生物感興趣的人，不妨到此一遊。

小鎮內流傳了許多有關不同種類海怪的傳聞，更有不少當地居民表示自己曾和海怪「見面」，分享了自身遇到海怪的經歷。有一個男人說，自己曾經騎著馬不小心踩到了躺在海灘上的海怪，海怪一個轉身就用利爪攻擊他們，可憐的馬幾乎被一招斃命；男人為了保命拚命逃跑，但最後還是被海怪攻擊了背部，留下了很深的傷疤。1915 年，一艘名為 Heppinn 的船擱淺到了一隻長形海怪的背上，幸好附近一隻小鬚鯨解圍，拯救了船，否則所有人都會被海怪攻擊喪命……類似的故事多不勝數，而奇特的是每個人所說的海怪外型、特性都不相同，高矮胖瘦，幾乎什麼類型都有。到底實情為何，沒有人可以考證。若你足夠幸運，在遊覽小鎮的時候能拍下海怪出沒的證據，或許你就會成為「冰島海怪發現者」也不一定呢。

✉ Bíldudalur, Iceland 🕐 全年 ➡ 沿619號公路到達，座標可參考(65°41'8.198"N;23°35'56.605"W) ⏱ 1小時 🗺 P.231

❶海怪博物館／❷據說是根據真實海怪相貌做成的海怪雕像／❸遠觀比爾德達勒村

戶外溫泉泳池 Reykjafjarðarlaug
泳池與小溫泉和任君挑選

私房推薦

Reykjafjarðarlaug 共有 2 個可以泡溫泉的地方，一個是標準四四方方、面對峽灣的泳池，另一個是在泳池正後方的小溫泉河。游泳池由義工於 1975 年建造，溫度大約是 32℃；但天然的小溫泉河水溫有時候則可以高達 40℃ 以上，需要格外小心。泳池旁邊有一個小房子可以換衣服，設備非常簡樸。

Reykjafjarðarlaug 是一個可以邊泡溫泉、邊看峽灣景色的泳池，天氣好的時候不少當地人也會選擇去那裡泡溫泉。小溫泉河有些部分是人為用石頭堆砌而成，也不太能算是 100% 全天然，但可以在絕美的峽灣景色中泡溫泉，還有什麼好抱怨的呢？

從泳池中以平視的角度就可以坐擁整個峽灣景色

Reykjafjarðarlaug Hot Pool, Iceland 全年 免費 沿63號公路前往，參考座標(65°37'23.217"N;23°28'8.798"W) 1小時 MAP P.231

丁堅地瀑布 Dynjandi
西部峽灣最知名景點

Dynjandi 的意思是「Thunderous」(雷鳴)，又稱 Fjallfoss，是一個層層而疊的瀑布。最為人所知的是瀑布的最頂端像樓梯，瀑布由上而下總長約 100 公尺、頂部寬 30 公尺、底部寬 60 公尺，下層也有一系列小瀑布，是西部峽灣最大的瀑布。

丁堅地瀑布附近有 Dynjandisvogur 灣和 Arnarfjörður 峽灣，景色非常迷人。在夏季，丁堅地瀑布的流速高達每秒 8 立方公尺，而冬季則減少到每秒 1 立方公尺。丁堅地瀑布位於系列瀑布的最頂端，若想靠近看，需要走約 200 公尺的小山坡，途中會經過下方的其他小瀑布：Hæstahjallafoss、Strompgljúfrafoss、Göngumannafoss、Hrísvaðsfoss-Kvíslarfoss、Hundafoss 和 Bæjarfoss。現在瀑布旁有一條上山的小路，步行 15 ～ 20 分鐘左右就可以從底部前往最高處觀賞丁堅地瀑布。

Dynjandi,Iceland 全年 免費 沿60號公路轉入海邊公路到達，參考座標(65°44'11.214"N;23°12'31.185"W) 1小時 前往瀑布最高處需爬一小段山路，建議穿適合走路的鞋子 MAP P.231

❶你會順著一系列小瀑布逆流而上，最終走到丁堅地正前方／❷猶如階梯般層層落下的丁堅地瀑布

1

🚩 伊薩菲厄澤 Ísafjörður
西部峽灣最大的城鎮

伊薩菲厄澤是西部峽灣區最大的城鎮，有約 2,600 名居民，Ísafjörður 如果從字面上直接翻譯，其實是冰峽灣，Ísa(Ice)、fjörður(Fjord)。會有如此的名字其實也不難理解，因為在全球暖化之前，這個峽灣冬季會完全被冰雪封蓋，成為全面冰封的峽灣，甚至無法出入。伊薩菲厄澤大約從 16 世紀開始有經濟活動，只是到了 19 世紀才逐漸形成城鎮的規模，主要的工業是漁業，近十年以來，也慢慢開始發展旅遊業和服務業。

作為西峽灣最大的城鎮，鎮內的設施也是最齊全的，醫院、學校、旅行團、飯店、露營營地、加油站等，都可以在這裡找到。如果想要在夏天前往冰島的無人區 Hornstrandir

Nature Reserve 健行，可以從伊薩菲厄澤搭渡輪前往，有關渡輪班次、Hornstrandir 健行資料，遊客中心裡都會提供。

伊薩菲厄澤小鎮的形狀是長條型的，市

3 4

中心在接近峽灣出口那一側，景色非常別致
動人。因為幾面環山，加上海洋，水面平靜
的時候更可以看到小鎮和倒影互相輝映的絕
美景色。在伊薩菲厄澤，最能做的事就是看
風景！在海邊吹吹風、走走，無論是什麼方
式，都非常寫意。如果大家要用餐，我個人
會推薦前往市中心的 Húsið 餐廳，食物品質
不錯，值得一嘗。

　　如果要說冰島的夏天是熱情四射的火焰，
那麼伊薩菲厄澤將是這個奔放的炎夏中，安
靜流淌的清泉，無聲無息、無色無味，卻又
必不可少，是讓口渴的旅人重新煥發生機的
地方。小鎮的謐靜、濃厚的生活氣息，都是
它最吸引人的地方。

6

📧 Ísafjörður, Iceland 📞 遊客中心：+354 450 8060
🕐 全年 ➡ 沿61或60號公路前往，小鎮參考座標
(66°4'29.962"N;23°7'31.437"W) ⏳3小時或過夜 http www.
isafjordur.is MAP P.231

❶被兩側高山環繞其中的小鎮／❷這裡的鳥類基本上都
不怕人，因為完全不會有人攻擊牠們，鳥兒們可以悠然自
得、愉快地生活／❸鎮內的教堂／❹古樸的「遊樂設施」
和峽灣的日落意外地和諧／❺從小鎮的一端走到另一端，
需要大概40分鐘／❻小鎮的露營區坐落於山邊，可以聽著
瀑布流水入眠／❼鎮內Húsið 餐廳的吧台

北極狐中心 Súðavík (Arctic Fox Centre)

認識北極狐的好去處

北極狐中心是一個非營利性研究和展覽中心，於2007年在Súðavík成立。創始人共有42人，其中多數是當地人，旅遊業者、市政府等也有加入。中心致力研究冰島最古老的居民——北極狐，同時也推廣北極狐的保育。

付費入內後，有導遊詳細為遊客講解北極狐的知識，從習性到生活環境，甚至是與冰島人的關係等，從各方面了解北極狐。館內有不少北極狐的標本，館外還有2隻在野外被救助，但因為無法適應野外生活，而被中心飼養的北極狐。遊客參觀完北極狐中心後也可以看看這2隻可愛的北極狐。

門票的部分收入會撥入北極狐的保育研究，因此參觀北極狐中心，也算是變相支持了冰島北極狐的保育和發展，頗有意義。

✉ Eyrardalur, 420 Súðavík ☎ +354 456 4922 🕐 5/15～9/30每日10:00～18:00；其他月分必須提早聯絡才可安排參觀事宜，無常規開門時間 💲 15歲或以上1,500 ISK，14歲或以下免費 ➡ 沿61號公路前往，參考座標(66°1'48.782"N;22°59'25.756"W) ⏳ 1小時 🌐 www.arcticfoxcentre.com 🗺 P.231

❶ 沒辦法近距離接觸野生北極狐，也可以在這裡和標本近距離合照／❷ 中心內的北極狐標本／❸ 中心內存放了不同品種的北極狐標本／❹ 北極狐中心正門／❺ 被救助的北極狐

Litlibær 農場

在草頂房內喝一杯下午茶

私房
推薦

Litlibær 是冰島西北部歷史悠久的草房子(Turf) 農場,最初建立於 1975 年。這種草房子並不罕見,在冰島很多地方都可以找到這種以石頭、草皮建造的小房子,但由於這種房子很重、也會有臭味,因此在冰島近代發展之後,基本上就沒有人再住這些房子了。Litlibær 在 1969 年正式被冰島國家博物館接管,進行翻新維修,變成展示冰島本地手工藝品及文化的博物館。Litlibær 也有一個小小咖啡店,除了看一看博物館之外,也可以在這個小咖啡店喝杯咖啡,吃個鬆餅或蛋糕休息一下。

✉ Litlibær, Iceland ◷ 全年 💲 免費 ➡ 沿61號公路前往,參考座標(65°59'9.650"N;22°48'59.505"W) ⧗ 20分鐘 🗺 P.231

島民小提示

附近還有一個觀海豹沙灘

Litlibær 附近有一個海豹觀察點,駕車經過時會看到標記提示,這個海灘上經常有很多海豹躺著曬太陽。

❶Litlibær位於公路旁,一眼就可以看到/❷ Litlibær旁觀可觀測海豹的沙灘

Reykjanes 酒店 (西部峽灣) Hotel Reykjanes

面對絕美峽灣海景的地熱游泳池

想向大家介紹這個酒店的原因並不是因為這裡的房間有多美、餐廳有多好吃,主要是因為這裡有一個面對峽灣海景,西部峽灣內最長的戶外地熱游泳池。地熱游泳池面積約 625 平方公尺,本身有加熱系統,所以長年保持恆溫。泳池被混凝土牆包圍,以增加泳客更隱密的空間,游泳時直接就可以面向無敵的峽灣海景、與峽灣平視,某種程度上也可以勉強算得上是「無邊界泳池」。除了泳池,這裡也有桑拿、小按摩池等,可以消除旅行的疲累。

並不是只有住客才可以使用游泳池,你可以選擇購票進入泳池範圍,游完泳就離開,每人幾百克朗的門票,是途經這裡休息充電的好地方。

位於大海旁的泳池

✉ Hotel Reykjanes, Djúpvegur, Iceland 📞 +354 456 4844 ◷ 全年 💲 入住需查詢該年房間價格;僅使用戶外泳池每人入場費每次約700 ISK ➡ 沿61號公路轉入小路前往,參考座標(65°55'38.635"N;22°25'40.138"W) ⧗ 1.5小時或過夜 🌐 reykjaneswestfjords.is 🗺 P.231

德朗斯內斯溫泉 Drangsnes Hot Pots

坐擁峽灣美景的免費溫泉

溫泉位於德朗斯內斯 (Drangsnes) 小鎮內的海邊,只有 3 個小小、面向海洋的溫泉池。在這裡泡溫泉完全免費,只不過你需要忍受從對街的更衣室洗完澡、換好泳衣、衝出去到這 3 個小溫泉的一點寒冷。由於面積很小,如果正好遇到幾組遊客一起使用的話會略顯擁擠,但沒有人的時候,這裡就是獨自邊看海景邊享受溫泉的絕佳地點。

溫泉位於道路的旁邊,需要下幾級階梯才可看到,在路邊除非你走近看,否則無法第一眼就看到這 3 個溫泉。開車時不留意標誌的話,很容易就會直接錯過溫泉。駛入德朗斯內斯小鎮的時候,記得留意白色的外牆、右手邊有溫泉的標誌。

德朗斯內斯溫泉的更衣室只有在門口的牆壁上放了一個小小的自願付款箱,目前沒有強制收費的規定,溫泉和更衣室的整潔都是由鎮內的人負責。當然我個人會鼓勵大家在使用設施後多少留下一些小費到付款箱裡,積少成多,或多或少對於這個極小的小鎮建設出一點力,也算是感謝鎮民們義務維持溫泉整潔的謝禮。

除了德朗斯內斯溫泉,小鎮內也新建了一個溫泉泳池,如果覺得海邊的小溫泉人數太多、過於擁擠,也可以轉而前往新落成的泳池泡溫泉,不過這個泳池就必須付費才能入場了。

德朗斯內斯是一個「蚊形」漁村,人口只有 60 ～ 70 人,來到這裡會有一種反璞歸真的感覺,可以放鬆身心,感受自己和自然最純粹的聯繫。小鎮內除了這個「景點」就沒有什麼特別的看點了,主要都是民宅。你也可以選擇開車到高處眺望整片海灣,但記得不要走到當地居民的私人土地範圍之內。

1

　　德朗斯內斯小鎮附近也有一個和在北極圈內小島同名的 Grímsey 島，這個島相傳原本和冰島本島連在一起，只不過被一個巨人硬生生挖走了；夏季也可以從德朗斯內斯乘船到這個 Grímsey 島看海鸚。

✉Drangsnes Hot Pots, Iceland ◎全年 💲免費 ➡沿645號公路轉入小路前往，參考座標(65°55'38.635"N; 22°25'40.138"W) ⌛1小時 ❓溫泉隱藏在路邊靠海的位置，若不留心很容易錯過 🗺P.231

島民小提示

西部峽灣內其他特色景點

Djúpavík的沉船遺跡、遙遠的峽灣泳池 Krossneslaug、Hólmavík的巫術博物館、Pollurinn Hot Pool 戶外溫泉等。

❶新落成的鎮內溫泉泳池／❷溫泉的更衣室牆上放著自願付費的付款箱／❸位於山頂的小鎮足球場／❹享受峽灣海景其中一個最舒適的方法就是在海邊泡溫泉／❺矗立於海邊的居民小屋為這個極小的小鎮增添了幾分孤傲的氣質

2 3

4 5

中央內陸高地

　　冰島中央內陸高地是冰島最難到達，也是最美的地方，屬於非常深度遊，適合夏季來冰島旅行的人。由於冬季中央內陸高地全面向公眾封路，只能參加本地旅行團去高地1、2日遊，無法長時間健行；準備在冬季自駕遊全冰島的旅客，可以直接放棄這個區域。

遊覽中央內陸高地注意事項

高地道路簡介與法規

冰島中央部分由冰川、高山、冰川河等組成，由於海拔高，所以比西部峽灣還要早下雪，也是冰島全國融雪最晚的地區。加上這個地區幾乎都是 F 開頭編號的山路——砂石路、凹凸不平，通過大部分的正規路段還需要過河。這些 F 開頭編號的 F 路，除了根據法律規定必須使用 4WD 車輛才可以合法行駛之外，對於車輛的越野性能、司機的駕駛技術等各方面都是非常大的考驗。

一年之中絕大部分都只有冰島本地、有牌照、經過改裝的超級吉普車 (Super Jeep) 才允許前往。因為這些超級吉普車有自己專業的定位系統，即使是大雪封山，對於這些開超級吉普車帶旅行團的本地人來說，依然可以應付。

但對於其他人 (包括本地遊客、外國遊客) 來說，每年只有夏季期間，可以自行行駛 F 路前往中央高地。F 路開放的時間會根據每年情況而定，通常來說，6、7 月會解封至 9 月左右，如果該年天氣異常暖和，也曾經有過在 5 月底就解封，或者 10 月初才封路的情況，但這都屬於特例。一般來說如果你一定要自駕前往，6、7、8 這三個月會是最保險的選擇。

大家可以參考 Vegagerðin 官方提供的高地 F 路分布圖，大致了解一下中央高地的 F 路位置 (紅色路段)。

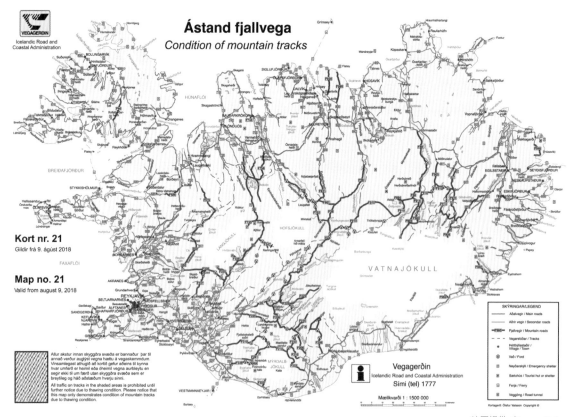

(地圖提供／Vegagerðin)

除了在駕駛技術、車輛性能方面有一定的要求之外，在中央高地駕駛最忌諱的就是「Off Road Driving」(非正規道路行駛)。由於中央高地並不像其他地區，有明確的「路段」標記，除非你對政府規畫的路線有一定的了解，否則很容易會觸犯「Off Road Driving」這條絕大部分冰島人最重視的法律條例。除了需要面對高額賠款之外，更嚴重的是破壞了冰島的自然生態環境，對於十分重視本地生態的冰島人來說，這種破壞是罰多少錢都補救不了的。

同時，如果因為司機駕駛不當，而導致任何租用車輛的損壞、損傷 (特別是因為渡河不當而使汽車引擎失靈)，所有賠償款項都需要承租人自己負擔。遊客因為經驗不足而在高地自駕發生事故，甚至意外死亡等新聞並不罕見，每年總會有幾宗這樣讓人惋惜心痛的新聞。

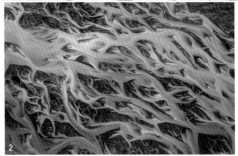

❶位於北部高地的Aldeyjarfoss，傳說是精靈的城堡，水聲就是精靈的歌聲，如果人類聽這個歌聲太久會發瘋(照片提供／Iurie Belegurschi)／❷俯瞰內陸高地的河流(照片提供／Iurie Belegurschi)

因此，對於初次遊冰島、從來沒有踏足過高地、沒有自駕渡河經驗、不打算租越野性能好且底盤高的 4WD 車輛的旅客來說，我並不建議你自駕前往內陸高地。推薦直接參加內陸高地的旅行團，或者購買夏季專設的內陸高地旅遊巴士票乘車前往，出於個人安全、降低需要賠付高額罰款或修車費用風險，各方面來說都是最為保險的選擇。

高地旅遊須知

雖然前往內陸高地路程相對困難，但確實對於很多喜歡健行的旅客來說，高地地區是健行者的天堂，部分路段也曾經入圍不同旅遊雜誌、媒體評選的「世界最美健行路線」。如果要完整走完最經典的路線——Laugavagur Trail，一共需要 4 ～ 5 日時間，途中可以選擇不同的山野營地小木屋，在室內過夜；或自備露營用具在露營營地過夜。如果擔心會迷路、一個人或者幾個外地人自行探索會有危險，可以加入冰島本地長時間在中央高地健行的旅行團，跟隨專業的導遊遊覽中央高地。

這些長時間的戶外健行旅行團只會在夏季營運，一般來說是 5 ～ 9 月左右，冬季不營運。因為基本上，在冬季想以這種方式在中央高地——冰島天氣最惡劣、變化最快、積雪最厚的地區旅行，無疑就是「自殺式」行為。而且如果沒有改裝過的超級吉普車帶路，冬季封路時你根本無法獨自到達中央高地。

如果你打算在夏季進行長時間的高地健行，建議出發之前一定要把行程上傳至 Safe Travel(冰島旅遊安全) 網站備份，同時也需要時刻留意天氣變化，內陸高地的天氣變化速度非常快，短短一晚就從夏季變成積雪也不是不可能的。

出發之前最好先去位於雷克雅維克市政廳

空拍冰島中央高地(照片提供／Iurie Belegurschi)

(City Hall) 內的 Safe Travel 櫃檯，詢問工作人員你準備前往健行露營那幾天的天氣情況預測、自駕前往的河流水位多高等資訊。Safe Travel 每天都會致電冰島環境局，詢問負責觀測中央內陸高地的工作人員，更新內陸高地的河流即時情況（水位、流速），從而確認是否可以讓車通過，或者知道什麼類型的車輛才適合通過。他們可以給你最精準的建議。

渡河駕駛安全須知

如果你決定要在夏季自行開車前往內陸高地，並且會經過需要渡河的路段，請參考以下的專業建議，小心渡河。

1 尋求幫助及提示

過河之前先等待有經驗的駕駛者過河，身為經驗短淺的渡河者，作為第二輛過河的車輛永遠是最保險的；也可以致電給距離你最近的營地獲取建議。

2 渡河之前先檢查

過河之前先下車檢查水位情況，預估河流速度、河的深度等等。由於冰川融化、降雨量等因素都會嚴重影響中央內陸高地的河流情況，即使是前一日可以安全通過的河流，隔天都有可能因為水量增加而有所改變。因此過河之前，先下車檢查你租用的車輛是否適合渡河，是必要的步驟。

只有在盛夏的 7、8 月可以看到幾乎無雪的內陸高地景色(照片提供／Iurie Belegurschi)

3 「讓你的腳濕」

河流最窄的地方並不代表它是最安全、可以渡河的地方，因為這些地方通常最深、水流也會越急；反而河流寬的地方，水流通常越慢，也相對安全。此外，你需要確認河流中是否有巨石或者其他用肉眼無法看清的障礙物、坑窪，以免車輛駛過時被障礙物「卡」在河中。

如果河流的深度高於車輪胎的頂部（大約是成人膝蓋的高度），你就不應該冒險過河；若有必要，你也可以在確保安全的情況下，自己走到河中看看水位的深度。如果預測連人都無法「涉水」過河，車就更不應該過河。

4 盡量以小的角度渡河
(Keep the crossing downstream)

車頭盡量朝下游為佳，這會相對減少由上而下流動的水直接沖進引擎的機會。

(圖片提供／Safe Travel)

5 小心慢行

確保你的 4WD 車輛在過河時的設置是 4 個輪胎都有驅動的檔位；如果是自排車，則應該設置在低速檔位。切記，渡河時不要換檔，精神保持 100% 集中，需要慢駛，以人類步行的速度慢慢渡河，是最為安全的速度。

可以參考上面這張由 Safe Travel 提供的「高地河流水位程度示意圖」，判斷什麼時候可以渡河、什麼時候不可以。綠色區間的高度比較安全。

搭巴士前往內陸高地

冰島本地目前有 3 間旅遊公司提供特殊的旅遊巴士路線，會在夏季前往內陸高地，分別是：Iceland On Your Own(由 Reykjavik Excursions 營運)、Iceland By Bus Hop On Hop Off(由 Sterna Travel 營運) 和 TREX(由 TREX 營運)。每年巴士路線的營運時間、巴士站地點都有可能會有更新，如果你準備搭巴士前往內陸高地，建議先去官網查看該年的安排和時間表。通常這類巴士不會在大半年前 (前一年的冬季) 就公布營運時間表，因為巴士公司也需要根據實際道路情況來衡量並安排，若提早查詢卻得不到資訊，也不必過於緊張。

❶在浩瀚的遠足路線上，健行者顯得相當渺小／❷一邊陽光明媚另一邊烏雲密布，是中央高地的常態

島民小提示

露營的小木屋需要提早預訂

如果想在營地內的小木屋過夜，必須提早計畫及預訂。小木屋房間數量非常有限，而且健行旅行在歐美遊客間非常受歡迎，即使是冰島人，很多人也喜歡在夏天來個為期一星期的健行之旅，小木屋床位經常早早就被訂滿。

高地健行路線簡介

內陸高地最著名的健行徒步路線有兩條：Laugavegur Trail 和 Fimmvörðuháls Trail。

Laugavegur Trail

又稱 Laugavegurinn，位於索斯默克 (Þórsmörk) 和彩色火山蘭德曼納勞卡 (Landmannalaugar) 之間，簡單來說索斯默克和蘭德曼納勞卡就是這條路線的一頭一尾，全長共 55 公里，需要 4～5 日時間才可以完成。無論你從哪一端出發皆可，不同的出發地點純粹只是方向不同而已，沿途會經過的風景都一樣。在索斯默克或者蘭德曼納勞卡都有巴士站，如果你購買了某一個巴士公司的健行巴士票，只需要在完成健行之後，根據時間表等待巴士來把你送回「平地」即可。

沿途有露營營地小木屋可供住宿，也有專門的露營營地，無論選擇哪一種住宿方式，都需要自行準備足夠的健行用品──水、保暖的衣物、手套、太陽眼鏡、乾糧等。這條路線整體來說並不是難度最高的路線，但還是需要平日有運動習慣，並且有一定的體能的人才能完成。

❶ 蘭德曼納勞卡內的天然野溫泉／❷ 蘭德曼納勞卡的「彩色火山」地貌／❸ 從不同角度欣賞猶如「大地血管」的索斯默克山谷內的冰川河

Fimmvörðuháls Trail

從索斯默克至斯克加 (Skóga) 之間這一段。總長度大約 23 公里，快速前進的話 1 天之內 (約 10～12 小時) 就有可能完成，但會非常辛苦，因此大部分的人還是會把這個路線拆成 2 天進行。這條路線裡涉及一些登高的路段，最高需要爬 1,000 公尺左右，有一定的難度。

≈ 冰島語小教室

Laugavegur的含意

這條Laugavegur的路線和首都雷克雅維克市中心的購物主街Laugavegur同名。如果直接根據字面翻譯就是Lauga(Wash)、vegur(Road)，「洗滌的路」，其延伸的意思就是「The Way Of The Water」(水的道路)。

雷克雅維克的主街以此命名，主要是因為以前這條路會通向當地人可以洗衣服的地熱溫泉，是一條引領人們走向「水」的路；而中央高地這條小徑則是因為本身經過很多溫泉和地熱區，一路上都有很多「水」，所以以此命名。這兩條路都和「水」有密切關係。

中央內陸高地兩大景觀區

 索斯默克 Þórsmörk(Thorsmork)
拜訪「索爾的邊界」

　　Þórsmörk，命名源於大家都耳熟能詳的北歐神Þór(Thor)，而mörk在冰島文中是Boundary(邊界)的意思，所以Þórsmörk的意思就是Þór(索爾)、s(的)、mörk(邊界)。索斯默克位於冰島南部的中央高地地區中，坐落於3座冰川：Eyjafjallajökull、Mýrdalsjökull和Tindfjallajökull之間，在這裡健行，會從不同的角度看到這幾座冰川。嚴格來說索斯默克其實是一個山谷，在Krossá、Þröngá、Markarfljót河之間的延綿山巒。

　　然而就本地人之間的共識來說，每次說到「Þórsmörk」大家都會意會到是泛指

Þórsmörk＋Eyjafjallajökull整個地區，也就是2010年爆發，導致歐洲航空交通癱瘓的Eyjafjallajökull(埃亞菲亞德拉冰川)火山。

索斯默克有延綿不盡，被綠蔥蔥的苔蘚、蕨類植物和樺木覆蓋混雜的山脈；在黑沙中流淌而過的冰川河流；高地起伏、鋸齒形的山峰；順著山體向下流淌的冰舌；蜿蜒的山谷……加上山谷中的氣候相對溫暖潮濕，當冰川下降的冷空氣與地面上升的暖空氣相遇，更會產生薄薄的霧，為山谷增添一種迷離的神祕感。一切全天然的景色，彷如造物主為了顯示自己的藝術造詣而作的山水畫。

建議各位在 Volcano Hut Þórsmörk 購買最新的健行路線地圖，跟著畫好的路線健行。由於無法得知每年的路線是否有變動，地區內的路線標誌都是工作人員用不同顏色的小木棍插在地上作為標示的，並沒有準確一條建好的山野小徑可以走，在書裡也就無法為大家準確地介紹整條路線規畫了。

索斯默克山谷最高、最經典的觀景點是 Valahnúkur。從 Volcano Hut Þórsmörk 選擇最短、最快的路線，大概只需要 2.5 ～ 3 小時就可以完成，雖然涉及一些上下山的路段，但整體來說並不會太過辛苦。

✉Volcano Huts Þórsmörk, Þórsmerkurvegur, Thorsmörk via road F249, 861 Hvolsvöllur, Iceland ☎+354 552 8300 🕐夏季期間(冬季必須報名旅行團前往) 💲免費 ➡行駛1號環島公路前往塞里雅蘭瀑布，再轉入前往高地的路段249→F249，然後從沒有公路編號的河道渡河前往健行起點Volcano Hut Þórsmörk，參考座標(63°41'26.545"N;19°32'30.332"W) ⌛6～7小時 🌐www.volcanohuts.com ❓強烈不推薦自駕前往，這段路涉及很多河流且有必須逆流而上的部分，自駕難度非常高 🗺P.143

❶從不同角度欣賞猶如「大地血管」的索斯默克山谷內的冰川河／❷在冰島夏季，高地健行是非常受歡迎的活動，這是laugavegur路線內其中一個小木屋露營地／❸索斯默克處處充滿讓人想駐足的景色／❹僅在夏天接載遊客往返內陸高地和「平原」地區的4WD巨輪旅遊巴士／❺攀到山頂的高處就可以俯瞰冰川河山谷／❻準備在高地逗留一天的話，需要自己準備午餐／❼高地地區內也可以找到養冰島馬的牧場／❽部分規模比較大的高地小木屋內還會有餐廳／❾若要在高地正規路段行車，無法避免地會經過不少需要渡河的道路

彩色火山蘭德曼納勞卡 Landmannalaugar
只有夏天可以親臨的彩色火山

蘭德曼納勞卡屬於 Fjallabak 自然保護區 (Friðland að Fjallabaki) 的其中一個部分，中央內陸高地著名的健行路線 Laugavegur 也是在這個保護區之內。整個 Fjallabak 自然保護區海拔超過 500 公尺，以充滿五彩繽紛的山脈、地熱蒸氣山谷，和火山活動的相關地貌為特色，河流和湖泊也是這個自然保護區的代表性地貌。

Landmannalaugar 直接翻譯成英文其實是「People's Pools」，Laugar 是溫泉、泳池的意思，長久以來這個地區都以天然地熱溫泉聞名。蘭德曼納勞卡露營營地旁邊的全天然野外溫泉，可以說是為這個地區畫龍點睛，即使是冰島本地人，很多人在夏天時也會為了泡一下這些山野溫泉而特意來到蘭德曼納勞卡。

蘭德曼納勞卡位於 1477 年左右噴發形成的 Laugahraun 熔岩地旁邊，地區中最為人稱頌的除了溫度絕佳的溫泉之外，就是那些七彩斑斕的流紋岩 (Rhyolite) 山脈了。在蘭德曼納勞卡看到的彩色火山，其顏色來自流紋岩，

它們由花崗岩質岩漿從地底噴發後所形成，顏色非常豐富，包括紅、黃、綠、紫、白，有些甚至會出現藍、粉紅、橙等顏色。

冰島環境保護局為控制彩色火山地區的私家車流量，已經在蘭德曼納勞卡實施停車預訂付費系統。所有準備自駕車輛前往彩色火山的遊客都需要提前在環境局官網 (ust.is/english) 預訂停車位及繳費。

抵達蘭德曼納勞卡營地 (Landmannalaugar Hut) 後，資訊亭內有售彩色火山地區的健行路線地圖，建議直接購買。如果需要使用營地內的設施或泡溫泉等，可以購買營地一日通行證 (每位成人約 500 ISK)。

高地範圍的天氣變化極快，即使是夏天也有機會突然下雪，防水衣褲是必不可少的裝備，保暖的外套、帽子也非常實用。從 Landmannalaugar Hut 出發圍繞最「經典」的彩色火山中央地帶一圈，大約需要 3 個小時左右，慢慢走的話可能要 4 小時。

在整片地區都可以看到「七彩顏色」的山脈，但如果你期待看到網路上那些極其豔麗的山脈顏色，非常可惜地，那些顏色是攝影師後製處理之後的效果，真實的山脈顏色並非如此。我個人反而覺得沒有加工過的山脈顏色更美，那種自然的調色並不是單單幾個電腦軟體就可以輕易模仿的。在雨後，雨水把山脈打濕，把山脈已有的淡顏色更生動立體地展現了出來，和淡雅的顏色相比又是另一番不同的景象。

到蘭德曼納勞卡健行必做的事之一，就是在露天溫泉內看著山景泡溫泉，畢竟這裡是因為有絕佳的地熱溫泉才得名的，來到這裡不泡溫泉實在說不過去。需要留意的是，溫泉是完全露天、沒有遮蔽的環境，附近也沒有更衣室，只有一個簡單的架子供大家擺放衣服和隨身物品。遊客們都是各施其法，用大毛巾遮掩、朋友間互相掩護地換泳衣，建議準備泡溫泉的人準備大浴巾，方便更換泳衣的時候使用。溫泉的面積不大，不同的區域水溫也有所不同，接近出水口的地方水溫較高，但即使不在出水口泡溫泉，水溫也足夠暖和。

✉ Landmannalaugar, Iceland ☎ +354 860 3335 🕐 夏季期間 💲 參觀免費，自駕前往每輛車需根據車款交付至少450 ISK 停車費用並需提早線上預訂停車位 ➡ 1號公路向南行駛，轉入26號公路後接F225(Dómadalsleið)或F208(Fjallabaksleið nyrðri)公路抵達，參考座標(63°59.600N;19°03.660W) ⏰ 6～7小時 🌐 www.fi.is/en ❓ 途經的河數量不多，但必須駕駛4WD高底盤車輛 🗺 P.143

❶ 內陸高地也有可以參加的騎馬旅行團／❷ 即使在高地地區也可以看到到處奔走的冰島羊，只是對於飼主來說，要適時地把牠們圈回農場會有一定難度／❸ 石頭與苔蘚交織，讓人有身處異星球的感覺／❹ 露營營地倚著彩色火山而設／❺ 在水的倒影之下顯得更夢幻的景色／❻ 不同的礦物質把高地內的火山染成了七彩的顏色／❼ 遠處可以看到被雪覆蓋的七彩火山／❽ 要完成高地健行需要花費不少體力，但可以坐擁迷人的景色，一切的努力都是值得的

島民小提示

冬季遊高地追極光

雖然除了夏天之外，隆冬的季節也有一些前往彩色火山的超級吉普車(亦稱怪獸卡車)旅行團。但即使是參加了這類旅行團前往高地，你也只會看到白茫茫一片積雪盈尺的景色，無法看到彩色火山的全貌。因此如果你是一心一意要看「彩色的火山」，只能在夏天的時候造訪這片地區了。

如果想追極光，這種會在高地過夜的旅行團會是非常不錯的選擇。因為高地地區基本上除了有一兩間小木屋，其他地方都是一片漆黑荒蕪，對觀測極光是非常有利的環境。

世界主題之旅122

冰島深度之旅：當地最大旅行網站專欄作家的超詳盡景點攻略

作　　　者	冰島島民Lau Yuet Tan

總　編　輯	張芳玲
發 想 企 劃	taiya旅遊研究室
編輯部主任	張焙宜
企 劃 編 輯	詹湘仔
主 責 編 輯	詹湘仔
修 訂 編 輯	鄧鈺澐
封 面 設 計	簡至成
美 術 設 計	簡至成
地 圖 繪 製	涂巧琳

太雅出版社
TEL：(02)2368-7911　　FAX：(02)2368-1531
E-mail：taiya@morningstar.com.tw
太雅網址：http://taiya.morningstar.com.tw
購書網址：http://www.morningstar.com.tw
讀者專線：(02)2367-2044、(02)2367-2047

出 版 者	太雅出版有限公司
	台北市106辛亥路一段30號9樓
	行政院新聞局局版台業字第五○○四號

讀者服務專線：(02)2367-2044／(04)2359-5819#230
讀者傳真專線：(02)2363-5741／(04)2359-5493
讀者專用信箱：service@morningstar.com.tw
網路書店：http://www.morningstar.com.tw
郵政劃撥：15060393(知己圖書股份有限公司)

法 律 顧 問	陳思成律師
印　　　刷	上好印刷股份有限公司　TEL：(04)2315-0280
裝　　　訂	大和精緻製訂股份有限公司　TEL：(04)2311-0221

三　　　版	西元2024年05月01日
定　　　價	450元

(本書如有破損或缺頁，退換書請寄至：
台中市西屯區工業30路1號 太雅出版倉儲部收)
ISBN　978-986-336-476-4
Published by TAIYA Publishing Co.,Ltd.
Printed in Taiwan

冰島深度之旅
全新第三版

bit.ly/2UAQbcU

國家圖書館出版品預行編目(CIP)資料

冰島深度之旅：當地最大旅行網站專欄作家的
超詳盡景點攻略／冰島島民Lau Yuet Tan作. – 三
版. – 臺北市：太雅, 2024.05
　　面；　　公分. – (世界主題之旅；122)
　　ISBN 978-986-336-476-4(平裝)

　　1.旅遊 2.冰島

747.79　　　　　　　　　　　　　112020312